政治学への第一歩

――「権力としての政治」への接近

安　世舟　著

WORLD DOOR

〔目　次〕

序　「政治化」の時代における政治学の有意性

人間は一人では生きていけない。人間は社会の中で生まれ、育てられ、そして成人となった後は、社会の一員として社会を構成するさまざまな人々の共同活動に何らかの形で参加し、その与えられた役割を果たすことによって生きて行く。

原始時代から今日の資本主義経済時代への発展と共に、分業の急速な進展と相まって社会の広範囲に渡っての機能分化が進み、近代国家成立後は、国家社会の構成員全体の「共同活動の組織化とその活性化」と言う政治機能を担当する政府と称する「権力組織」が出現した。それは、国家社会の維持・存続を図る管理・運営機関である。政府は社会を構成する各人の力を集中・組織化した力（power）――それは政治学では「国家権力」または「権力」と称されている――を用いてその固有の機能を遂行する。この政府の固有の機能とは政治学では「統治」――英語では“government”、ドイツ語では“Regierung”と言われる――と言う。

さて、社会の多くの分野でその構成員の一人一人の力で解決できない様々な諸問題が常時発生している。もし、そうした諸問題を各個人が解決できなければ、そうした個人から成る社会も究極的には衰退するか、さもなければ崩壊することになるのは必至であろう。このことは、それまでの社会のやり方ではその存続が困難になっているということを意味しよう。そこで、こうした諸問題を発生させている原因を取り除き、社会を存続させるためには、社会の在り方を少しずつでも変えて行くか、さもなければ全面的に変えてしまうか、とにかく変えて行かなければならない、という考え方が社会の多くの人々の間で共有される事態が生まれよう。そして、そのような事態の出現と共に、社会の存続を危うくするかもしれない諸問題の出現それ自体は現在の社会の在り方が環境の変化や構成員の変化した価値観に適合的でなかったことに起因すると推論して、変化した環境や構成員の変化した価値観に適合すると考えられる新しい社会のヴィジョンを掲げて、同じ意見の人々が共通の目的を達成するために集団を結成し、さらに彼らの目標を達成するために新しい社会のヴィジョンのみならず、そのヴィジョンに適合する新しい国家目標を掲げて、社会の他の構成員にその大義を広める社会運動を起こすばかりでなく、政府に対しても新しい社会のヴィジョンに沿う改革を要求して政府を動かすあらゆる運動を展開することになる。こうした集団は近代国家では政党（political party）と称される。社会の存続を危うくするかもしれない諸問題を解決するために社会を変えるべきであるという点では共通していても、新しい社会のヴィジョンは一つではなく、幾つかあった場合には、当然政党の数も増える。次に、政党が政府に対して社会の存続を危うくする諸問題の解決について、国家権力を用いて解決するよう求めるが、その要求が受け入れられない場合は、さらに現在の政府の運用を主権者から任されている政党ないしは政党連合――与党と称される――に取って代わって政権を掌握しようとする運動を展開するなら、国家権力の維持・獲得・配分を巡る権力闘争が展開される。その中で、政府はその固有の機能を果たすために、在野にある政党ないしは政党連合――野党と称される――の要求に促されてか、あるいは進んで、政府が解決を要請された問題を取り上げて、その解決を可能にすると考えられる幾つかの選択肢の中で、一つを選び、次に選ばれた選択肢を実現する幾つかの実行可能な行動方針――これは政策（policy）と称される――の中から一つを選んで、その決定された政策を実現するために、それに反対する人々の抵抗を「国家権力」を用いて排除し、同時にまた「国家権力」を用いて執行する。この活動は行政と称される。

このように、政府の統治とは、社会の存続を危うくする恐れのある諸問題に関して野党が中心となってそれらを解決する政策を提起し、その採用を迫る動きの「下からの活動」と、それに促されて政府が正しいと判断した政策を選択するという「上からの活動」の二つの活動並びに行政から成るが、通常、行政を除いたこの二つの活動の一体化された流れが政治と称されている。そして、この政治の流れを作り出し、動かしているのは政党である。従って、「政党は現代政治の生命線[1]」と言われているのである。

ところで、上述の通り、人間が一人で解決できない問題が発生した場合、もしそれが誰かの力で解決されないなら、死ぬことになろう。そうした状態に多くの国民が陥った場合、当然、社会も崩壊するのは必然であろう。従って、国家社会の管理・運営という機能を果たすように定められて設けられた政府は、その持てるあらゆる資源を動員して個人が一人で解決できない問題が発生した場合、それを取り上げてその解決に当たらねばならない。この成り行きを政府と個人の関係に焦点を当てて見るなら、政府が究極的には「天下の宝刀」の国家権力を用いて個人が一人で解決できない諸問題の解決に乗り出して行くということは、政府は個人の生活に介入するということになる。その場合、個人は政府の政策決定とその執行において「気にかけられる存在」となる。個人がこうした状態に置かれるということは「政治化」と称されている。つまり、「政治化」とは個人の生活が政治によって左右されるといことである。大家族制度が崩壊し、社会の基礎単位が核家族か、あるいは未婚の男女となっている今日、とりわけ社会福祉体制が確立されている先進自由民主主義国家では、各個人は「政治化」の時代にその生活を送っていると言っても過言ではない。

このように、「政治化」の時代においては、個人は政治から逃れて生活することが不可能な状態に置かれている。第二次大戦後にイギリスでは社会福祉体制が樹立されるが、それを推進した労働党の理論家の一人のコールは、国民に次のように語っている。「あなた方は政治について気にかけないのかもしれないし、また政治のことを知らないのかもしれないが、政治の方はあなた方（の実情）を知っており、気にかけています」[2]、と。このコールの主張はまさに「政治化」の時代に生きる我々一人一人の個人と政府との関係を見事に言い表わしているものと言えよう。

別の観点から言い直すなら、「政治化」の時代とは個々の人間にとっては、政治は運命と同じように、我々一人一人を動かす巨大な「力」となっていると見られよう。そうであるなら、政治と言う運命に翻弄されないためにも、政治とは何か、その正体を探り、その動きに法則性があるなら、それを知ることが、運命に翻弄されることなく、運命という巨大な「力」を自分の「良き生」（good life）のために飼いならすことに繋がる。そして、それはまたよく生きるためにも有意性があり、かつ必要不可欠であると思われよう。

本書では、今日、このように運命ともなっている政治の正体を探る学問としての政治学はどういう学問なのか、それを知るための第一歩となるように編まれている。

まず第一章の1では、政治とは何か、その正体を探る試みが紹介されている。政治の姿はその輪郭はぼやけており、またその内容もよく見えない。そこでそれがはっきり見られるようなレンズの機能を果たすような「政治概念」の「レンズの精度」を高めるその構成を試みた研究成果を手掛かりに、政治とは何か、についての答えを一応示す。

2では、原始時代から今日まで人間が社会を作って生きるようになった後に、社会を維持・存続・発展させるための「共同活動の組織化とその活性化」と言う政治機能がどのようにして分出し、自立化して行ったのか、その過程を抽象的に捉えて示している。そして、社会の維持・存続の機能の内、分出した政治という機能の他にも存在する法という機能との関係において、政治の固有の機能を明らかにする。

西欧では一六世紀中葉から資本主義経済システムがその姿を現し、それが発展すると共に、社会の在り方とそれに対応する形での政治の在り方も変化した。3ではその過程を素描した。そして、資本主義経済システムの勃興を支援した絶対主義国家体制は、資本主義経済システムの発展と共にそれを運営する主体の市民階級が彼ら中心の社会の構築に進み、それに適合的な国家体制としての近代国家の建設を、絶対主義国家をデモクラシー、自由主義、ナショナリズムという三つの政治的構成原理によってオーバーホールすることで実現したが、その過程も素描した。最後の4では、近代国家の解明の学としての政治学が西欧諸国において出現するが、その理由を明らかにする。その後に、近代国家が現代国家へと展開するにつれて、近代政治学では捉えられない新しい政治現象が出現し、それを捉えるために多様な方法論を用いる必要が生まれ、多様な現代政治学へと展開したが、それを紹介した。

第二章では、政治とは何か、そして近代における政治の在り方である近代国家の出現とそれを解明する政治学について、概説的に述べている第一章とは異なり、近現代国家においては、「国家権力の獲得・配分・維持」を巡る権力闘争が「政治の世界」の中核部分を形成していることから、それを科学的に解明するキー概念としての「権力概念」が社会の在り方の変容と共に政治の在り方も変化するに従って、その内容も変容させて行くが、その過程を理論的に考察している。

第三章では、現代国家の政治現象について自然科学をモデルにして科学的に解明することを目指すアメリカ現代政治学の中の「権力の科学」の形成と、それが右のナチ全体主義独裁と左のソ連全体主義独裁との戦いの中で民主政擁護の「政策科学」へと変容して行くが、それに伴って政治学のキー概念の権力概念も変化しているので、その理論的変容に焦点を当てて、アメリカ現代政治学の方向性を明らかにした。

ちなみに、本書の特色はその構成がピラミット型の三層構成となっている点にある。従って、次に本書の紹介の繰り返しになる恐れがないとは言えないが、その観点から本書の内容をもう一度その構成に従って説明し直して置きたいと思う。

第一章は「政治学への第一歩」の初級編である。

分業の発達と共に分出した社会生活の一つの機能としての「政治」と何か、その正体を抽象的に捉える学問としての政治学の成立とその展開について概説している。

第二章は「政治学への第一歩」の中級編である。

現代国家における政治現象としての「国家権力の獲得・配分・維持」を巡る権力闘争が際立って表面化していることに鑑みて、「権力としての政治」を理論的に解明する道具としてのキー概念の「権力概念」そのものの理論的研究が第二章では展開されている。ピラミッドの第一層に当たる第一章を読み終えて、もっと詳しく政治学の内容を極めたいと思う読者のために編まれている。それは、政治現象の大半を占める「権力としての政治」の正体を覗く拡大鏡に当たる「権力概念」に関する理論の研究であり、従って政治の正体についての解明を目指す政治学という学問の一般的な紹介であると同時に、政治学入門編でもある第一章とは異なり、「政治学原論」に当たる。とりわけ、今日ではあまり顧みられなくなった「権力としての政治」の多様に変化する姿、とりわけ現代政治の権力作用の力学を捉えるために、政治の在り方がそれを分析し解明する理論的な道具の権力概念と相関的かつ相即的な関係にある点に着目して、その関係の構造の変容過程の理論的考察を通じて得た新しい権力概念を提示して、「政治の世界」の実像に迫る第一歩となる道筋を示している点が特徴である。

第三章は「政治学への第一歩」の上級編である。

現代政治の動態について「権力概念」を用いて研究するアメリカ現代政治学の形成とその展開、とりわけ、第二次大戦以降、政治現象の分析の道具としての従来の「権力概念」では、左右の全体主義体制や権威主義体制からアメリカの自由民主主義体制を守るために「政治的に」不都合が生まれ、その修正が迫られて、それに応える形での「権力概念」の修正が進められた結果、「政策決定への参与」と言う新しい「権力概念」が作り出され、それに基づいてアメリカ現代政治学も「政策科学」へと転換する過程が紹介されている。ちなみに、第二章で取り上げたメリアムとラスウェルの権力論がここではより詳しく論及されているので、重複のきらいがないとは言えないので、予め断っておきたい。

このように、本書は第一層では、政治学への入門となるように編まれおり、それをマスターした人は第二層に上がり、現代政治現象を解明するための道具の「権力概念」に特化した勉強を通じて「権力としての政治」の正体へ迫るキー概念を手に入れ、現代日本政治を含めて世界の政治を理解する第一歩を踏み出すことが出来るように編まれている。そして、ピラミットの上層ではアメリカ現代政治学を知る手がかりが示されている。

以上のように、本書は三層のピラミット型の構成になっている。従って、読者の関心次第では、第一章のみでも「政治学への第一歩」を踏み出せる。そしてさらに現代政治学の高度の内容に関心があれば、第二章、第三章へと進めるなら、政治学の頂上へ辿り着き、「政治の世界」と言うパノラマを眺めることが出来るように編まれている。

【注】

（1）S・ノイマン編著・渡辺一訳『政党・比較政治研究』1（一九五六）みすず書房、一九五八年、一頁。

（2）丸山真男『政治の世界 他十篇』（岩波文庫）、二〇一四年、七五頁。

第一章　政治とは何か？

1　戦後日本の政治学者による政治概念構成の試み

「政治とは何か」と言う問題それ自体にアプローチした研究はあまり存在しない。戦後日本では、政治概念についての標準的な見解を示したのは丸山真男である。彼は、一九四九年にみすず書房刊行の『社会科学入門』に寄せた「政治学入門」の中に、戦前の代表的政治家が折に触れてふと漏らした政治に関する箴言を手掛かりに、政治を構成する三つの契機を次のように整理した。一、権力としての政治（「政治は力である」―原敬）、二、倫理としての政治（「政治は倫理である」―後藤新平）、三、技術としての政治（「政治は妥協である」―床次竹二郎）。そして、彼は、政治を以上のような、権力、倫理、技術という三つの側面を持っており、その相互関係は環境と状況によって不断に変動するとし、この三つの関係を次のように述べている。もし、権力が政治の現実であり、倫理が政治の理念であるとすれば、技術は理念と現実とを媒介する機能である。「技術としての政治」がその媒介機能を十分に果たしてこそ政治における理念と現実はよく平衡を保ち合うことができるが、それが欠けると、政治的思惟はシニカルな権力万能主義と、まるで現実離れした抽象的理念への耽溺との間を急激に往復して安定性がなくなる、と。(1)次に、丸山は、一一年後の一九六〇年度の東大の政治学の講義録では、政治概念を次の四つに分類している。一、紛争・対立・闘争、二、統合・調整・妥協、三、運動・組織化、四、決定・裁定。(2)

丸山の政治概念を一歩進めたのが岡義達である。彼の師の丸山がドイツのヘーゲルの観念論哲学とマルクスの方法論の影響を受けて演繹的アプローチを取っているのとは対照的に、シニカルで懐疑論者の彼は、その著書『政治』(岩波新書、一九七一年)では、経験主義的・機能的アプローチを取って、「政治に関するイメージ」を手がかりに政治概念を構成する試みを行なっている。彼は、政治についてのイメージを次の三つに分類している。一、政策としての政治、二、技術としての政治、三、力としての政治。彼によると、近代国家において解決を迫られた問題が発生すると、国家のあり方の長期的展望の下に問題解決の行動方針としての多様な政策が提起される。この段階を政治状況の発生と見る。それは従来の制度(法システム)が機能不全をきたしたことを意味する。このように政策策定が政治の争点として浮上した段階の政治は「政策としての政治」の表出である。その次の段階は最適な政策の選択過程が始まるが、この段階は権力保持者が最適な政策として選択したものをできるだけ多くの社会成員に支持させるための「人の運転」の「技術としての政治」が表面化する。最終段階として、どうしても最適とされる政策に反対する者を力ずくで従わせる「力としての政治」が始まり、権力保持者が最適な政策として選択したものが国家の最終政策として確定され、法化(Verrechtlichung)される。岡教授は、このように全体としての政治を「政策の循環過程」として捉え、政治状況の発生から新しい制度の制定までの過程を、政治権力を中心に据えて、それと価値体系との関係において政治政策の展開を原理的に考察する巨視的な「政治原理論」を展開している。彼の理論は安定した政治社会における政治権力の循環過程を理論的に解明したものとして世界の政治学界に誇れるものであり、それを超えるものは今のところ出ていないと考えられる。

ところで、丸山、岡の両教授の「政治とは何か」の考え方は政治の「純粋理論」であり、「政治とは何か」を考察する際の出発点として貴重な成果として評価されよう。もっとも、近代国家における政治と法の関係を考察するためには、西欧の近代国家における政治発展の相違や政治文化の違い、そして歴史的段階ごとの政治の中の諸契機の現れ方の異なる様相を考慮に入れて再定義する必要があろう。というのは、先進的な近代国家の英米と後発国家のドイツでは、上述した丸山の東大の講義録における政治を構成する四つの契機が独英においてそれぞれそのどれかに比重の置き方が異なり、当然、政治の定義も異なることになり、その帰結して政治と法の関係も異なって現れているからである。つまり、資本主義社会のあり方と政治のあり方が連関しているということである。また近代政治学において、一九二〇年代において多元的国家論が台頭するまでは、「政治とは国家現象である」と言われており、政治は国家を抜きには考えることはできなかった。また近代国家は資本主義経済システムの成立と連動して成立し、それと不可分の関係にある。従って、国家や政治を正しく認識しようとするならば、国家や政治が作用する土台である資本主義社会との関係においてそれを捉えなくてはならないことは論を待つまでもない。

国家と社会の関係に焦点を当てて近代国家の在り方を捉えるなら、それは大きく二つに分類される。一つは英米の先進近代国家の在り方である。イギリスでは、社会は自立した個々の市民（資本家）から構成されており、その運営は市民の自治に委ねられている。従って、原理的には国家は不要である。しかし、自立した市民の間に紛争が生じた場合、共通の法や共通の裁判官がいない場合、自治もその限界を超える例外状態が現れることになり、社会の崩壊を招きかねないとの憂慮から、例外状態を未然に防ぐために、自立した市民が「社会契約」によって共通の法や共通の裁判官を設けることに合意し、政府（Government）を作ることになったと考えられる（ロック『市民政府二論』）。従って、政治とは、市民間の利害の対立を調整することである。別言するなら、政府は市民間の「私法関係の自動登録機」である。こうしたところでは、政治は妥協であり、「可能性の技術」（ビスマルク）ということになり、政治は技芸（art）ということになる。アメリカ現代政治学でも、多元的社会という社会の変容を受けて、政治は社会の多元的な集団の利害の調整であり、政府は利害調整の「手形交換所」である、と定義さている。時代が変わっても、政治の定義は基本的に変わっていない。従って、英米では、政治は社会に対して従属的な地位にあり、政治機能を担当する国家、つまり、政府は、絶えず、小さくなることが求められており（「小さな政府」）、それは後発国家のように神のような荘厳な「オーラ」を帯びることはない。

これに対して、もう一つの近代国家の在り方の後発近代国家――それはドイツにおいて典型的に見られるのであるが――では、国家が上から近代資本主義経済システムを「温室的に育成・保護」してきたが故に、社会それ自体は自治能力を持たず、国家が社会に絶えず介入し、指導する「政治の優位性」が伝統となっている。従って、社会において対立・紛争・闘争が絶えない場合、その側面は「対立・紛争・闘争としての政治」のイメージを浮き彫りにされる。次に、この「対立・紛争・闘争」は国家権力による解決が試みられるので、それは「権力としての政治」のイメージとダブルことになる。さらに社会の「対立・紛争・闘争」が激化すると、国家の存続のために上から社会の統合が至上命令となり、「統合としての政治」が顕著になるのは当然である。他方、政治を権力介入や統合の主体の側面から捉えるなら、政治は「決定・裁定」ということになる。また、社会の「対立・紛争・闘争」が国家によって解決できない例外状況が生まれると、それは旧体制を倒して新しい体制を確立しようとする革命勢力にとって、新しい国家の準備期とも言えるので、彼らから政治を捉えると、「運動・組織化としての政治」の側面が表面化してくる。丸山が上述したように、講義録では政治の四つの契機を羅列しているが、その中の妥協の契機が顕著なのは英米の政治であり、残り三つの契機が顕著なのが後発国である。とりわけ、変革期にある社会では、マルクス主義が強いところでは、「統合としての政治」は体制側の「虚偽意識」の教化、すなわちイデオロギー教化として捉えられるので、反体制側からは政治は「イデオロギー暴露[3]」である、と解釈され、実践されてきたのである。

このように、近代国家では「政治とは何か」の考え方は英独では異なり、それに対応して国家観も異なってくる。そして国家とその支配の道具としての実定法との関係も必然的に異なってくる。英米では、政治は自立した市民間の利害の調整活動であるが故に、法も市民間の合意（契約）によって成立し、その効力は市民の自発的協力によって担保される。従って、権力における正当性と合法性の緊張関係はあまり表面化しない。それに反して、後発国では、実定法はあくまでも国家の命令であるが故に、それは政治によって作られ、上から強制力によってその効力が確保されるので、権力における正当性と合法性の緊張関係は顕著に現れることになる。

以上、「政治とは何か」に関して、それを捉えるレンズに当たる「政治概念」の形成と展開についての戦後日本の政治学者によって試みられた政治学の基礎的な研究成果を紹介したので、次に、近代国家は「法治国家」とも言われているので、まず先に政治と法の源初的な関係を明らかにしておきたいと思う。

2　人間社会における政治・法の存在理由

(a) 政治とは何か——「政治」という日本語の由来から政治を考える

王の誕生

今日、国連に加入している国家の数は二〇〇に近いと言われている。地球上に住んでいる人間は誰でもどこかの国家の構成員である。国家というものはいつごろ成立したのかは定かではないが、最初の国家は七千年前にエジプトで成立したと言われている。それより以前に、メソポタミアに国家が成立していたとする説もある。いずれにせよ、ある一定の条件が整った所では、その後、地球上の至る所で、様々な人間集団が、各々国家と称する政治的組織体（polity）を作り、その存続を図って、今日に至っている。

言うまでもなく、人間は一人では生きていけず、必ず集団を作って生活する。この集団は、原始時代には血縁の家族であったと思われる。その後、それは、他の血縁集団と接触を繰り返す内に、さらに自然との交渉の中で、自然を巧みに利用する技術を伸ばし、それによって、文明を発展させると共に、地縁集団となったと考えられる。さらに、それは漸次、その規模を大きくさせ、かつ組織されて行き、遂に国家という最も組織された人間集団にまで発達して行ったと考えられる。原始時代の血縁集団から国家に至るまでの各種の人間集団は、自然環境と他の集団との関係の中で、過去の経験と現状の分析から、その存続のための適切な目標を絶えず定立し、かつこうして定立された目標を、その都度実現するために、集団構成員の共同活動を組織化して、絶えず内外にその活動を活性化させて行かなくてはならなかったであろう。もし、そうであるならば、これらの各種の人間集団にはこの集団の目標定立と、その定立された目標実現に向けて、その構成員の共同活動を組織化し、かつ活性化させる任務を担当する人間が必ず現われていたに違いない。人類の歴史を紐解く限り、この種の人間は、通常、王と称されている。これらの王達は、彼らに従う人々を統べ・治める才能、つまり「統治術」、ないしは「支配術」をとにかく身につけていたと考えられる。古代のどの王国も、その始祖達は、宗教的指導者の資格を兼ねているところから見ても、民衆の知的能力が極めて低い段階においては、人々をまとめ統べるためには、宗教の力を借りるのが最も効果的であったと考えられる。英語の politics の日本語の訳語の「政治」という言葉を分解して見ると、訓読みで、政は「まつりごと」、治は「おさめる」である。

統合としての政治

この「政」という言葉は、古代において、王がその敬う神を祭る儀式を主催することで、その民を精神的に統合し、その神の命じ賜う方向へ民を動かしていたことを表わすものである。つまり、「祭り事」は、「政り事」に通じていたのである。

government、すなわち、統治としての政治

しかし、神の力の及ばないところや、異教徒によって平和や秩序が乱された場合、それを治める任務も当然、王にあったので、王達は、乱を治めて、自分の率いる集団を、いつも平和で秩序のある状態に置かなくてはならず、治めるためのいろいろな手段を講じたに違いない。従って、「治」という言葉は、乱を治め、秩序を維持しようとした王達のこうした行為を表しているのである。この日本語の「政治」という用語の「治」は、英語の政治を表すもう一つの言葉ともある面では共通するところがある。すなわち、politics の他に、政治を言い表すもう一つの英語の government の語源は、ギリシャ語の cubernao であり、その意味は、舟を操舵すること、つまり海洋で目標を定めてその方向に向けて舵をうまく取って進ませることである。換言するなら、荒波の海の中で舟を転覆させないで定められた目標へ進め、目的地に無事に辿り着くことを意味するのである。government は日本語の政治の「治」を意味するものと言えよう。従って、上ですでに government の英語訳の「統治」と言う用語を紹介している所以である。

ところで、今日、日本で研究され、教授されている「政治に関する学問」は、明治以降、西ヨーロッパで発達した Politics（政治学）ないしは Staatslehre（国家学）を受容したものである。従って、「政治に関する学問」、すなわち政治学の対象である政治現象を捉えるための「政治」の定義も、ギリシャ以降の西ヨーロッパの政治生活を理論的に総括したものである。また、今日、地球を埋め尽くしている国家群は、西欧で発達した近代国家をモデルにし

て作られ、その構成原理も受容している。従って、日本の政治を含めて、そもそも政治とは何かを究明しようとするなら、西欧で確立された政治のあり方や、政治の定義を知っておく必要があろう。もし、そうした作業を踏んでいない場合は、政治の全体像を捉えることはできないと言っても過言ではないのである。

（b）何故に人間にとって政治が必要か？

アリストテレスは、人間は「ポリス的存在である（politikon zoon）」と述べている。この規定は、今日の言葉で言い直すならば、人間は国家というポリス（polis）――西洋史の著作では「都市国家」と邦訳されている――を離れて一人では生きていけないし、またその中にあって、初めて他ならぬ人間となり、人間として存在し続けられるということを意味する。(4) このアリストテレスの規定を待つまでもなく、人間はその欲求を充足させるために、例えば、性欲の場合のように、性を異にする他の人間と互恵関係を結び、さらに食欲や防衛の場合のように、環境との関係の中で、他の人間との共同活動を行なわなければならない。こうして人間は生きて行くために、他の人間との間に何らかの「共存の形態」を求めて、長い間、試行錯誤の末に、集団ないし団体を作ることに成功したのである。この集団は、上述したように、原始時代においては、家族や氏族などの血縁集団であったが、それは他の集団との接触や交流の中で、種族という地縁集団へと発展し、さらに今日では、近代的国民国家へと変容を遂げているのである。このように、集団の組織形態は変わったが、人間の共存形態としてのその本質は変わっていない。人間と同様に、蜜蜂、蟻、ビーバーなどのように集団を作って生活している生物がかなり存在する。しかし、これらの生物の群居現象は、その本能に起因しているのに反して、人間が集団を作るのは、本能からではない。この点こそが、群居生物と人間とを分かつ決定的な相違点であると言えよう。とにかく、人間は生きて行くために、何らかの「共存の形態」を見付け出し、それを発展させようと努力するのである。それは、個々の個人に次のような影響を与える。個々人は、何らかの仕方でお互いが依存し合っていることを知り、こうした意識によって、彼らの衝動と意志の力が自覚的に抑制されて、他人と共存可能となるような、お互いに「期待された行動」を取るように形態づけられて行くのである。こうして、形態付けられた行動様式の束としての集団が成立する。そして、それはそれで、その存続のために、こうした期待された一定の行動様式を個々の構成員に要求するようになる。また、集団は存続して行くために、環境の変化に対応して、その構成員の共同活動を意識的に組織化し、活性化させなくてはならない。

言うまでもなく、集団は、その構成員の基本的欲求を充足させるために作り出されたものであるが故に、その基本的欲求の充足が、必然的にその集団の共同目的となる。この目的は構成員に共有されるばかりでなく、時間の経過と共に、それは集団の理想とか理念という形に観念化されて、自立化される。そして、それはそれで構成員に対しては、その衝動を抑制させ、期待された行動を取るように形態づけられる方向へ作用する規範となる。さらに、この規範を犯す構成員が現われた場合、集団全員の制裁か、あるいは分業の発達と共に、規範を遵守させる任務を担当する機関（その一つが王である）が出現（＝分出）して、その機関の制裁によって、集団の理念ないし規範が守られて、集団が存続して行くことになる。また集団はその目的を実現するために、環境の変化に応じて、それに適合する共同活動のあり方を絶えず調整しなくてはならない。そればかりではない。人問は定住と分業の発達、そして他の集団との交流の中で、その欲求も開発されて多様化して行き、その内容も変容するので、集団は、その共同目標を、環境やその構成員の欲求の変化に合わせて、変更させて行かなくてはならない。しかし、人問が作り出したものが全てそうであるように、ある集団が一旦、成立してしまうと、その集団の目標変更やそれに見合う形の構成員の行動様式の調整は困難を極めることになる。つまり、集団の維持と存続のために、その掲げる共同目的の理念に合わせて、構成員の行動を調整させたり、あるいは、逆に、構成員の変化した欲求に合わせて集団の目標を再設定したり、それに見合う形で従来とって来た行動様式を変更させたりすることが行なわれるが、このような集団が、環境の変化に対応して、その存続のために、その構成員の行動を調整する活動こそが、政治と言われる現象に他ならないのである。

（c）ポリスの成員の共同目的としての理念の自立化とそれに基づく共同活動の組織化と活性化の手段としての制度の成立

人間の行動の調整、すなわち人間を何らかの方向へ向けて動かすためには、基本的に二つの力が必要となる。一つは、人間をして自分の行動を集団の期待された方向へ動かすように内面的に動機づけるある種の観念である。もう一つはそういう「期待された行動」を取らない場合に制裁が加えられるという恐怖である。人間を内面的に集団の期待された方向へ行動させる集団の理念は、人間の共存のあり方、すなわち集団の目標である。こうした集団の目標は、想像も出来ない程の長い時間の経過と共に、人間が追い求める理想や理念へと凝固し、観念の形をとって自立化して行く。そして、世代ごとに、それは、人間が生まれて成人するまでの間に、集団の社会化〔＝教育〕過程の中で人間の良心という形で内面化され、「第二の天性」となって行く。集団の目標、すなわちその理念や理想が構成員の基本的欲求を代表している限り、それは構成員の共有する規範となり、内面化され、自発的に遵守されて行く。このような状態にある集団においては、構成員の行動を調整するためには、外部的な強制力はあまり必要としないであろう。しかし、定住と分業の発達、さらに環境の激変と他の集団との交流が敵対的関係へと変化し、戦争の形態をとった場合、集団はその凝集性を高め、構成員の共同活動を意識的に調整し、活性化させるために、組織化されて行かざるを得ないのである。こうした共同活動の組織化は、制度という形をとる。そして、制度は集団の構成員に様々な役割を割り当て、この役割に適合する行動様式を強制することになる。さらに、集団が内外に向かって強力な力を発揮するために、集団の理念をその構成員に共有させるばかりでなく、その構成員に割り当てられた役割遂行に適合する行動様式を絶えず取らせる強制力が組織化されなくてはならない。こうして、集団を統括し、外部に向かってはそれを代表してその存続のために必要な方向へ集団構成員の活動を展開させる機能を担当する機関が分化・分出し、自立化するようになる。そして、この機関が、集団構成員の組織された力としての強制力を行使して、その構成員に割り当てられた「期待された行動」を取るように仕向けることが可能となったのである。

原始時代において、集団の機関はオサとか首長とかいろいろな呼称で呼ばれたが、王政をとる国家の誕生と共に、それは、上述したように、王と呼ばれるようになった。古代国家に見られるように、王は、祭主でもあった。それは人間を動かす力としての宗教が利用されたことを象徴するものである。人間は経験によって自然の法則を知り、そして、今日のように自然科学を発達させて、自然を征服することが出来る前は、人間は絶えず、計り知れぬ自然の脅威にさらされ、恐怖と不安におののいていた。地震、洪水、雷などの自然現象によって、人間はその最愛の肉親や妻、子供を失ったことは日常茶飯事であったろう。こうした自然の恐怖から、必死になって人間は逃れようとした。その過程で、一方では自然の動きを経験的に知り、それを利用し、そして、途方もない時間がかかって、漸く文明社会に入って、その利用において、ある程度効果をあげられるようになった。他方、人間は彼らを恐怖のどん底へ突き落とす自然の力に圧倒され、それを崇めるようになり、さらにそれを擬人化させて、自然の動きの中に、自分達の心の動きを投影させ、集団規範を犯したが故に、自然が自分らに制裁を加えている、すなわち罰を加えているのであると受け止め、自然災害を甘受し、諦めることで精神の安定を図ろうとしたであろう。こうして宗教が生まれた。つまり、人間は彼らを恐怖させる巨大な力を持つ自然を絶対的存在、すなわち神として物象化させて、それを崇め、精神の安定を図ったのである。王達は、その臣下達に「期待された行動」をとらせるために、自らを神の代理、ないしは神そのものであると信じ込ませて人間を支配するようになった。こうして、宗教は、集団が存続するのに必要なその構成員の行動の調整を、外部的な力、すなわち自然の威力という恐怖の力を借りて図るために、利用されるようになった。換言するなら、宗教は、人間が社会生活を行なうことを可能にするように教育すること、要言するなら、動物的側面を持つ人間を集団構成員としての「期待される行動」をとる方向へ「馴致」させるために活用されるようになったのである。上述したように、古代において、宗教的儀式の「祭り事」は「政り事」に通じたのは、以上のような事情に由来した。

(d) 人間の二面的性格——「人間は神でもなければ、動物でもない」

以上、若干長くなったが、集団構成員の行動の調整としての政治現象の成立経過を見て来たが、人間は、アリストテレスが言うように、ポリスという集団なしには生きていけないし、そして、その中にあって初めて人間であり続けられるのである。その結果、人間は、蜜蜂、蟻、ビーバーのような群居生物と同様に、集団を作って生活するが、それは本能からではなく、意識的に行なっているが故に、群居生物と違って、良心というものを持つようになったのである。それは、人間の共存を可能にさせる理念、ないし思想を内面化させたものであり、有史以来、その内容は基本的にあまり変わっていない。こうした良心を持つことが人間の証であり、人間の本性（Human Nature）と言われているものである。人間は生物の一種としても、動物と同様に、種族保存の本能や自己保存の本能を持っている。しかし、これらの本能、すなわち自然の欲求を充足させるために、他の人間との共存の形態としての集団を作り、その次にこの集団存続のために作り出された共同目的を内面化させた良心を発達させて、そのコントロールの下に他の人間を傷つけることなく、自分も傷つけられることなく、自然の欲求については制度を通じて実現することが、可能となった。しかし、人間が集団の社会化過程で良心を育成することが出来なかった場合、または良心が出来あがっても、それを作動させる力――古代では宗教であったが――が弱くなるか、消滅するようになった場合、動物に戻る可能性を、依然として捨ててしまっているわけではないのである。従って、パスカルは人間を評して、「野獣でも天使でもない」と規定したし、[5] またアリストテレスは「神でもなく動物でもない」と規定したのである。[6] カール・シュミットが、人間の本性は「悪」である、つまり、問題を持たない存在なのではなくて、「危険な」、かつ動的存在とみなされる、[7] と言ったのは、こうした人間の、状況によっては、動物にもなり得るという本性を指したものと解釈されよう。

このように、人間が二面的性格を持つなら、人間の共同活動の調整としての政治も、二面的性格を持つのは、けだし当然と言えば当然と言えよう。政治の世界では、人間の帰属する究極的政治的組織体の国家のあるべき姿、すなわち国家の理想や理念が政治を動かす力であることは言うまでもない。プラトンやアリストテレスはこの側面を研究したのである。各国において、環境や文化の違いによって、国家の理想や理念も異なり、またそれは歴史的に変化する。それ故に、こうした政治理念やその歴史を研究することが、プラトン以来、政治学の主要な内容を構成して来た。それは、通常、政治哲学または政治理論と称されてきた。言うまでもなく、二〇世紀になって自然科学をモデルとする現代の行動論政治学が出現するまでは、政治学はこの政治理論を言い表す学問であったと言っても過言ではないのである。そして、現代の行動論政治学出現以降は、アメリカではこうした政治理論をその主要な内容とする従来の政治学は、規範理論（normative theory）と称されている。上述したように、ある面では、国家の理想や理念が人間の良心に作用して、人間をして共同生活を可能にさせているが、この「作用する理想」（operative Idea）と人間の政治行動との緊張関係の動態を自然科学のように実証的、経験的に観察し、その法則を解明することが可能ならば、問題はないのである。しかし、それは、今のところ、不可能である。従って、「規範理論」の面に限って見るならば、政治学は科学にはなれないのである。

政治の世界は、それのみに尽きるのではない。集団構成員が、期待された行動を取らなかった場合、その機関は強制力を用いて、期待された行動をとるように働きかけなくてはならない。その場合、究極的には、生命の抹殺という恐怖が利用される。何故なら、良心の作用する範囲が狭くなった人間は、動物に近いので、動物と同様に叩かなければ、言うことを聞かないからである。こうして、集団内において、機関の構成員に対する統制・支配関係が制度化されて行く。その統制・支配関係の道具として、神の声、ないしは神の代理人の王の命令の形をとった「法」が成立した。他方、長い間、構成員が期待された行動を取り続け、さらに割り当てられた役割を遂行している内に、それが第二の天性となって、習慣化する場合が多い。それは、習慣といわれ、集団の伝統的ルールとなった場合、慣習と言われるようになった。

3　近代国家の成立とその政治的構成原理

（a）近代国家の成立

西ヨーロッパの中世封建社会の末期において多元的に細分されていた政治権力——当時は、それは「領主裁判権」という形で行使されていたが——を一人の君主の手中へ一元的に集権化した政治体制が他ならぬ近代国家の先行形態の絶対主義国家であった。それは、君主とその絶対支配を支える権力機構ないしは装置から成る《国家》である。この《国家》は君主の恣意的支配を可能にした権力装置、すなわちマックス・ウェーバーの言うところの「物理的強制力」であった。マックス・ウェーバーは、「国家とは、ある一定の領域の内部で——この「領域」という点が特徴なのだが——正当な物理的強制力の独占を（実効的に）要求する人間共同体である」、と定義している。

この定義は、近代国家と絶対主義国家をともに念頭において構成されたものである。マックス・ウェーバーは、国家はその他の政治団体とは「正当な」物理的強制力の独占とその行使の点で異なる、と述べている。つまり、彼によると、国家と、他の物理的強制力を持つ政治団体との違いは、「正当な」という形容詞にあることになる。彼は、この形容詞によって、国家権力の正統性の根拠を言い表しているのである。彼によると、国家権力の正統性の根拠を「王権神授説」に置く国家が絶対主義国家であり、「合法性」に置く国家が近代国家に他ならないという。それ故に、絶対主義国家はその正統性の根拠を「王権神授説」から「合法性」に置く方向へ変革されることにより、近代国家へと生まれ変わることになるのである。

絶対主義国家が近代国家へと生まれ変わる切掛けとなったのは、市民革命である。つまり、絶対主義国家は、市民革命を経て近代国家へと脱皮し、その権力の正統性の根拠を「合法性」に置くようになる。その過程において、絶対主義国家は、デモクラシー、自由主義、ナショナリズムの三つの政治原理によって、権力装置としての《国家》がオーバーホールされ、それは、国民国家（Nation-State）へと生まれ変わる。しかし、絶対主義国家と国民国家は、その権力装置＝物理的強制力という点では、不変のままである。

では、この三つの政治原理はいかなるものなのか、そして、それによって、絶対主義国家が近代国家へと生まれ変わる過程をフォローして見よう。

(b) 近代国家の三つの政治的構成原理

デモクラシー

絶対主義国家は、その支配領域内において市場の統一を実現し、かつ平和と安全を確保し、さらにローマ法の継受によって、社会秩序の予測可能性を著しく高めることによって、資本主義経済発展のための環境的条件を整備して行った。しかし、それは、近代資本主義経済の展開によって、次第にその障害へと転化していた。なぜなら、絶対主義国家は最大の封建領主としての君主の家産主義的支配体制であるが故に、マックス・ウェーバーの言うところの「合理的国家」には成っていなかったからである。つまり、それは、絶対君主の恣意的支配と専横を許すが故に、時には、社会秩序の予測可能性を著しく低める要因として作用したからである。近代資本主義のさらなる発展のためには、社会秩序の予測可能性を最大限に高め、その状態を永続化させるために、絶対主義国家を「合理的国家」に変えて行かなくてはならなかった。資本主義経済の発展によって社会経済的実権を掌握した市民階級は、絶対君主を追放し、絶対主義国家を「合理的国家」に変える作業に突き進んだ。これが市民革命またはブルジョア革命である。

絶対主義国家は絶対君主の支配体制であり、その権力の正統性の根拠は、上述の通り、「王権神授説」に基づく君主主権であった。市民階級は、それを打破して、権力の正統性の根拠を社会契約説に基づくデモクラシーに置く新しい政治的組織体を設立した。デモクラシーとは日本語では「民主主義」と訳されるが、厳密に言えば、それは、本来それが言い表さんとする実体の一部しか表わしていないのである。その原語はギリシャ語の demoskratia である。原義は「人民の支配」または「人民の権力」である。従って、デモクラシーとは人民の支配に他ならない。市民階級が新しい人間の政治的共存形態として確立しようとした近代国家は「人民の支配」となる筈であった。主権とは国家権力の最高性・最強性を法学的に表現した言葉である。この主権概念を用いてデモクラシーを言い表すならば、それは「人民主権」ということになる。従って、近代国家の成立は、主権概念の観点から見るなら、君主主権から人民主権への転換と表現できよう。世界史においてフランス大革命を契機に、デモクラシー——いろいろと状況に応じてその意味を正確に表わす訳語を当てる繁雑さを避けるために、便宜上、以下においては、デモクラシーは原則として一般に使われている「民主主義」という訳語を用いることにする——が国家権力の正統性の原理として確立され、それ以降、世界の至る所で近代国家が成立して拡がり、それと共に、民主主義は普遍的原理の地位を確立して行った。イギリスやフランスにおいて、市民階級は国家権力の構成原理であると同時に、その正統性の根拠としての民主主義の実現を要求して立ち上がり、絶対主義体制を打倒した後、アベ・シエイエスの「第三階級とは何か？　それは全てである」という主張に象徴されているように、人民の「全てである」と僭称する彼らの支配体制たる「人民の支配」体制の近代国家を確立して行ったのである。換言するなら、近代国家では、国家権力という物理的強制力の所有者は「人民」であり、従って物理的強制力は「人民」の同意に基づいて行使されねばならない。つまり、国家権力の正統性の根拠は主権的な人民の同意に存するのである。言うまでもなく、市民革命の勝利後は、このデモクラシー、すなわち民主主義が近代国家の第一の政治的構成原理となったのである。

自由主義

民主主義が近代国家の正統性原理なら、その第二の政治的構成原理の自由主義はその組織原理である。なぜなら、「人民の支配」の人民に当たる市民階級が彼らの支配体制としての近代国家を確立して行ったが故に、その組織化に際して、彼らの要求が全面的に実現されることになったからである。彼らは、第一に、絶対君主の恣意的支配に反対し、その支配からの自由を求めたが故に、《国家》からの自由を求めた。その自由の中に含まれるものは、所有権の保障、契約の自由、法の下の平等及び人身の自由などの基本的人権である。もっとも、その中に絶対主義国家と戦って獲得した信教の自由も含めてその他の自由権も含まれることは言うまでもない。第二に、彼らは、「小さな政府」を求めた。絶対主義時代において、彼らは、《国家》が一面において彼らの所有権を内外の敵から守り、治安を確保する肯定的側面を有することを知っており、その側面の存続は望んでいたが、しかし、他方、君主の恣意的支配を可能にし、かつ権力が乱用される危険性もあることを熟知していた。そこで、彼らは、《国家》の役割を治安と防衛というその肯定的側面のみに限定させ、さらにそれを彼らの意志の表現である法の下に置き、かつそれを法の実現手段たる地位に置くことで、乱用されないようにするシステムの構築をはかった。そのシステムが「法の支配」と立憲主義である。換言するなら、市民階級は、彼らがその実権を掌握している「社会」（市民社会または資本主義経済社会を意味する）を《国家》から切り離して、「社会」は彼らの支配下に置き、《国家》はなるべく小さくして、その任務を、「社会」をその内外の撹乱要因から守ることに限定させ、さらに、《国家》の権力乱用を防止するシステムを作り出そうとしたのである。従って、自由主義思想の基本的特徴は、第一に、国家と社会の区別であり、第二に、国家は社会の構成員の「社会契約」に基づいて設置された一種の保険機構とみなす考え方である。第三に、市民階級は、この思想に基づいて、統治権力の構成に際して、社会と国家を媒介させる代議制を構築した。すなわち、正当な手続きを経て選出された人民の代表が国家権力を担当し、その行使は、上述したように、人民の意志の表現たる制定法に基づくべきことが定められた。さらに、人民の代表者が行使するにせよ、そもそも集中した権力は往々にして乱用される危険性があるので、モンテスキューの権力分立制の主張を採用して、国家権力を分立させ、相互に牽制させることにした。最後に、彼らは、その要求を実現した政治的組織体が未来においても永久に存続できるように、その自由主義的要求を文書の形で確定し、現存者のみならず、未来の子孫をも拘束し、遵守させることを思い付いた。その文書が他ならぬ憲法である。こうして、制定法の中の最高規範としての憲法が中世末期のモナルコマキが主張した「神の法」、または社会契約論者が主張する「自然法」の地位に収まることになった。フランス革命の『人および市民の権利宣言』第十六条において「権利の保障が確保されず、権力の分立が規定されないすべての社会は、憲法を持つものではない」と述べられているのは、市民階級が近代国家の確立に際して何を目指していたのかを象徴するものであったと見られよう。

「人民の支配」としての民主主義の確立は、近代国家成立期においては、人民が人口の数パーセントに過ぎない市民階級に限定されていて、この市民階級の要求の実現という形をとった。そして、この市民階級の政治的要求が自由主義であった。その限りでは、自由主義は、市民階級の民主主義であって、その他の人口層にとっては、市民階級の〝支配〟として現われた点は留意すべきであろう。その後、人民の資格と範囲を巡って権力闘争が「選挙権獲得闘争」の形で展開されるが、この権力闘争こそが近代国家の政治力学を解明する上において最も重要なポイントの一つである点は忘れてはならないであろう。

ナショナリズム

さて、自由主義が近代国家の組織原理であるなら、ナショナリズムは、近代国家の構成員を感情面において統一し、国家と一体感を持たせる心理的統合原理である。従って、それは、近代国家の第三の政治的構成原理である。

近代国家の構成員は、その特徴を捉える視点は多様であり、従って視点を異にすると、違った相貌を示す。まず初めに、生物学的観点からそれを捉えると、それは、人種（Rasse）またはエトニー（Ethnie）となり、次に、その文化的特徴を捉える視点から見ると、それは、民族（Volk）となり、最後に、その政治的帰属の観点から捉えると、それは、国民（Nation）となる。フランスの絶対主義国家の成立過程を例にとって、この三者の関係の移り変わりを考察してみよう。フランスには四十以上の異なる人種集団が前から住んでいたが、パリを中心とする地方に住む人種集団が他の人種集団を征服・支配する形で絶対主義国家体制が成立した。国家の主導権を握った人種集団を「国家民族」（Staatsvolk）と定義づけるなら、この国家民族が中心となって絶対主義国家が確立されて行ったと見ても過言ではない。国家民族は国家の拡大過程において言語、宗教を含めて彼らの文化を他の人種集団に強要する「同化政策」を強行し、一つの文化共同体を作り上げて行った。これがフランス民族である。そのコアには国家民族の文化があることは言うまでもない。フランスでは、民族形成に約二〇〇年がかかったという。こうして出来上がった「文化共同体としての民族」がその独自性を権力を持って守り、擁護しようとして政治的に行動し始めると共に、それは、国民に転化する。ある民族が国民に転化しようとする運動を始めるか、あるいは積極的に展開している場合、その運動はナショナリズム（Nationalism, Nationalismus）と定義される。フランス大革命においては、民族の主体は市民階級であったので、その支配としての民主主義を打ち立てる市民革命は、フランス民族がフランス国民に転化する過程でもあった。従って、民主主義革命は他面、ナショナリズムの成立過程でもあった。つまり、民主主義とナショナリズムは盾の両面であったが、フランス革命やイギリスのピューリタン革命時には、民主主義の側面のみが際だって見えて、そのもう一つのそれと表裏の関係にある側面のナショナリズムが民主主義の陰に隠れて見えなかったのである。この場合のナショナリズムは「国民主義」と訳すのが最も適訳であろう。ナショナリズムが表面化し始めたのは、革命フランスを打倒するために、周辺の封建諸国の連合軍がフランスに侵入し始めた時であった。市民階級を国家民族とするフランス民族は、彼らが作り上げた自由民主主義的近代国家を守るために銃を持って立ち上がった。こうして、自由民主主義を新しい人間の政治的共存形態の構成原理とする近代国家を守る主体としての国民がその姿を現わしたのである。彼らはフランス国家の構成員としての自覚を持って銃を手にして自由フランスという祖国を守るために命を賭して戦う決意をしたのである。それと共に、自由フランスは国家の政治的組織原理を彼らのアイデンティティの基礎とする人々の団体、すなわち「国民国家」であるというその実体を内外に示したのである。

このように、近代国家は主権者としての国民の国家であり、従って、国民は自分の国家を外敵から守ることは自分を守ることに等しいことから、国家と情緒的に一体化するようになり、さらにそのアイデンティティの基礎を国家がその実現を目指す政治原理に置いているために、その原理の実現の主体ともなるのである。こうした国家が典型的な近代国家である。ところで、このような国家は一つの典型であって、例えば、英仏において実現された近代国民国家はむしろ例外に近く、従って、その他の近代国家は、この典型から逸脱した現象を示す場合が多い。とりわけ、英仏米等の先進的国民国家が成立した後、その主導下で近代資本主義経済システムが世界的なものに拡大して行く過程で、その隣接の諸国では、その対外的独立を守るために、上から《国家》主導の民族形成、さらにそれを土台に国民形成へと向かう動きが強まって行った。何故なら、戦争は国民の総力戦の形をとる方向へ進んでいたために、その支配領域内の住民を精神的に統合して国家との一体感を持つ方向へと組織化しない限り、その対外的独立を維持することが困難になって来たからである。こうして、ドイツ連邦などは、一九世紀中葉においても三〇余国に分裂していたために、その中の強国のプロイセン絶対主義国家は文化を共有するドイツ人を組織化して民族にまとめ上げ、さらにそれを国民に転化させるドイツ民族統一運動のリーダーシップを上からとって、一八七一年にドイツ帝国、すなわちビスマルク帝国を作り上げたのであった。その際、プロイセン王権はその権力正当化原理として、ナショナリズムを積極的に活用したことはあまりにも有名である。ドイツの場合、ナショナリズムは、先進的国民国家の場合と違って、民主主義と自由主義から切り離され、既存の絶対主義国家権力を正当化し、その支配下の住民を心理的・情緒的に統合し、君主国に対して一体感を持たせるイデオロギーとして作用した。従って、この場合のナショナリズムは「民族主義」ないしは「国家主義」、「国粋主義」と訳されるのが妥当であろう。この場合、それぞれの国民固有のアイデンティティに基づく国民の心理的・情緒的統合原理としてのナショナリズムは、各国民のアイデンティティが異なるが故に、他の国民にとっては非合理的である。例えば、各国民のアイデンティティの基礎が固有の宗教や文化、血や土、風土、共通の歴史の思い出、他国から侵略され苦しめられた記憶などが多いからである。

以上、近代国家の三つの政治的構成原理とはいかなるものであるのか、またそれが各々絶対主義国家を市民革命によって近代国家へ変革する際にどのような作用を果たしたのか、そしてその過程の中でそれらがどのようにして近代国家を構成する政治原理となって行ったのかを見て来た。ところで、この三つの政治的構成原理の内、近代国家が戦争や社会主義運動の台頭などの内外政的要因によってナショナリズムのみを強めて、それに反比例して民主主義や自由主義を相対的に弱めて行く場合、それは近代国家の名に値しないものに限りなく近くなるのは、近代国家の論理から言って当然と言えよう。後発国のドイツのように、英仏に対抗してその対外的独立を守るために、経済的分野や防衛の分野においては上から近代的改革を積極的に推進し、その際、ナショナリズムを国家権力の正当化のイデオロギーとしてのみ利用し、民主主義や自由主義を抑制し、それにリップ・サービスを与えるに止まった。そのような国家は、外見的には近代国家であっても、真の近代国民国家とは言えない。そういう国家は憲法学では「半立憲主義国家」、そして現代政治学では「権威主義国家」ないしは「専制主義国家」と称されている。というのは、民主主義や自由主義に対するその態度がリップ・サービスに止まっているからである。しかし、こうした半立憲主義国家といえども、それがいやしくも近代国家として存続し続けようとするなら、その構成原理として、ナショナリズムの他に、民主主義と自由主義を採用して行かざるを得ない。なぜなら、上述したように、民主主義は、フランス大革命後、国家権力の正統性原理として普遍的に確立されて行ったからである。もし、それに背を向けるならば、いかなる国家も民衆に背を向けられ、長期的には存続し得ないからである。

(c) 近代国家と絶対主義国家との共通点と相違点

以上の三つの政治原理によって絶対主義国家がオーバーホールされると、どのような国家の姿が現われるのであろうか？　権力装置としての絶対主義国家は、第一に、傭兵軍の形態をとった常備軍と家産官僚制から成り、第二に、それを権力手段として、ローマ法を用いて法の統一を実現し、第三に、重商主義政策をとって経済への介入を行なって、その経済的自立性をはかって来た。換言するなら、近代国家の三つの政治原理によってオーバーホールされると、傭兵軍は廃止され、それに代わって、原則として、国民軍の形態をとった常備軍と、政治的中立性をモットーに掲げる近代官僚制が登場する。国家の権力手段としての常備軍と官僚制は、今や「合理化」されて、主権者を君主から抽象的な「国民」に変えて、それに奉仕する公共的機構に生まれ変わる。しかし、それは主権者の権力手段であるという点では変わりはない。次に、ローマ法に代わって、それを近代資本主義経済の発展により適合する形に合理化して、それを含む制定法が国民の一般意志の表現という形で公布され、それに基づいて市民活動のみならず、国家活動も律せられるようになる。いわゆる「法の支配」の貫徹であり、近代立憲主義の成立である。最後に、近代国家の成立時に、重商主義政策が一時的に破棄され、レッセー・フェール政策がとられたが、間もなく国家の経済への介入が始動し、その政策内容は経済的与件に応じて変化するが、常時、国家が経済への介入を行なう体制はずっと存続し、今日に至っている。こうして、マックス・ウェーバーの定義するところの「合法的な物理的強制力を持つ領土支配団体」としての近代国家が成立することになったのである。

ところで、近代国家の三つの政治的構成原理はそれぞれが実定法の正当性の根拠ともなるのである。従って、先進的近代国家の中でも、その成立当時は国民の数パーセントに過ぎない市民階級が制限選挙制度の下で人民ないしは国民そのものを構成していたので、民主主義は自由主義とその内容において同一であった。しかし、一九世紀中葉に社会問題の発生と共に、社会主義運動が台頭し、それが政治的民主主義のさらなる徹底化として普通選挙制度の確立を要求し、ついに二〇世紀に入って、普通選挙制度が導入された。それと共に、国民の多数を構成する勤労大衆が社会的平等を要求し始めると共に、民主主義と自由主義の対立が生じた。社会主義は国家権力による社会的・経済的領域における正義の実現を要求した。社会主義的な労働運動の成長とその強大化と共に、その影響を受けた国家が本来私法の領域である社会・経済分野への介入を始め、その結果、公法が私法の領域に浸透し、自由主義時代と違って、私法に対する公法の優位が確立されて行った。こうして、実定法の正当性の根拠として近代国家の三つの政治原理が相対立するような場合が生じるようになったのである。

〔次に、本来なら、新たに（d）「近代国家から現代国家への転換」という項目を設けるべきなのだが、その内容に該当する記述を第三章1の所で詳述しているので、ここでは省略する。なお、第三章1〔表3　近代国家と現代国家の態様〕のある頁（一四六頁）の前後の部分〕では、西欧諸国において、一九世紀末から二〇世紀初頭にかけて基盤社会の産業資本主義から高度資本主義への転換と共に、工業化と都市化も進み、それと共に社会問題や都市問題が発生し、そうした問題を解決するために近代国家も現代国家への転換を余儀なくされ、それと共に近代国家はその構造と機能において大きく変容を遂げるが、こうした現代国家への変容の過程についてアメリカを中心に考察している。そして、それとの関係でヨーロッパ諸国における同様な展開も考察している。〕

4　近現代国家活動の解明の学としての近現代政治学の出現

（a）政治学の基本的性格

政治学の源初的形態―統治の秘伝を伝授する学問（統治術）

元来、政治学の起源は治者が民を統べ・治める術、すなわち「統治の技術（または技芸）」（the art of government）にあった。そして、学問としての政治学が誕生したのはギリシャのアテネである。そこでは、紀元前四世紀ごろ、政治体制が王政から貴族政を経て民主政へと転換しており、従来、被治者であった民衆が「政治の世界」に登場して、彼らの政治的組織体をどのように運営すべきかを考え始めるようになっていた。それと共に、「統治術としての政治論」は政治に関する学問という形式をとるようになった。なぜなら、民主政の「統治術」は従来のような少数の治者だけの「秘伝」ではなく、治者となった民衆にも分かるような開かれた知識の体系でなくてはならなかったからである。こうして、「秘伝」ではなく、政治に参加する民衆なら誰でも分かるような、開かれた「政治に関する学問」、すなわち政治学（Politics, Political Science）が誕生した。もっとも、世界史的に見ても、民主政はアテネ滅亡後に途絶えたために、政治学の発達の外的な環境が存在せず、従って、政治学は休眠状態に陥っていた。ようやく一七世紀の中葉になって、イギリスではピューリタン革命が勃発し、民主政が一時期出現したことがあった。そして、このピューリタン革命は未完成に終わったが、この革命を導いた自由民主主義の政治原理は北アメリカのイギリスの一三の植民地に伝わり、そこで根付き、一三の植民地は母国との戦争を通じて独立を勝ち取り、一七八七年、自由民主主義を国家目標とするアメリカ合衆国を誕生させた。この二年後の一七八九年にフランスでも大革命が勃発し、アメリカ合衆国と同様に自由民主主義を国家目標とする近代国家が誕生した。近代国家の構成原理は、上述の通り、自由民主主義であることから、民主政が出現し、米仏などの近代国家では、かつてのギリシャのアテネと同様に政治学が求められるようになった。言うまでもなく、政治学は、その学問的性格からして、民衆が彼らの政治的組織体の在り方に不満を感じ、そのどこに欠陥があり、その欠陥はなぜ生れたのかなど、治者の統治を客観的に分析し、その欠陥を是正して、より「良い生」を保証してくれる新しい政治的組織体への変革を主体的に求めようとする時にはいつでも、統治術としてのみならず、学問的な形式をとるようになる。こうして、近代国家の成立を見たところでは、政治学が政治的エリート養成の学問、すなわち統治の秘伝を伝授する学問（統治論）としてのみならず、民衆の政治教育の一環として大学などで研究され、教えられるようになったのである。

国家優位の政治学と社会優位の政治学の併存

周知のように、一七世紀になってイギリスやオランダでは資本主義経済システムが成立し、それに見合う形の近代国家が誕生して行った。それに刺激を受けた周辺諸国は、国際政治の論理からして、自国も資本主義経済システムを導入しない限り、政治・経済的に従属国に転落する可能性が生まれるであろうということが認識され始めた。その中でとりわけドイツのプロイセン国は、上述の通り、国際政治の権力闘争において生き残るために、進んで上から資本主義経済システムの導入を強行した。それによって、既存の国家が経済社会を動かす駆動力に仕立て上げられ、新しい政治的組織体の構築が試みられた。そしてこの新しい政治組織体の中核をなす文武官僚制を担う高級官僚には統治術が必要となって来たことから、「統治論」としての近代政治学が後発国家のドイツにおいて成立した。とはいえ、それは学問である以上、政治学の先学の伝統を継承しながら、それをその置かれた時代状況や経済社会との関係において新しく作り直して行くことになった。つまり、既存の国家体制を資本主義経済システムの世界体制化の流れの中で温存させながら、それをいかにすれば生き残らせることができるのかと言う観点から「政治の世界」を考察する方向へと進んで行ったのである。この方向を代表するのは、一九世紀後半から二〇世紀の三〇年代初めまでのドイツの政治学（日本では、「国家学」と称されている）であった。従って、その特徴は「国家（政治）優位の政治学」である。その代表的な政治学者はマックス・ウェーバー、カール・シュミット、ヘルマン・ヘラーなどである。

一方、資本主義社会が自立して「市民社会」と名乗り、政治はこの「市民社会」の利益集団やそのリーダー達の話し合いと利害の調整がその主要な内容を構成していたイギリスでも、一九世紀後半において労働運動の台頭により社会福祉国家への選択が強いられるようになった。そして、第一次大戦後、「祖国擁護」の掛け声に導かれて戦争に駆り出された労働者階級の要求を受け入れ、社会福祉国家の道が選択された。それと共に、市民社会と国家との関係をどのような形で折り合いをつけるべきかが政治学の中心課題となった。この課題の解決に向けて、イギリスでは市民社会優位の社会福祉国家確立の政治学が目指された。その代表的な政治学者がハロルド・ラスキである。彼は規範的政治理論家として戦間期の世界の政治学界をリードした。

アメリカの世界支配の道具としての現代政治学

第二次大戦後、米ソ冷戦の勃発と共に、アメリカは「自由世界」の覇権国として、まずソ連の全体主義体制に対抗して、自国の自由民主主義体制をいかに擁護するか、さらにその影響圏下にある、政治発展を異にする多くの発展途上国をソ連に取り込まれないようにするためにどうすべきかのアメリカ政治体制を擁護する政治学を必要とするようになった。その必要に答える政治学の発展をアメリカ政府も積極的に支援した。こうして、二〇世紀後半から二一世紀にかけて世界の政治学界を支配したのは「アメリカ現代政治学」である。

アメリカは、建国当初から自由民主主義という普遍的な政治原理を掲げ、それに基づいて国家を組織し、かつその原理の実現を国家目標にしてきた。従って、アメリカ現代政治学も、アメリカの国家理念の自由民主主義を世界に広げることを目標に掲げ、自国をモデルにした「普遍的な政治科学」の樹立を目指している。その必然的な帰結として、歴史や地理的条件などの「政治の世界」の状況的・文脈的（contextual）要因を看過し、政治を動かしている力学に関する「純粋理論」を求める嫌いがある。その代表的な政治学は「政治システム」論などである。第二次大戦後のアメリカ現代政治学は、ハロルド・ラスウェルやデービット・イーストン、ロバート・ダール、ガブリエル・アーモンドなどによって担われたと言っても過言ではない。

こうしたアメリカ現代政治学の動向に影響されながらも、それが無視しがちな「政治の世界」の状況的・文脈的（contextual）要因を重視する政治学は欧州や日本において生まれた。フランスのモーリス・デュヴェルジェ〔選挙制度と政党のあり方との関係の研究〕、ノルウェーのシュタイン・ロッカン〔社会の亀裂の反映としての政党論〕、オランダのレイプハルト〔多極共存型民主主義論〕、日本の丸山真男〔政治文化の「古層」を重視するアプローチ〕などの政治理論である。その他に、政治の理念的契機を重視するハンナ・アーレント〔市民共和制論〕や、統治術の社会学を展開するミッシェル・フーコー、政治の対立・闘争的側面を重視するシャンタル・ムフなどの政治理論がある。

(b) 政治学の多様な形態とその方法

(a) において、政治学の基本的性格とその近現代国家活動の解明の学としての展開状況を簡単に述べて来た。次は、近代国家が現代国家へと展開するに際してその活動を拡大させ、近代政治学では捉えきれないような新しい現象を多く出現させたが、それに伴い新しい政治現象を捉える政治学のレンズも変える必要が生まれ、政治学の方法も多様化して行ったが、その多様な展開について、次にその概要を示すことにしたい。

近代政治学の場合、近代国家の構成原理の実現を目標に掲げた政治制度の仕組みとその運用の実態をその研究対象に選び、主に方法としては法学を用いてきた。政治制度とは、ある目標に向けての人間の行動を方向づける規範〔ルール〕体系とそれに制約された個人の行動様式の複合体である。規範の側面は憲法に書かれているので、その側面の研究は法学的方法を用いるのが最も適合的であることは言うまでもない。他方、政治制度のもう一つの側面、すなわち規範体系の制約下にある人間の行動様式の実際の側面は、政治文化や歴史的発展の違いによって異なる現われ方をするので、法学の他に他の方法を用いる方がより適切であると考えられよう。とはいえ、近代政治学の場合、その対象としての政治制度の規範体系としての側面を主に取り上げて研究するケースが多かったので、方法論としては法学が主に用いられ、従って、それは「法学的政治学」とか「制度論的政治学」と言われるようになった。しかし、政治制度の運用面については、各国において政治文化が異なるために歴史的に異なる様相を呈していたので、その運用については歴史的方法が用いられた。また政治制度の設立目標、つまり近代国家の構成原理に関しては、それについては哲学的方法を用いて研究した。こうして、近代政治学の場合、その方法としては法学、歴史学、哲学の三つが併用されるようになった。

さて、二〇世紀初頭、近代政治学はイギリス、ドイツ、アメリカなどでは、（a）で述べた通り各々異なる展開を示した。というのは、その研究関心の違いから、研究対象である近代国家の各々異なる側面が各々取り上げられたために、各々が三つの方法（法学、歴史学、哲学）の内でどれらか一つを主要なものとして用いられるようになったからである。例えば、イギリスでは、哲学の方法を用いて、近代国家のあるべき姿、つまり政治理念を研究する政治哲学や、古代以降のそれぞれの時代の政治的組織体のあるべき政治原理についての哲学的研究の体系的な歴史的研究としての政治思想史、または政治学説史が近代政治学の主要な潮流として展開されたのである。

次に、法学的方法を主要な方法として用いたのが、上述の通り、ドイツであり、そこでは政治学は、初めは国家学、次に一般国家学、そして国法学（＝公法学）として展開された。

意外なことには、二〇世紀初頭までのアメリカの政治学はこのドイツの国法学の影響を強く受けていたのである。アメリカは移民の国であるために、アメリカ憲法の承認とその絶対的遵守を国民になる必要不可欠の条件としていたので、アメリカでは憲法が絶対的なものとして取り扱われ、そしてそれに基づいて制定された政治制度も絶対的なものとして受け止められていた。従って、半立憲主義国家のドイツで発達した政治学の法学的方法はアメリカの政治制度の研究に有効な方法として認識され、積極的に導入されていたのである。

最後に、市民革命を経験したイギリスやフランスでは、政治的変動に関する歴史的研究が盛んに行われ、それは主として政治史と言う形で展開された。言うまでもなく、絶対主義国家はその末期において多数者である被治者の人権を蹂躙し、少数者であった特権階級の支配の手段に変容してしまい、被治者の国家権力への自発的服従の根拠の「国家（または権力）の正統性」が無くなり、ついに被治者が法に従わなくなると共に、無政府状態（アナーキー）に陥った。この絶対主義国家に代わる政治的組織体の新しい理想ないしは理念としての社会契約論――ドイツでは「自然法政治学」とも言う――が台頭し、それが被治者の心を捉え、この新しい政治思想ないし理念に基づいて近代国家が確立されて行った。

こうした政治的変動に関する研究は、主にどのような政治思想ないし理念が人口のどのような層によって担われて、どういう経過を経て新しい政治的組織体の確立へと実現されて行ったのかについての研究であるが、それは、歴史的事実を経験的・実証的に研究することによって政治権力を軸にして組織された多数の人間の共同活動がいかなる法則の下で成立し、発展し、かつ消滅して行ったのかという「政治の世界」の動態を明らかにしてくれるので、こうした歴史的方法を用いての政治現象の研究は近代政治学のもう一つの主要な潮流となり、今日まで続いている。

この「政治史としての政治学」の潮流は、さらに歴史的事実についての経験的で実証的な方法を用いるその学問的方法の点において、一九世紀に入って輝かしい成果を見せ始めた自然科学の方論において類似した傾向を有していたと言えよう。それ故に、学問の範型としての地位を確立し始めた自然科学の経験的・実証的方法を政治現象の解明においても採用して「科学としての政治学」または「政治科学」(Political Science) を樹立すべきであると言う考え方が現われた。

政治現象の経験的・実証的研究は近代政治学の潮流として、政治史においてばかりではなく、自然法政治学と並んで近代政治学の形成に寄与したもう一つの「政治的リアリズム」の政治学においても、二〇世紀の二〇年代において着実にその支持者を増やして行った。従って、次に、一九二〇年代までの政治的リアリズムの政治学の展開について簡単に見て行くことにしたい。

言うまでもなく、社会を全体として維持し、かつ社会生活の秩序、ルールを究極的に物理的強制力という手段、つまり「組織された暴力」(軍隊と警察) を用いて維持する社会的行為現象は経済現象などの他の社会現象から区別して政治現象と称されている。この政治現象が他の社会現象から相対的に分離して独自の法則性を持った現象として認識されるようになったのは、政治と言う機能を専門的に担当する組織体としての近代国家が成立してからである。近代国家が成立する前の中世やそれ以前の古代においては、人間を動かす力は、物理的強制力の他に宗教の力やその他の人間を恐れさせるものと考えられているあらゆる種類の迷信などであった。それらのいろいろな力が一体となって人間を動かしていたので、政治現象は宗教現象などとは分離・分化せず、一体的関係にあったと言えよう。それ故に、政治学もその対象が独立した独自の存在性を持っていなかったが故に、つまり他の現象と混然と一体化していたがために発達のしようがなかったと言えよう。しかし、キリスト教世界では、神が人間を含めて森羅万象を創造したと教えられてきたので、近世に入って、人間は自然現象の変化に中に神の意志を探り当てようとして自然現象の変化を観察している内に、経験的にある自然現象が原因となって他の自然現象を引き起こしているという因果関係を推理する力、つまり「理性」を身に着けるようになった。こうした「理性」を持つようになった人間は「身体」という人間自身の自然も、他の自然と同様に経験的観察によってその在り方の特徴や変化の因果関係を推測することが行われ、その帰結として人間と言う自然の動きをもある程度予測することが出来るようになった。

こうした「理性」を身に着けた人間は、他の人間の未来の行動も予測することがある程度可能になり、この「理性」の力を用いて、人間を動かす力である権力の現象もまた一定の法則性を持っていることを認識することが可能となった。その結果、人間はすべて自己保存欲に駆られて生活していることが推理されたので、もし、そうであるならば、人間を究極的に動かす手段は、その人間の自己保存を否定すること、つまり死と死への恐怖を利用することであることが推理されるようになった。この推理を学問的に表現したのがマキャヴェリの『君主論』（一五一三年）であった。マキャヴェリは、同書の中で、人間を死に至らしめる組織化された暴力を手段に用いて多数の人間

表１　近代政治学の構成

研究対象	近代国家の政治制度	近代国家の政治理念	近代国家の歴史的展開	近代国家の諸関係	近代国家の行政活動
名称	政治制度論 ドイツ国家学 （国法学）	政治思想史 政治学説史 政治哲学	政治史	外交史　⇨ 国際政治学 国際関係論 国際政治史	行政学
研究方法	法学（憲法学）	哲学	歴史	法学・哲学・歴史その他	組織社会学、経営学

の行動を一定の方向へ動かすことが可能であり、そしてそれを意図的に行なう団体が「国家」に他ならないことを明らかにした。そして、この「国家」を興し、維持する君主は実際にどういう人間類型であらねばならないのか、またどのような行動を取るべきなのかをローマ史の多くの史実を例にとって論証したのであった。

次に、人間の自己保存欲を基本軸にして、最悪の場合、死への恐怖を用いて人間を動かす「強制力の組織体」としての近代国家を、自然科学の力学の原理を利用して解明し、それを理論的に体系化したのが他ならぬトマス・ホッブズの『リヴァイアサン』（一六五一年）である。このように、政治的リアリズムと称される政治理論は、人間は組織された暴力をその中核に据えた権力によって究極的に動かされるという認識を土台に置き政治現象を説明する政治学の一つのヴァージョンである。それは、自然科学に倣って政治現象も自然現象と同様に、そこには何らかの法則性が貫徹されている筈であるので、その法則性を自然科学の方法を採用して解明するならば、政治学は発達するであろう、と言う「科学としての政治学」の初期の企てであったと見られる。

近代国家の手段的側面、すなわち「強制力の組織体」としての側面を社会学の方法を用いて研究したのは、上記したように、マキャヴェリの影響を受けたマックス・ウェーバーであった。彼の政治学は「国家社会学」と称されている。彼の弟子のミヘルスは、現代政治の主要なアクターの政党についての社会学的研究を行ない、「政党組織の寡頭化の法則」を提唱した。こうした政治的リアリズムの政治学

表２　現代政治学（現代政治理論）の多様な形態

	経験的政治理論	規範的政治理論
一般理論	丸山真男の「純粋政治学」 D・イーストンの政治システム論 アーモンドの政治発展論 R・ダールのポリアーキー論 ネオ・マルクス主義国家論 公共選択論 多元的国家論 ニュー・プルーラリズム	正義論 新自由主義論 コミュニタリアニズム論 市民共和政論 審議的民主主義論 新社会民主主義論 フェミニズム論 環境保護の政治理論
サブ理論	政治過程論 政党研究 圧力団体研究 政治的社会化論 政治的エリート補充論 政治的コミュニケーション論 比較政治学・海外地域政治研究 ネオ・コーポラティズム論 多極共存型民主主義論 国家中心的アプローチ 新制度論 公共政策論（政策科学、政策研究、 政策分析、政策過程論）	

は一九二〇年代のアメリカに受容され、「政治科学」としてのアメリカ現代政治学として発展するようになった。本書の第三章で詳しく紹介するが、シカゴ大学のメリアム教授は『政治権力』（一九三四年）において、その弟子のラスウェルは『政治』（一九三六年）において、それぞれ自然科学をモデルにして急速にその科学度を高めてきた隣接学問の経済学、社会学、心理学、統計学などの研究成果を利用して。権力をキー概念に使って現代の政治現象の法則化を企てた。もっとも、それは、アメリカという特殊な政治環境の中で発達したために、その対象のアメリカ政治の現象形態の刻印を強く受けたので「アメリカ現代政治学」と称されている。アメリカでは、大衆社会の到来と共に、アメリカ憲法を絶対視する中でそれに基づいて作り出された政治制度も絶対視され、それを前提にして主権

者としての有権者によって政治が運営されているとの想定の下に政治現象をその最小単位としての有権者の政治行動に焦点を当てて、社会学、心理学、統計学などの研究成果を活用して経験的、実証的に研究する「科学としての政治学」、つまり政治科学が第二次大戦後、政治学の主流となった。そして、社会学や心理学でも人間の行動に焦点を当てて社会現象を研究する方向が支配的な潮流になるに及んで、社会科学は行動科学（Behavioral Science）と言われるようになり、それと共にアメリカ現代政治学は行動論政治学とも称されるようになったのである。

こうして、従来の政治哲学としての政治学の潮流は「政治科学」と区別する意味で政治理論（Political Theory）と称されるようになった。もっとも、行動論政治学は現代政治の多様な側面、例えば、政党、圧力団体——利益団体ないしは利益集団ともいう——を通じての下からの政策形成過程、つまり政治過程論、有権者の投票行動の研究や政治的エリートとその補充についての研究、そして世論の研究、政治文化の研究、アメリカを政治発展の最高段階と位置づけアメリカの自由民主主義体制の特徴を基準にして発展途上国（＝低開発国）の政治を分析し、それら諸国を最高段階にあるアメリカのような自由民主主義体制へと変えて行くためにはどうすべきかについての研究、つまり政治発展論ないしは比較政治学・地域研究など多様な方向へと分化して行った。一方、先進国における社会福祉体制の確立に伴う行政国家の出現と共に、国家の行政活動を組織の管理・運営の観点から捉えて研究する行政学も近代政治学から分離・独立して行った。また第一次大戦後、新しい国際秩序の確立が模索され、国際政治学が従来の外交史や国際法の研究成果を吸収・統合して成立した。こうした多様化した政治研究を統合して政治現象を全体として捉える経験的な一般理論として、デービット・イーストンは「政治システム」論を一九六三年に発表した。そして、それに基づくサブ理論も陸続と生み出されて行った。

その後、現代政治理論は規範的政治理論と経験的政治理論とに分けられるようになった。すなわち、規範的政治理論とは、それまで「政治理論」と呼ばれて来たものであり、その内容は政治哲学である。一方、政治現象の経験的・実証的な一般理論は後者の経験的政治理論を指す。戦前から日本の大学の法学部や政経学部で政治学の主要な科目として教授されてきた「政治学原論」という科目は、本来の趣旨から言えば、この経験的政治理論の範疇に入るものと言えよう。一九七〇年代に入って、日本においてアメリカ現代政治学の本格的な受容が進み、それと共に都内の幾つかの大学の法学部では「政治学原論」と言う科目は無くなり、それに代わって「現代政治理論」と「政治過程論」と言う科目が設けられて、これまで「政治学原論」の名称の下で教えられていた内容がこの二つの科目に分けられて教えられているところもあるようである。

ちなみに、自然科学が自然現象を認識するための手段たる仮設を「アプローチ」とか「モデル」と言う用語で言い表しているが、行動論政治学も自然科学をモデルにしている関係上、この二つの用語を使っている。「アプローチ」とは政治現象を解明するために、それに接近する政治学者が政治現象の特徴と考えているところに焦点を当てて作った仮設である。例えば、本書の副題の「権力アプローチ」とは政治現象はその大部分が権力現象であると考えて、専ら権力現象に焦点を当てて政治現象を説明するために作り出された仮説である。次に、「モデル」であるが、それは幾つかの「アプローチ」を集めて作ったもので、プラモデルとその元の実物との関係と同様に、政治現象の実相を反映したものと解釈される学説である。イーストンの経験的政治理論は「システム・モデル」と言われているように、アメリカ現代政治学を構成する多様な研究は、大体「アプローチ」とか「モデル」の名称で呼ばれている。

さて、一九七〇年代に入って経済と情報のグローバリーゼションの波がアメリカから全政界に波及し、アメリカの政治環境の中で成立し発達を遂げた現代政治学が「世界の政治学」として異なった環境の中に受容されるにつれて批判され、当然変容を遂げて行った。経験的政治学としては、現代社会福祉国家の財政危機や政治的アクターの行動を経済学の方法を用いて研究する公共選択論または新政治経済学、マルクス主義の方法を用いて資本主義国家を分析するネオ・マルクス主義国家論、次に一九七〇年代以降のアメリカの自由民主主義体制を弁証する理論としてのネオ・プルーラリズム、そしてこのネオ・プルーラリズムを批判する理論として西欧の社会民主主義が強力な諸国においてはアメリカの自由民主主義体制とは異なる民主主義を説明する理論として政策決定過程に焦点を当てて政労使の三者協議体制についてこれを分析するネオ・コーポラティズム論、社会が言語的、宗教的に分裂しているオランダやベルギーなどの諸国で展開されている民主主義はネオ・プルーラリズムやネオ・コーポラティズム論では説明できないので、それを説明する新しい理論として多極共存型民主主義論が展開された。また、行動論政治学では、政治活動の政治制度の制約を受けている側面が無視されているので、この無視された政治制度の政治的エリートや有権者の政治行動への制約の側面を経験的・実証的に研究する新制度論、その中で国家エリートの社会への能動的作用を重視する国家中心的アプローチ、そして冷戦の終焉と共に「イデオロギー対立」の時代も過去のものとなり、政治研究も国民の生活に大きな影響を与える公共政策の研究に政治学者の関心が集まり、政策科学または公共政策論などが現代政治学の重要な教科として展開され、今日の現代政治学の主要な内容を構成している。

他方、規範的政治理論も、それに劣らず発達しており、ロールズの正義論、新自由主義論、コミュニタリアニズム論、市民共和論、審議的民主主義論、フェミニズム論、環境保護の政治理論、新社会民主主義論など多様な形態の規範的政治理論も展開されている。(8)

【注】

（1）丸山真男「政治学入門」、『戦中と戦後の間　一九三六―一九五七』みすず書房、一九七六年、四二九頁―四四四頁。『丸山真男講義録（第三冊）政治学一九六〇』東大出版会、一九九八年、一四〇頁―一四一頁。

（2）『丸山真男講義録（第三冊）政治学一九六〇』東大出版会、一九九八年、一四〇頁―一四一頁。

（3）G. Salomon, Allgemeine Staatslehre, 1931, S. 157.

(4)アリストテレス著・山本光男訳『政治学』(岩波文庫)、一九六一年、三五頁。
(5)パスカル著・前田陽一他訳『パンセ』、中央公論社版『世界の名著』二四巻、一九六六年、二〇七頁。
(6)アリストテレス、前掲訳書、三六頁。
(7)カール・シュミット著・田中浩・原田武雄訳『政治的なものの概念』、未來社、一九七〇年、七四頁。
(8)現代政治学の多様な形態についての詳しい紹介は、安 世舟『現代政治学の解明』(三嶺書房、一九九九年)にあるので、参照せよ。

第二章　現代政治学における権力概念の変容と分裂

はじめに

政治現象の大半は権力現象であると言われている。従って、「政治の研究者は、権力とは何か、そして、権力は誰が所有し、それはいかに行使されているのか、そしてそれは何を手段ないし基礎にして行使されているのか、を知ろうとする」[1]と、現代イギリスにおける政治学の標準的教科書の著者として知られているアンドリュー・ヘイウッドが指摘しているように、政治の研究は、権力の研究を前提としていると考えてもよい。つまり、政治現象を解明するためのキー概念は、権力概念であると言っても過言ではない。この事をいみじくも的確に表現しているのが次のマックス・ウェーバーの政治概念と権力概念である。「政治とは、国家相互間であれ、あるいは、国家の枠内であれ、つまり国家に含まれた人間社会集団相互の間で行なわれる場合であれ、要するに権力の分け前に与り、権力の配分関係に影響を及ぼそうとする努力である[2]」。「権力は、一切の政治の不可避的な手段であり、従って、また一切の政治の原動力である[3]」。このように、権力と政治は不可分の相関関係にある。ところが、政治とは何か、という問いに対する答えは、政治学者ごとに異なり、従って政治学者が一〇〇人いれば、政治概念も一〇〇通りある、と言われるくらい、物理学の定義のような、すべての政治学者によって共有される確定的な政治の定義は存在しないのである。その主要な原因は、政治概念の多義性に劣らず、権力概念も、政治学者の数だけあると言っても良いくらい、多義的である点に存するのである。

そもそも人間は一人で生きて行くことはできない。従って、必ず二人以上の人間が社会を作って生活している。そして、社会が存続するための最低限の条件の一つは、人間各々が自己の欲望の充足のために生きようとするが故に、こうした欲望を持つ人々の間の共同活動を、つまり社会を可能にするための共存のルール、すなわち規則を作り、各人の衝動を抑制させて、それによって他人との共同生活を可能にさせ、かつ持続させることである。こうした人間の「共同活動の組織化と活性化」現象を、ヘルマン・ヘラーは、政治と定義している。こうした政治は、社会的存在としての人間がある所ではどこでも存在する。そして多数の人間の「共同活動の組織化と活性化」を行なう手段は、社会存立の不可欠的な要素である規則をその構成員に守らせること、つまり規則が「予期している反応」を構成員に起こさせて、その行動を規則の命ずる方向へ変更させることのできる力、すなわち権力である。従って、人間がある所には政治が存在し、政治が存在する所では、必ず権力が存在することになる。それ故に、権力の在り方次第では、政治の在りも変わって行くという、政治と権力の相関的関係ないしは相即的関係が存在することになる。

さて、権力は、英語のPowerの日本語訳である。勿論、Powerを、私の手元にある英和辞典で引いて見ると、それには「～する力、能力、権力、支配力、権威、政権、統治権、軍事力等々」と多くの訳語が当てられている。しかし、世界の政治学界で用いられているPowerという用語は、日本語では、「権力」という訳語に定められている。もとより、他に色々な訳語も考えられる上に、さらに、もし、権力を「人間の行動を変更させる力」と定義するならば、この「人間の行動を変更させる力」を表す用語は権力の他に権威（authority）、説得（persuasion）、影響力（influence）、操縦（または操作）（manipulation）、強制（coercion）、強制力（または実力）（force）、暴力（violence）等々多数存在する。従って、権力以外の用語を用いて、政治現象を解明することも可能である。例えば、権威概念を用いて政治現象にアプローチして見ると、政治現象の中でも、人々の下からの自発的同意に基づく「共同活動の組織化と活性化」が行われている政治の在り方が解明されるのみで、全体としての政治現象の一部しか捉えられないのである。従って、政治研究の分析概念としては妥当ではないということが明らかになる。それ故に、権力との類似語で、上に挙げた用語はすべてPower、つまり権力の多様な表現形態として捉えることによって、政治現象のダイナミックな展開の原動力となっている力を解明しようとするのが、近代政治学以降に定着した政治学者の間の一つの合意となっていると見られる。とは言っても、政治と権力は相関的関係ないしは相即的関係にあるので、政治の在り方が権力の在り方次第で変わる事から、政治の在り方に関する未来表象を異にする政治学者の間には政治の概念も異なるが、それと不可分の関係にある権力の概念も異なるので、イギリスの政治社会学者のスティーヴン・ルークスが言うように、権力概念は「本質的に論争的」であるのみならず、価値評価的でもある。(4)例えば、政治の在り方として、ギリシア・ローマの市民共和政の復活を構想するハンナ・アーレントは権力を権威として捉える。それに対して、ワイマール・ドイツにおいて崩壊の危機に瀕していた旧ドイツ帝国の国家権力の再編・強化を願ったカール・シュミットは政治を「友敵の区別であり、実存的な他者としての敵の否定」と捉え、その帰結として権力を限りなく物理的強制力として解釈しているのである。このように、暴力を権力の重要な要素とは認めないアーレントと、権力をほとんど暴力そのものであると考えるカール・シュミットとの間には、権力概念の点において共通性はないと言えるのである。このように、政治のイメージと権力のイメージとは相即的関係にあるために、一九世紀から今日に至るまで、イデオロギーの対立のみならず、民族間、階級間、集団間の対立が表面化し、対立が激化し、それが紛争へと発展した所では、対立するどちらかの一方に組みするのか、あるいは全体としての社会を維持・存続するために紛争解決の立場に立つのか、あるいは中立の立場に立つのか、どちらかにしても、政治学者は、価値評価的な立場に立たざるを得ないのである。従って、政治学者達の間では、政治の在り方の未来表象も異なるので、当然、権力概念も異なることになり、権力概念が多義的であることは必然の成り行きと言うことになる。それ故に、政治現象の科学的解明が遅々として進まないのは、その一半の理由も、こうした権力概念を明確に確定することが出来ないという点にあると言っても過言ではない。従って、政治と権力の内在的な相関関係から見て、そもそも権力概念を物理学の定義のように明確に確定すること自体が不可能であるのが政治の宿命であるとして、諦めてしまうことも一つの見識であろう。しかし、人間は環境の変化と共に環境への適応過程において絶えず政治の在り方を変えて行かざるを得ないので、当然、権力の在り方も変わる。それ故に、こうした権力の変化を前提にして、かつその帰結としての権力概念の多義性をも前提にしながら、権力概念の変遷を通して、逆に政治の在り方の変化を追跡することも可能ではないかと思われる。つまり、権力概念の変容を考察することによって、政治の在り方の変容にアプローチすることも可能ではないかとも考えられるのである。言うまでもなく、政治の在り方が確定し、それがある一定の期間において固定している所では、権力概念もまたある程度明確に定義されることが可能となり、それを用いて政治現象の解明も可能になることも推量されよう。実際、近代国家の成立過程においては、「権力とは何か」が問われ、そしてそれについて定立された権力概念を用いて政治現象の解明を試みようとした典型的な例が、後述するように、トマス・ホッブズの『リヴァイアサン』であった。

もとより、第一章で述べた通り、近代国家は絶対主義国家をデモクラシー・自由主義・ナショナリズムという政治原理によってオーバーホールしたものであるが、一定の領域内に居住する住民を「支配する権力機構」としての側面では継続性を保っている。従って、「支配する権力機構」は、マキャヴェリによって、stato という表現が与えられ、それは日本語では国家と訳されている。近代政治学は、一人の君主または人民ないし国民という集合体の「支配する権力機構」としての国家の活動を、その研究対象に取り上げ、第一次大戦期まで、国家の在り方の変化に対応して、権力概念を変容させて、政治現象の解明に従事してきた。従って、その間、大体において、国家権力が人民に対する上からの支配として作用し、そうした支配作用が政治現象とみなされていたので、近代政治学では、権力概念は国家権力をイメージして定立されており、近代国家が安定的に活動している間は、「国家権力としての権力概念」が政治学者の間に確定した定義として通用するようになり、それに何ら疑問が挿まれるということはなかった。しかし、一九世紀末から「戦争と革命の時代」と言われる二〇世紀に入って、従来の政治の在り方が疑問視され、それと共に、権力概念も急速に多義化し、今日に至っている。上で挙げたルークスは、一九七四年、『権力―一つの急進的見解』という小著を著わし、多義化した権力概念の整理を行なっている。(5) すなわち、第二次大戦後、とりわけアメリカでは行動論政治学が隆盛化し、ミルズとパーソンズの権力エリート論争やそれと平行して進行したアメリカにおける「コミュニティー権力構造論争」に随伴して起こった「権力概念論争」を総括して、権力には三つの次元が存在する点を指摘し、多義化した権力概念の批判的な総括を試みたのである。他方、フランスのフーコーが人間生活の至る所に権力ありという、権力偏在論を主張したこともあって、社会学の分野でも、権力概念をめぐる論争が展開され、多くの著作が現われている。本章では、こうした権力概念論争を紹介することを目指すのではなく、こうした権力概念の変化を近代国家の成立とその展開、そしてその現代国家への転換という政治生活の在り方の変化に対応させて、変容した権力概念が新しい政治の在り方の姿を垣間見させてくれるという権力と政治の相関関係の考察を通して、政治の大きな流れを析出し、それを通じて現代政治を捉える視角としての権力概念の再構成を模索したものである。そこで、まず、第一節では、近代政治学における古典的権力概念の成立とその展開を跡付ける。第二節では、「民主政」擁護のアメリカ現代政治学における古典的権力概念の変容過程をハロルド・ラスウェルの権力概念の再構成過程を通じて捉え、第三節では、行動論政治学における権力概念論争とルークスによるその批判的総括を取り上げ、その意義を考える。そして、第四節では、現代政治学において、権力概念が多様な展開を示しており、それは大きく二つに分類することができるが、この二つに分裂している状況の政治学的意義を考えると共に、はたして現代の政治状況を解明するのに有意的な権力概念はあり得るのか、その探求を試みて見たいと思う。

1 近代政治学における古典的権力概念の成立と変容

(a) 古典的権力概念成立の史的背景

一六世紀末頃から商業資本主義の西ヨーロッパにおける浸透と拡大と共に、局地的ではあるが、統一市場圏の確立が求められ、その要請に答えたのがフランスのブルボン王家をはじめとする諸王朝であった。とりわけ絶対主義国家の典型を作り出したブルボン王家は、中世のキリスト教世界の一画の領域の上に、常備軍と徴税請負人を組織して、そこに住む住民を最悪の場合には究極的な手段(ultima ratio)としては武力などの物理的強制力を用いて「支配する権力機構」を作り出して行った。マキャヴェリは、上述したように、こうした権力機構の原型についてstatoという名称を与えた。それは英語ではstate、フランス語ではEtat、ドイツ語ではStaatに変化し、日本語では国家という訳語になっている。

statoとしての国家は、一定の領域内の住民を物理的強制力、すなわち軍隊と警察・司法組織をもって支配する中世には存在しなかった新しい「状態」を表わすラテン語のstatusの変化したものであり、ブルクハルトは、それを「支配者とそれに付随するもの」[6]と記述している。その組織的完成態が絶対主義国家である。西ヨーロッパの中世は水平的に見ると、多くの小領主が小宇宙を形成して、農業生産に従事する農奴との契約共同体を作り、生産物の一定の貢納とその見返りとしての保護という双務的・互恵的な主従関係を結んで、小領主は農奴の上に君臨していた。そして、垂直的に見ると、皇帝ないし君主を頂点にして、その下に幾人かの大領主がいて、彼らが皇帝や君主に忠誠を誓う代わりに、その領地内の支配権の承認と保護を受ける主従関係を結び、さらにその次に、この主従関係を大領主はその支配下にある幾人かの中領主と結び、中領主は、さらにその支配下にある小領主と同様な主従関係を結び、忠誠と保護のヒエラルキーが出来上がっていた。従って、そこでは権力が広く分散していたと言えよう。その結果、皇帝や君主といえども、その直轄地の領民を組織した武力以外には、その命令を他の領主に従わせる手段を持ち合わせていなかったのである。このように、世俗権力の面だけ見た場合、全体としての中世の西ヨーロッパでは一種の集中した権力体の空白状態が出現していたと見ても良かろう。しかし、実際はその逆であった。というのは、ローマ教皇は、小領主の支配する隅々に教区を置き、それらを統括する巨大なヒエラルキー的司祭官僚組織を作り上げ、宗教的な一元的支配体制を確立していたからである。「来世の幸福」の約束の代わりに、神、すなわちその代理人であるローマ教皇庁への信者による自発的服従を、教会を通じて社会化させていたために、教皇庁の権力は、自発的服従を引き出す力の特性を持つ「権威」として作用し、物理的強制力を必要としなかったのである。従って、世俗権力は、小領主に細かく分散し、全体としての西ヨーロッパ社会では、集中した権力体の空白が存在するかのような外見が見られたが、その実態はローマ教皇庁による宗教的権威に基づく強固な支配体制が確立されていたのである。その結果、ドイツ王ハインリヒ四世が一〇七七年に教皇に許しを請う有名カノッサの屈辱のような事件が生じ得たのである。ところが、商業資本主義の拡大と並んで、一五一七年のマルティン・ルターによる宗教改革の烽火が上がると共に、ローマ教皇庁の支配体制は、徐に崩壊し、百年後の一六一八年から一六四八年までの三〇年戦争を経て、西ヨーロッパでは、フランス・スペイン・イギリス・プロイセン・オーストリアなどに領域国家としての絶対主義国家の確立の動きが進行して行った。これらの各国は、ローマ教皇庁の支配を撥ね退けて、教皇庁の所有する領地を没収し、王家が支配する一定の領域において「支配する権力機構」を作り出して行ったのである。それは、ローマ教皇庁のヒエラルキー的官僚制をモデルにした家産官僚制という形態で出現し、さらに、それにはローマ教皇庁には存在していなかった常備軍という物理的強制力が付加されていた。こうして一定の領域内に分散していた権力は、君主の手中に集中され、組織されて行き、それが絶対主義国家の権力という形姿を取るようになった。それは君主の命令に従う組織化された権力であったが、国家という形で組織化されていたので、国家権力と称されるようになった。各々の絶対君主は、ローマ教皇庁の支配を撥ね退けるために、宗教改革を利用して絶対主義国家を確立した後に、その支配下にある臣民の自発的な服従を喚起させるために、彼らが信じる宗教、すなわちカトリック教か新教かのいずれかのキリスト教宗派を国教化して、宗教的権威を用いて「権力の経済」に努めるようになった。換言するならば、君主の支配下に入っていた住民の抵抗や反抗を究極的手段としての物理的強制力をもって封圧し、服従を強要することは、コストがかかり過ぎるので、住民の抵抗を回避して自発的な服従を調達するための工夫の一環として、中世のローマ教皇庁の宗教的支配の教訓から学んで、新旧キリスト教のどちらかを国教化して、宗教を利用して、住民を国王に自発的に服従させようとしたのである。その際に利用された政治理論が、王権神授権説ないしは君主は神の代理人であるというフィクションであった。

このように、一六世紀から一八世紀に掛けて、西ヨーロッパの各地域では、その領域を支配する君主の「無制限でかつ絶対的な権力」の確立が目指されたが、それを政治学で初めて理論的に表現したのが、ジャン・ボーダン（一五三〇～九六）であった。彼はフランスにおける新旧キリスト教派間による宗教戦争において、抗争中の両派から離れた第三の道を求める「ポリティック」派に属していた。この「ポリティック」派は、内戦を終息させて、平和と秩序を確立し、住民の生命と財産を守る絶対主義国家の確立を目指していた政治勢力であった。その理論的代弁者のジャン・ボーダンは、台頭する絶対主義国家を弁証する政治理論を『国家論六巻』（一五七六年）の中で展開した。それは「主権論」として有名になっている。彼は、まず国家と宗教を分離させ、次に、人間の「共同活動の組織化と活性化」を目指す権力機構としての国家権力の絶対性・最高性・非分割性を「主権」と定義し、その属性の一つとして立法権を主張した(7)。つまり、フランスに住む住民の共同活動を可能にする規則である「法律」を作る権力を国王に与え、君主権力を中心に国内の平和と秩序を確立することが、主権を持つ国家の任務である、と主張したのである。こうして権力を中心として人間の「共同活動の組織化と活性化」が行われる「政治の世界」が、宗教から切り離されて分化し、それ自体が一つの自立性を持った人間の活動領域として認識されるようになった。このボーダンの国家権力の最高性・最強性を表わす主権概念を継承して、創生中の近代国家についてその理論的な解明を試みたのが、上記したトマス・ホッブズ（一五八八―一六七九）である。彼は、ボーダンによって主権が主張されてから約半世紀後の一六五一年に、イギリスで『リヴァイアサン』を刊行した。その中で、彼は、当時、真っ只中にあったピューリタン革命（一六四〇年―一六六〇年）という内乱を終息させ、国内に平和と秩序を回復し、すべての人間の生命と財産を守り保護する主権を持つ人工的国家＝「リヴァイアサン」を社会契約論で弁証する理論を展開したのである。ピューリタン革命では、政治の在り方についての構想を異にする四つの党派が相争い、一時、テューダー王朝の下で集中され始めた権力は、内乱と共に再び分散し、無政府状態が生まれていた。その結果、一人一人はその生命の保全のためにその持てるすべての力を用いて、他人と争う戦争状態が出現していた。つまり、中世のキリスト教社会が崩壊し、その後、テューダー王朝の下で絶対主義国家の確立が試みられて、広く分散していた権力の集中化がある程度進んだところで、下からの新しい政治の在り方を目指す革命派による挑戦を受けて、再び権力が分散し始めたのである。こうした下からの人民による新しい政治社会の確立の試みは、人民が各々持つ権力を持ち寄って、それを集めて組織化していく方向へと結実化して行った。こうした政治状況を背景にして、ホッブズは「権力とは何か」を問い、その結果得た権力概念を用いて、民衆一人一人の権力から構成される「人工的国家」の在り方に関する理論の構築を試みたのである。

彼は、権力を次のように定義している。「ある人の power とは、将来において明らかに善（利益）だと思われる何らかのものを獲得するために、彼が現在持っている手段である」と。[8] 彼によると、国家のない自然状態においては、人間はその生きる手段としての権力を追求し、結局、お互いに飽くことなき権力を追求する中で、突然の横死（violent death）を遂げることになる。この悲劇から逃れるために、自然法、すなわち理性の命じるところに従って、各人は自分の生命を守るための手段たる権力を一斉に放棄して、それを一箇所に集中化させる社会契約を締結し、その次に、こうして集中された権力、すなわち「人工的国家」が共存の規則である法律を制定して、その法律の下で各々が生命・財産の保護を受ける市民社会を作り上げるべきであるというものであった。こうして、国家権力の本質は、国家を構成する一人一人の人間の力を組織し集中化したものであるということを、ニュートンの物理学や幾何学の方法を用いて解明したトマス・ホッブズは、それ故に、近代政治学の父と呼ばれるようになったのである。

ともあれ、絶対主義国家の出現と共に、ある領域内の最高・最強で、無制限の権力たる国家権力が誕生し、それは法学的には主権と称されていたが、その実態は、究極的には、臣民ないし人民の服従を、暴力ないしその行使の威嚇によって調達することを目指す物理的強制力であった。さて、こうした属性を持つ絶対主義国家権力の温室的保護の下で、産業資本主義社会が育成され、その成熟と共に経済社会の担い手であるブルジョアジーの経済権力も増大し、資本主義経済の完全なテイク・オフと共に、それは自立性を持ったシステムとなって出現した。そして、そのさらなる存続のために、従来必要であった国家権力の保護という介入は不要となった。しかし、産業資本主義経済は、中世において支配的であった農業経済と比べて富の生産を飛躍的に増大させ、その結果、無限に拡大する富をめぐって、当然争いを惹起させずにおかなかった。君主は国家権力を梃子にその富の分配に課税の形態を取って介入し、資本主義経済の円滑なる展開を阻害する可能性が生まれた。自立性を高めてきた資本主義経済社会は、国家権力からの自由を求め、フランスでは、絶対主義国家を近代国家へと作り直す大革命の形で、その要求を実現した。フランスでは、経済社会の支配権を手中にしたブルジョアジーは、まず国家権力から自由になるだけではなく、国家権力を彼らの道具に変えて行くために、それを再編するための原理として自由主義・民主主義を掲げ、それによって絶対主義国家をオーバーホールして近代国家を作り出した。その後、近代国家の構成原理となった自由主義・民主主義の周辺諸国への拡大が始まったので、それを阻止しようとした周辺諸国の干渉戦争を誘発し、それと戦う中で、フランス内に居住する人民の連帯性が生まれ、それは近代国家のもう一つの構成原理のナショナリズムへと展開して行った。マルクスは、フランスにおける一八四八年の革命を分析した著作の中で、絶対主義国家の成立と共に誕生したフランスの官僚制は、大革命後もそれが使える主人（Herr）を変えただけで、ナポレオン皇帝時代、復興王朝時代を通じて一貫して膨張し続け、ますます強化されている、と述べているように[9]、国家権力の支柱である官僚組織と、傭兵隊に代わる国民軍は、引き続き存続し、拡大・強化されて行ったのである。それ故に、近代国家に生まれ変わっても、集中化された国家権力は、一つの巨大で最高・最強の権力として生き残り、近代政治学では、権力の定義に関しては、こうした国家権力をイメージして作られることになったのである。こうして、第一次大戦に至るまで、近代国家を政治生活の自明の枠組みとして受け止めていた人々にとって、権力という言葉は、そのまま国家権力として受け止められていたとしても不思議ではなかった。

もっとも「権力は腐敗する、絶対権力は絶対的に腐敗する」というイギリスのカトリック系自由主義者のアクトン卿の名言に象徴されるように、ブルジョアジーは、絶対主義国家権力の腐敗に悩まされていたために、近代国家の確立に際して、自由主義原理を絶対主義国家に浸透させてオーバーホールする際に、権力の腐敗を防止するための工夫として、まずモンテスキューの権力分立論を採用して、権力機構の三権への分割を断行し、さらに国民の人権および政治的権利を国家権力の乱用から守るために、国家権力の作用を法律によって規制する方法、とりわけ国民に対する権力の行使に主に携わる行政権力については「行政の法律適合性の原則」を適用した。さらにアメリカでは、連邦制が採用されているために、本来、旧大陸では、国家権力が遂行すべき任務も地域的単位で分割することで、その作用の範囲も限定され、「小さな政府」の樹立が企てられた。また近代国家の成立と共に、市民社会と国家が区別され、さらに国家権力もその作用範囲が制限されるようになり、絶対主義国家時代の絶対的で無制限な権力としての国家権力は、憲法や法律によって、その作用が限定されるようになった。他方、近代国家の確立と共に、君主から国民への主権の主体の転換が起こり、ある領域内の国家権力の最高・最強性を表わす主権概念は依然として残存していても、主権の主体が君主から集合体としての国民に代わった事によって、権力が絶対君主による無制限な権力というイメージから国民の生命と財産を内外の侵害から保護するために存在する憲法と法律の制約下に行使される権力としてイメージされるようにはなった。しかし、権力は、その実態が組織化され集中化されたものであるというイメージは、そのまま残存し存続することになった。

さて、一九世紀末に資本主義経済の高度化と共に、欧米の先進資本主義諸国においては、工業化と都市化が始まり、その帰結として、国民の新しい多数派になりつつあった工業労働者階級の民主化への要求が高まり、その結果、階級対立が生まれ、他方、先進諸国では各々海外市場を求めて対外的膨張政策が取られて、国家間・民族間の対立も生まれてきた。マルクスとエンゲルスは、一八四八年に刊行した『共産党宣言』の中で、国家権力の干渉から自由になった資本主義経済社会において、市場における自由な交換という形態を取って、労働力以外に売るものを持たない労働者階級に対する資本家階級の支配が生まれた点を暴き出し、国家権力とは資本家階級が労働者階級を搾取し、その反抗を抑圧するための権力、つまり「階級権力」である、と批判した。ところで、近代国家では、集合体である国民が主権者とされ、その主権者の意志は国民の代表機関の議会を媒体にして法律の形で具体化され、「臣民としての国民」は、その法律に自発的に服従する形で、国内の安寧と秩序の維持が図られていた。このように、「主権者たる国民」の「臣民としての国民」に対する支配は「法の支配」という形に置換され、国家権力は「法的に正当化された権力」、すなわち「権威」として受け止められていたのである。マルクスとエンゲルスは、国家権力の法的形態である「法の支配」の階級性を暴露して、法律も資本家の階級支配の道具であると批判し、生産手段の私的所有と無政府性を特徴とする資本主義経済システムを生産手段の公有と計画経済を特徴とする社会主義経済システムへと変革しない限り、労働者の真の自由は獲得され得ないと主張して、社会主義革命を労働者階級に呼び掛けたのである。この際、両人は、社会主義革命の遂行のために、まず政権獲得を目指す大衆政党を創立し、次にブルジョア階級の支配体制を支える価値体系や信念体系によってその精神が毒されている労働者階級に、彼らが抱いている価値観や信条は誤った意識、すなわち「虚偽意識」であることを啓蒙させる運動を展開すべきである、と主張した。さらに、ブルジョア国家は彼らを搾取し抑圧するための資本家階級に奉仕する不正な国家であるという認識を彼らに持たせること、つまり「階級意識」に目覚めさせることに、当面、力を注ぎ、その後に、こうした活動を通して議会制民主主義が確立されている所では、普通選挙権を獲得した後に、議会で多数派を獲得し、それを通じて社会主義社会の実現を目指すべきである、と主張した。[10] この『共産党宣言』の出現後、国家権力は資本家階級の労働者階級に対する支配の道具である点が主張され、国家権力と並んで「階級権力」の存在が、近代政治学では認識されるようになった。一八六三年、ドイツでは世界最初の社会主義政党が生まれ、それは、一八九一年、マルクスとエンゲルスの主張する社会主義革命を党の究極的目標とする「ドイツ社会民主党」と称する大衆組織政党へと脱皮して、ドイツ帝国の国家権力の他に、下からの民衆のエネルギーを組織した大衆組織政党という一つの巨大な組織権力が存在すること、そしてそれがドイツ政治に大きな影響を及ぼし始めていることを明らかにした。このドイツ社会民主党の出現に刺激された保守勢力も、大衆組織政党の結成に乗り出し、従来のクラブ政党から大衆組織政党へ転換して行った。こうした傾向は、時期は前後するが、ドイツのみならず、フランスやイギリスにおいても展開された。さらに労働者階級は職場において労働条件の改善や経済条件の向上を目指す自主的な結社としての労働組合を結成したが、それに対抗して資本家も団体を結成し、さらにこうした経済的利益団体の出現の影響を受けて、農業者や消費者やあらゆる分野の同業者仲間の自主的な結社が作られ、それぞれの利益を守るために公にその主張を展開するようになった。というのは、世紀の転換期から二〇世紀にかけて工業化・都市化がますます拡大し、社会はその自立性を喪失し、階級間・利益集団間の対立が表面化し、上からの国家の介入による調整が必要となっていたからである。こうして、階級対立や集団的利益対立は国家をも巻き込むことによって、それらも政治化して行った。もとより、近代国家がその解決を迫られた最大の問題は、階級対立であった。この対立が紛争へと発展し、マルクスとエンゲルスの目指す社会主義革命の方向へと展開することを保守勢力は恐れ、それを阻止しようとしたことは言うまでもない。こうして、イギリスでは、階級対立が紛争へと激化する前に、上からの改革によってそれを予防しようとする保守主義的動機から、政治の在り方としては、国家による階級対立解消の企てとしての社会福祉国家構想が提唱され、それが労働者階級の間にも浸透し、第一次世界大戦後、その実現に向けて動くことになった。

(b) 古典的権力概念の完成者としてのマックス・ウェーバーの権力概念

マックス・ウェーバーは「ブルジョアジーのマルクス」[11]と言われている。一八八三年にマルクスが死去し、さらに一二年後の一八九五年にエンゲルスも死去した。ウェーバーは、エンゲルが死去した同じ年の一八九五年にドイツの学会にデビューし、一九二〇年死去するまでの二五年間、資本主義経済の高度化に伴うドイツ帝国の変容を醒めた眼で観察して、生前には未刊行でかつ未完の『経済と社会』という大著の中で、マルクスとエンゲルスによる資本主義社会の分析に対する批判的対決を行なった。彼はマルクスのように資本主義経済社会だけではなく、人間の社会生活についてその各分野を世界史の中で普遍的なパースペクティヴの下で考察して、それを各々類型的に捉え直して解明しようとした。従って、彼は「二〇世紀の社会科学の巨人」とも言われている。マルクスは資本主義経済社会においては労働者階級が自分の労働力を投下して作り出した価値、つまり商品を所有し、消費することは許されず、従って自分の労働力を投下して価値を生産すればするほど、自分の生命の延長たる生産物から遠ざかり、疎外されて行く必然的な傾向があり、それ故に、資本主義経済は、人間を疎外化させる傾向を有する、と解釈した。これに対して、ウェーバーは、近代資本主義経済社会の成立と展開を、近代以降における脱魔術化の過程、つまり人間関係の合理化の一側面として捉え、経済の運営装置の企業体も国家官僚制と同じように官僚制化の傾向を有し、マルクスが主張しているように、社会主義は資本主義の弊害を克服する理想社会ではなく、また計画経済の導入はさらなる合理化を促進するので、社会主義社会こそ合理化の究極的形態の官僚制化の極致となり、人間は「鉄の檻」のような、規則でがんじがらめにされた枠組みの中で人間性を奪われ、官僚制という非人間的装置の一つの歯車にされてしまうであろう、と批判した[12]。この社会主義批判を展開したのは、ロシア革命の成功した一九一七年である。ソ連の崩壊によって、彼の分析的予言が見事に的中したことは周知の通りである。他方では、彼は、ドイツ・ブルジョアジーの一員として、彼らの持つ屈折した精神態度を共有していた点は留意しておくべきであろう。一八四八年の革命の挫折によって、ドイツ・ブルジョアジーは、下からの革命によって、自由民主主義社会を確立し、それを土台にしてドイツ民族の統一国家を確立する歴史的課題の成就に失敗した。一八七一年、彼らの階級の敵であった大地主階級の代表者であるビスマルクの「鉄血政策」、つまり軍備増強と戦争によってオーストリアを除く、ドイツ民族の統一国家としてのドイツ帝国が確立された。ビスマルクは、ブルジョアジーの社会的・経済的要求を認め、その実現に力を貸したが、しかしその政治的要求たる自由民主主義の実現には拒否的姿勢を示した。こうして、ドイツ・ブルジョアジーは、一方では、彼らが果たせなかったドイツ民族統一国家の確立という偉業を成し遂げた大政治家ビスマルクに対しては劣等感を持つと共に、彼が築き上げた強大な国家権力には歯向かうことが出来ず、事実上、利害打算から服従せざるを得ないという屈折した感情を持っていた。それ故に、彼らはその政治的欲求が充足されないという欲求不満と相まって、ドイツ帝国に対しては、冷笑的かつ醒めた眼で眺めるという態度を示していた。こうした態度をマックス・ウェーバーも共有していた。それは、彼の次の国家の定義の中に象徴的に現われていると言えよう。彼は、ドイツ帝国のみならず、世界史に登場したすべての国家やその他の政治団体をその目的の観点からではなく、その手段の側面に着目して比較して、その特徴付けを行うアプローチを取っている。その結果、近代国家を暴力団と比較した場合、究極の場合に行使する物理的強制力の所持という点で、両者は共通する点を持っているが、しかし領土と正統性の点では、近代国家はそれを持つが、暴力団はそれを持たないという点で両者が区別されると分析し、近代国家を次のように定義している。「国家とは、ある一定の領域の内部で——この「領域」という点が特徴的なのだが——正当な物理的強制力の独占を〔実効的に〕要求する人間共同体である。[13]」このように、ウェーバーは、国家は物理的強制力を手段として一定の領土上に居住する人間を支配する人間団体である、と捉え、イギリスのロックのように、国家が存在するのは人間の不可譲渡の自然権を守るためである、という国家目的を完全に無視している。また、マルクスが国家権力をブルジョアジーの階級権力であると規定して、その主体とその行使の目的を具体的に明確化させていたのに対して、国家権力の主体やその行使の目的を捨象させている。ここにウェーバーのドイツ帝国の国家権力に対する屈折した態度が反映されていると見ても間違いなかろう。従って、この国家の定義は、絶対主義国家や半絶対主義国家とも言われるドイツ帝国をその手段的側面から捉えてイメージして作成されたものと言えよう。

さて、その国家の定義から、すでにウェーバーの権力概念がいかなるものであるのか、容易に推察されるであろう。というのは、国家は暴力団と違って正統性を有していると指摘されていることから、当然に国家権力は「正統性」、つまり服従者の権力に対する服従の根拠ないし服従者の信念との関連において考察されることになるからである。では、権力の定義について見よう。彼は、『経済と社会』の中の「支配の社会学」のところで、世界史を通じて、人間が存在する所には「共同社会的行為」、つまり共同活動が存在するが、そこには権力現象が見られると言う。つまり、「権力（Macht）は自己の意志を他人の行動に対して押し付ける可能性である」というような全く一般的な意味で理解されるなら、権力は千差万別の支配の形をとる。[14] その支配には大きく分けて、二種類ある。「一つは利害による（とりわけ独占的地位による）支配」であり、もう一つは「命令権力と服従義務」による支配である。後者の最も純粋な型は家父長の権力、官僚的権力、君主的権力である。[15] ところで、ある人間団体はこの両極の支配の間で相互移行的で流動的である。その理由は、支配を成り立たせている服従者の他ならぬその服従の動機に存する。すなわち、AがBに命令し、何からの服従の動機から、BがAに服従し、両者の間に命令と服従の関係が成立して、その結果、「権威を持った命令権力」が成立した場合、この権力関係を永続させた状態が支配であるという。彼は、この支配を狭義の支配概念であると規定した上で、それを次のようにさらにより詳しく定義している。すなわち、「一人または数人の《支配者》の表示された意志（「命令」）が、他の（一人または数人の《被支配者》の）行動に影響を及ぼそうとし、また事実、この行動が、社会的に見て著しい程度に、あたかも被支配者がこの命令の内容を、それが命令であるということ自体の故に、自分達の行動の格率としたかのごとくに、おこなわれる（「服従」）という程に、影響を及ぼしているという事態である。[16]」彼は、また『権力と社会』中の「社会学の基礎概念」のところでは、「支配とは、特定し得る人々を、一定の内容を持った命令に服従させる見込み」であると、簡潔に定義している。[17] この規定と「支配の社会学」における狭義の支配の定義とをつき合わせて見ると、支配とは服従者が進んで服従したいと思うほどに、彼を動機付ける何らかのコミュニケーションを権力者が発信しているか、あるいは近代国家の法的権力ないしは中世のカトリック教会の宗教的権威のように、従うことが義務であるかのように社会化されている者の服従を調達し得る力を持った正統な権力、つまり権威であると言えよう。このように、ウェーバーは、「自己の意志を他人の行動に対して押し付ける可能性」一般が権力であり、権力の一種として、自分の意志を押し付ける「他人」が特定される場合、つまり権力関係が永続性を帯びた場合を、支配として捉えている。従って、彼は、支配の概念を通常の意味の権威として使っていると見られる。そうした解釈を取る顕著な例がパーソンズである。パーソンズは、一九二五年から二年間、ハイデルベルク大学でマックス・ウェーバーの社会学を研究して、学位を取ったアメリカを代表する世界的な社会学者である。彼は、ウェーバーの著作『経済と社会』の英訳に際して、ウェーバーの「支配」(Herrschaft)の概念を、英語の「支配」のDominationではなく、「権威」のAuthorityと訳した。[18] 従って、日本では、後述するウェーバーの有名な「支配の三類型」は、英語では「権威の三類型」とされているのである。しかし、上述した「支配の社会学」における彼の狭義の支配概念の内容に即して英訳するならば、パーソンズの「権威」という解釈もあながち間違っているとは言えないだろう。

次に、彼は、世界史に現われた政治団体を支配団体の一形態として捉え、支配者(Herr)に対する服従者の服従の根拠、つまり正統性を手がかりに、支配を次のように三つに分類している。すなわち、伝統的支配・カリスマ的支配・合法的支配である。「伝統的支配」とは「昔から存在する秩序と支配権力との神聖性を信ずる信念に基づいている」。その典型は、家父長制や家産的支配の君主制である。[19] 「カリスマ的支配」とは、「支配者の人(Person)と、この人の持つ天与の資質(カリスマ)、とりわけ呪術的能力・啓示や英雄性・精神や弁舌の才、等に対する情緒的帰依によって成立する」という。例えば、預言者の支配や革命に成功したレーニンが持っていた革命家としての資質に対する帰依に基づく支配などがその例として挙げられる。[20] 「合法的支配」とは、正しい手続きに基づく

「制定規則による支配」である。その典型は「近代国家の官僚制支配である」[21]。以上、三つの正統性を手掛かりに分類された「支配の三類型」は、あくまでも彼の定義がすべてそうであるように、理念型である点は留意すべきであろう。この理念型を手がかりに現実の権力関係、つまり支配状況を分析することが、彼の政治社会学の課題であった。以上のような支配を巡る諸現象を分析整理した後、彼は、権力を次のように定義している。「権力とはある社会関係の内部で抵抗を排してまで、自己の意志を貫徹するすべての可能性を意味し、この可能性が何に基づくかは問う所ではない」[22]と。このウェーバーの権力概念は、絶対主義国家から近代国家を通じて一貫して国家権力が持つ特性を理念型的に抽出して表現したものであり、古典的権力概念の完成版と見られよう。従って、これは、今日において権力とは何かを考える場合、前提となる権力概念であると考えられているのである。

(c) 多元的国家論の権力概念としてのヘルマン・ヘラーの組織権力概念

ウェーバーの権力概念は、第一次大戦中顕著な形でその形姿を現わしてきたドイツ帝国の国家権力をイメージして作成されたものであったが、一九二〇年六月の彼の死を前後して、ウェーバーの権力概念では捉えられない新しい権力状況が生まれていた。その背景を少し探って見たい。ドイツでは、一九一八年末の敗戦を契機に勃発した革命によって「世界で最も進歩的で民主的な憲法」を持ったワイマール共和国が誕生した。それは、帝政時代の国家権力の担当者であった軍部と官僚団や、支配階級たる大地主階級や独占資本家集団から成る保守勢力と、ワイマール共和国の確立に尽力した革新勢力のドイツ社会民主党の一時的な妥協の産物であった。そのために、国家権力は帝政時代と比較して弱体化していた。それればかりではない。帝国主義時代に入って、先進諸国のみならず、後発地域の諸国との間に、経済的な相互依存関係が高まり、さらに国際連盟の設立に象徴されるように、国家の対外主権が制限される国際組織や国際法の効力を持つ連盟規約等が多数制定されて、国家権力の作用がさらに制約を受けることになった。こうして、主権概念は、対外的にもフィクションに過ぎなくなり、国内でも国家権力は憲法と法律の制約下にあるだけではなく、法律を制定する議会が社会における強力な階級や集団の要求を反映させる機関と化して、法律もその公共性が疑問視されるようになった。このように、国家権力の弱体化と反比例して、国民の過半数になりつつある労働者階級の支持を獲得した社会主義政党や労働組合は、国民主権の議会制民主主義体制の確立を背景に、議会によって政府をコントロールしたり、自ら政府を組閣したり、あるいは他党と連合して政府を組閣することを通じて、国家権力の一画に参与するようになった。こうして、上から国民に対して統制する集中化された一元的なヒエラルキー的権力という国家権力のイメージは後景に退き、社会において競合し合う多元的利益集団の対立を映し出す議会権力が台頭し、それに対抗して司法権力も自立化の傾向を示したので、国家権力はまさに三権へと分立されたかのように見えた。それと同時に、社会の側からは、政党や利益集団の権力の台頭という現象が見られるようになり、集中化された国家権力は再び分散化する様相を呈し始めたのである。この現象は、敗戦国のドイツにおいて顕著であった。そして、戦勝国でも、一九二九年の世界的大不況以降顕著となり、ほとんどの先進国で共通する現象となって行った。こうして、集中化された一元的なヒエラルキーの特性を持った国家権力をイメージして作られた近代政治学における古典的権力概念は、眼前に展開されている一九二〇年代の現代国家における政治現象を解明することにおいては、その有意性を失うことになった。政治の在り方の変化と共に新しい権力概念の再構成が必要となってきた。イギリスにおいては、この試みは多元的国家論の形を取った。そしてその多元的国家論の権力概念を理論的に表明したのが、ドイツにおける多元的国家論の系譜にあるヘルマン・ヘラーであった。

上述したように、古典的権力概念が構成される際にその素材となった近代国家の国家権力は、自由主義理念の従来の国家機構への浸透と共に、その作用が制限され抑制されることで弱体化して行ったが、一九世紀末から二〇世紀にかけて簇生し始めた多様な集団の組織権力の挑戦を受けて、権力については君主やその他の国家元首が所有するというイメージの他に、下から群生し始めた政党や利益集団にも権力が存在するというイメージが生れるようになった。すなわち、集団の構成員が共同目的を承認し、自発的に集団結成に参加し、集団組織が成立し、その活動を展開すると、集団が外に発揮する権力や影響力は、その構成員の力の組織されたもの、すなわち「組織権力」であり、さらにこの組織権力を担当する機関は、構成員が自発的に服従する間だけ、組織権力を外に向けて発揮することが出来るだけでなく、状況次第では集団内の一部の構成員にも発揮している点が明らかにされてきたのである。このことから、権力は人間の間の関係であるという認識も生まれるようになった。もとより、権力は治者と被治者の間の関係であるという考え方は、トマス・ホッブズと同時代に生きたスピノザの「服従が支配を作る」という名言にすでに現われていたが、絶対主義的国家権力の存在があまりにも強大であったために、この考え方は、影に隠れてしまっていた。しかし、二〇世紀に入って国家権力が分解の傾向を示し、それに対抗する自立的集団権力が社会の中から簇生するにつれて、権力は人間関係であるという服従する側から権力を捉え直す新しい視点が生まれてきた。この自発的集団の「組織権力」という概念を初めて理論化したのは、上述したように、ワイマール共和国時代のドイツ社会民主党を代表する戦闘的政治学者のヘルマン・ヘラーであった。彼は一九三三年一一月、ヒットラーに追われて亡命地のスペインのマドリードにおいて、一四年間のワイマール共和国を擁護する闘争を理論化した遺稿を残しているが、その遺稿の『国家学』（一九三四年）の中で、ドイツ社会民主党の権力は組織権力の典型であり、そしてドイツ社会民主党のワイマール共和国における新しい政治の在り方を追求する政治運動から国家権力も組織権力であるという認識を深め、国家権力は組織権力であるという説を主張したのである。[23] 換言するならば、ドイツ社会民主党が、来るべき未来において、選挙を通じて国民の圧倒的多数の支持を得て、議会を通じてブルジョア国家の輝かしい成果たる「法の支配」、すなわち「法治国家」（Rechtsstaat）を継承し、それをさらに充実・発展させながら、それを土台にして資本主義国家の不正を是正する社会福祉という目標を付け加えた「社会的法治国家」にワイマール共和国を組織し直すことを課題にして運動を展開している事実から、もし、将来、ドイツ社会民主党による新しい国家組織が確立した場合のことを想定して、そうした場合の国家権力は組織権力であるという主張を展開したのである。こうして、命令と服従をその固有の特徴と考えられていた権力の定義とは、全く異なる共同目的の達成のために、その目的に賛同した構成員のすべての力を結集し、組織した権力、すなわち「組織権力」という概念が提唱され、それは組織内部に命令と服従の要素を伴わぬ、つまり伝統的な権力概念とは全く性格を異にする権力概念が主張されるようになったのである。

(d) カール・フリードリヒによる権力概念の二分類の試み

このヘルマン・ヘラーの『国家学』が公刊後された約三年後の一九三七年に、アメリカで古典的権力概念の変容を背景に多義化してきた従来の権力概念の整理を行なったのは、カール・フリードリヒである。彼は、ドイツのライプツィヒで生まれ、一九二五年にハイデベルク大学で学位を取得した後渡米した。そして、一九二六年、ハーバード大学で教職に就き、一九三六年、同大学の教授に就任した。その後、一九三八年にアメリカの市民権を取得し、一九七一年、退職までハーバード大学の政治学教授として在職し、と同時に行政学大学院の教授をも兼ね、年報『公共政策』(Public Policy)の編集者としても活躍した。他方、一九六二年にアメリカ政治学会会長、五年後に世界政治学会会長に就任しており、アメリカ政治学界を代表する指導的学者である。[24] 彼は、近代国家という権力システム、つまり国家権力の中核には官僚制があり、それを個人の生命・自由・財産を守るための手段に飼いならすための工夫、すなわち立憲主義を提唱し、その主張を体系的に展開した著作『立憲主義政治と民主政』(一九三七年)の中で、「組織権力」概念の台頭という現実に照らし合わせて古典的権力概念を修正し、有名な権力概念の二分類を試みたのである。彼は、図2に見られるように、権力把持者A1と権力服従者A2の関係を権力概念の構成の中心に据えて、権力とはA2の意向にかかわらず、A2をA1の命令に従わせずに置かない、つまりA2の「行動を変更させる力」という実体（substance）であるという権力概念（図1）は、絶対主義国家や独裁国家の権力をイメージして作られたものであると指摘した。そして、それを権力の「実体説」であると規定した。次に、民主主義国家や自発的結社においては、A2とA1の間に共同目的が共有されており、A2がA1の行動を変更させることが出来るのは、A2がA1に服従しているからであるという点を挙げて、こうした権力は、人間関係であるとして、権力＝「関係説」を主張した。そして彼は、この「関係としての権力概念」を次のように説明している。「権力は、いつも共同目標の追求のために結合した数人の人間を前提としている。共同目標のない所には、いかなる権力も存続することが出来な

図1

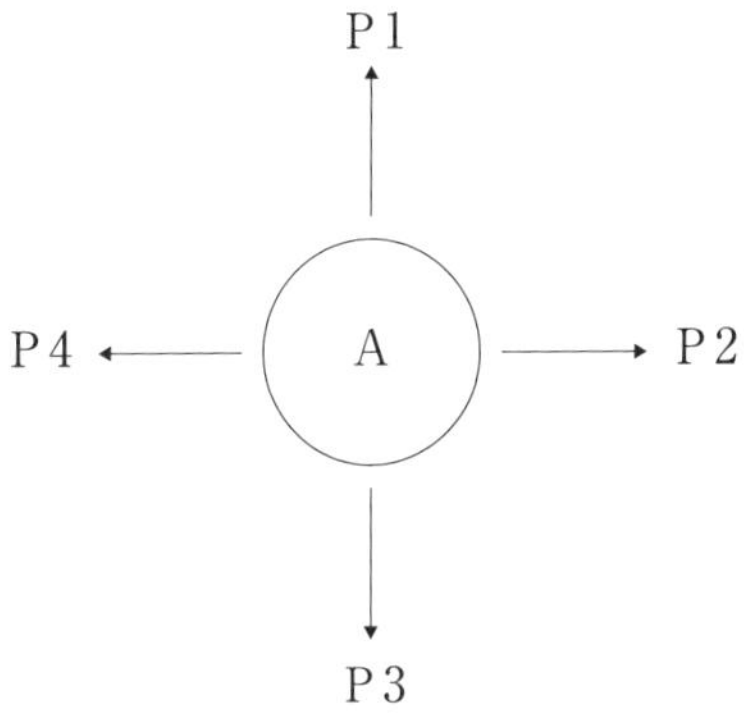

A＝権力把持者
P1, P2, P3, P4は、権力把持者が所有する権力

図2

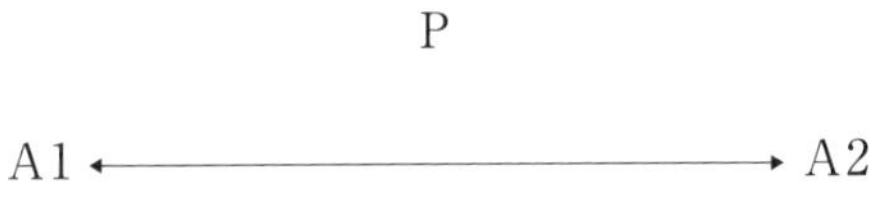

A1, A2＝権力関係にある主体
P＝権力関係

出所：Carl Friedrich, Constitutional Government and Democracy, 1949, p. 23.

い。共同目的が堅持され〔人間の共同活動が〕持続される中で権力が誕生する。それ故に、より安定したすべての権力は、組織、そして組織コントロールに依拠するのである。」このように、フリードリヒは古典的権力概念を実体説としてまとめ、立憲主義的な自由民主主義諸国における人民によって作り出された政府権力や、自発的結社に見られるようになった「組織権力」を関係説という形でまとめた。そして、権力は二つの側面を有し、実体説の基礎は権力の基礎の強制の側面であり、関係説の基礎は同意の側面である点を明らかにした。さらに、時間の変数を導入して、政治分析においては、短期的には実体説の方が有意的であるが、長期的に見た場合、関係説の方が有意的であるとして、権力を次のように定義した。「権力とは、リーダーと追従者が一部は同意によって、一部は強制によって、ある共同目的の達成のために結合した人間関係である(25)」と。このフリードリヒによる従来の権力概念の再整理が行われた一九三七年は、第二次世界大戦が勃発する二年前であった。第二次世界大戦の勃発と共に政治の在り方が劇的に変化し、それと共に権力概念も必然的に変容を遂げることになる。

2 「民主政」擁護のアメリカ現代政治学における古典的権力概念の修正
――ハロルド・ラスウェルによる古典的権力概念の再構成の試み

国家権力の最高性・最強性を法学的に表現したのは、周知の通り、主権概念である。換言するならば、主権とは、絶対主義国家やその後身の近代国家の国家権力が国境内にあるすべての権力を集中し、一元的に組織化しヒエラルキー的に編成し直した状態にある国家という組織権力を法学的用語で言い直したものであった。この主権概念で象徴される国家権力のイメージとは、国家元首、もっとも君主、大統領あるいは共産党書記長であっても良いが、そうした一人の人が主権者ないし主権を代行する支配者の資格において臣民を統治する「統制型」権力である。従って、こうした権力を素材にして作られた古典的権力概念は、第一に、上からの命令、第二に、その命令に臣民が服従しない最悪の事態を予想して、臣民の抵抗にも関わらず、それを抑えて上からの命令を貫徹させる究極的手段としての物理的強制力という二つの要素から成り立っていた。そして、上からの命令、すなわち主権者の意志は、法的形態をとり、権力の正統性原理としての「合法性」が臣民によって受容されている場合、つまり、下からの臣民の自発的服従が調達される可能性が常時存在する場合、「法の支配」の形で権力は権威として作用した。

次に、絶対主義国家においては、臣民の集合体である社会に解決を要する問題が発生した場合、国家がその問題の解決を図ることが政治となるのであるが、この政治は、主権者の専管する任務であったために、支配者がそれを取り上げ、その解決策を実定法という形で実現したが、その手続きが近代国家になってからは、国民主権を代行する議会に委ねられ、政治とは立法という形を取るようになった。その結果、近代国家においては、政治とは立法活動であり、また法の執行過程において主権者の意志が貫徹されなかった場合、その修正が必要となるが、その際の法執行過程における主権者の意志と法執行の対象との間の調整であった。ところで、こうした「法の支配」の形態をとって統治が遂行されていたのは先進的近代国家のイギリスであった。それに対して、後発国のドイツ帝国は、近代国家作りに際しては、主権者が依然としてその母体となった絶対主義国家の君主であったために、外見的には、近代国家の形態を整えるためには、「法の支配」という政治制度の導入が必要となったが、その導入に際しては、法制定者は誰でも良く、とにかく正しいと思われる手続きに基づいて制定された「法律による支配」としての「法治国家」(Rechtsstaat) という形で、「法の支配」という制度を換骨脱胎してしまった。その結果、ドイツでは、政治権力を持たぬ資本家階級は、法の解釈を通じて、その法の執行に彼らの意志を反映させようと努めたのである。一方、議会制民主主義が定着していたイギリスなどの先進的近代国家では、政治とは資本家階級の代表が議会で彼らの意志を法律に変えることであり、その帰結として、政治の範囲も、政権獲得を目指す政党政治であるのみならず、選挙運動から議会への影響力行使のための利益団体の圧力活動等々へと広がって行った。

それに対して、ドイツ帝国では、政治とは、極言すれば、法律の解釈に影響を与えることであったので、私法の解釈技術を精緻化させて完成させた法実証主義を、国法、つまり公法の解釈にも転用した実証主義的国法学が政治学の支配的潮流となって行った。従って、ドイツでは、法の考察と法解釈を主要な内容とする国法学が、官僚統治学として重要視されるのみならず、上昇するブルジョア階級の解放と支配権獲得のための武器としても重要視されたために、政治は権力を中心に展開されていたにも関わらず、法を中心に展開されているかのような外見が示され、政治学としての国法学においても、キー概念は、権力ではなく法であった点は留意すべきであろう。もっとも、古典的権力概念を構成する二つの要素のうち、こうして国法学から脱落して行った「強制力としての権力」概念は、マックス・ウェーバーの場合のように、社会学者によって取り上げられて、権力をキー概念とする「国家社会学」が構想されて行くことになったのである。このように、古典的権力概念は、法と強制力の二つの要素に分解することが可能である。そして、法は、権力概念の内、政治と接続する部分、つまり権力把持者側と結びつく要素であり、強制力は、権力服従者側の行動の変更を究極的に実現する手段である。この二つが一つになって、古典的権力概念が構成さたと見てもよかろう。

さて、古典的権力概念が大きく変容を遂げるのは、権力それ自体の変化に対応していたのである。換言するならば、権力を手段とする政治の在り方が変わって行ったという点に関係する。言うまでもなく、古典的権力概念が構成される際に、その素材を提供したのは、屡説するまでもなく、絶対主義国家とその後身の近代国家の国家権力であるが、それらに共通する点は、一つのヒエラルキーとなった権力システムであった。そして、それを手段にして、主権者が臣民に対して統治を行なっていた点である。二〇世紀初頭までの近代国家では、アメリカを除き、支配階級のブルジョアジーの間だけは、一応自由民主主義が実現されていても、全体としての社会は、なお権威主義国家とは変わらず、権力は「統制型」であり、臣民一般にとっては、一枚岩の権力の塊として受け止められていたと言えよう。第一次世界大戦を境に、国家権力を巡る状況は、徐に変化し、一九二〇年代から四〇年代にかけて大きく変化を遂げる。確かに、第一次世界大戦は総力戦の形を取ったために、その作用によって制限を受け続けた国家権力は、その制限を一時撥ね退けて、全面的に展開したが、大戦終了と共に、元の「正常状態」へ復帰した。しかし、元の状態に戻ったとは言え、大戦以前の状態に比べるとはるかに弱体化の方向へと進んでいた。その大きな原因は、民主主義の進展である。総力戦は国民のすべての力を戦争に傾ける体制であるために、すべての国民の協力が必要であった。従って、国家は、その国民の協力の代償として国民の要求する一連の要求を認め、その実現に努めざるを得なかった。国民が最も切実に求めていた要求は政治的平等であり、社会的・経済的差別の撤廃であった。戦後、これらの要求を認めた所では、国家形態や政府形態が根本的に変化し、権力の流動化現象が始まった。とりわけ、権力の変動のルールが確立されている議会制民主主義が定着した諸国を除いた所では、こうした権力の変動は暴力的形態をとったが、その顕著な例をヨーロッパに限って見ると、一九一七年のロシア革命、一九一八年末から翌年の初頭にかけての失敗したドイツ革命やハンガリー革命、一九二二年のムッソリーニのローマ進軍と一九二六年のファシズム体制の確立、そして一九三三年のナチ党の政権掌握とその後の電撃的な全体主義独裁体制の確立、等が挙げられる。

こうした下からの民衆により政治の在り方に対する異議申し立てや直接行動による政治の在り方の変革を求める運動を背景にして、古典的権力概念に対して疑念が投げかけられ、その再構成が政治学に課されることになった。というのは、政治現象の大半は、権力現象であるが故に、政治の在り方が変われば、それを研究する政治学も政治の在り方と相即的関係にある権力概念を再構成して、それを用いない限り、つまり従来の概念に固執している限り、政治の実態に迫ることが困難となるからである。その作業は、二〇年代後半から四〇年代にかけてのアメリカにおいて遂行されるのである。その代表的学者が後にアメリカ現代政治学の別称となる「行動論政治学」の創始者と言われる、シカゴ大学のチャールズ・メリアム教授とその弟子のハロルド・ラスウェルである。両人とも、ヨーロッパ大陸の政治学の影響を強く受けている。メリアムは、ベルリン大学に留学し、学位論文は「ルソー以降の主権論の歴史」である。そして、マキャヴェリ以降のリアリズム政治学の伝統を強く受け継いだイタリアの権力エリート論の代表的論者、とりわけミヘルスとの親交が深い。その弟子のラスウェルも、学位論文執筆のために、ドイツを中心に欧州に留学しており、マルクス、ウェーバー、モスカ、ミヘルス、カール・シュミット、フロイトなどの学問的影響を強く受けている。従って、両人は、権威主義体制の下で作られた「統制型」権力概念である古典的権力概念を一応継承しながらも、人民の政治への参加を特徴とする自由民主主義体制のアメリカの政治風土の中で、それを「参加型」権力概念に改変し、さらに四〇年代においては、民主主義が世界大に拡大する時代状況の下で、政治分析の基本概念を自由民主主義体制に適合する形で再構成し直す作業を企てたのである。[26] 初めに、メリアムの試みを簡単に紹介し、次に、ラスウェルによる権力概念の修正について見て行くことにしたい。

世紀の転換期のアメリカでも、資本主義経済の高度化が本格化し、工業化・都市化が強まって行き、こうした社会の変化に対応して、従来の政治制度の再編が必要となってきた。そして一九二九年の世界的大不況の到来と共に、連邦政府の社会への介入が全面的に始まり、あたかも西ヨーロッパの「国家」がアメリカにおいて初めてその姿を現わしたかのような観があった。それと共に、社会的・政治的諸制度の再編ないし再調整が企てられたことは言うまでもない。メリアムは、一九二五年一二月のアメリカ政治学会会長就任講演「政治的研究調査における進歩」の中で次のように述べている。政府は諸法令やそれに基づく形式的な制度から成り立っているが、この諸制度は様々な諸状況の型の中にある人間の行動パターンである。従って、政府やその活動である統治を科学的に捉えて行くためには、人の行動や、そしてその行動を動かしている諸力を解明する必要がある。それ故に、政治学の主な研究対象は、人間の政治行動である。[27] そして、政治学には、これまで飛躍的に発達した自然科学や政治学の隣接諸科学の発達した成果と方法を活用して、この人間の行動を動かしている諸力を科学的に把握することが可能となった。もとより、人間の行動の社会的・政治的コントロールは政府を通じて行われるので、統治過程は人間の行動の側面から見ると、人間行為の社会的・政治的コントロールと組織化と言い直すことが出来る。[28] それ故に、人間の行動を動かしている諸力を科学的に解明して、その知識を利用するなら、社会的・政治的コントロールも、より効率的に行なうことが可能となる。このように、メリアムは人間行動の社会的・政治的コントロール、すなわち権力的支配関係が「政治の世界」の最も核心的な部分である点を明らかにして、それに焦点を当てて、政治の世界を研究する「権力の科学」を編み出して行ったのである。しかし、彼の場合、まだ「統制型」権力概念の呪縛下にあり、権力は上から行使されるものと考えられていた。そして、彼が権力を考察する際に念頭にあったのは、第一次世界大戦前には想像も出来なかった、レーニン、ムッソリーニ、ヒトラーなどの煽動家、つまり宣伝を専門とする政治家の出現であった。権力主体が、広範囲にわたる民衆を感情や情緒に訴えて、その行動を変更させることを可能にする諸手段が技術革新によって、一九世紀には想像も出来ないぐらい効果的な形のものになっていた。その一つは新聞である。そして一九二〇年代の末には、ラジオが登場し、一人の煽動家が多くの民衆の心を容易に動かすことが可能となった。また民主主義の到来と共に、大衆の政治参加の形態は、選挙のみならず、国家記念日の式典など政府が主催する愛国心を涵養・高揚させる儀式会場の動員や、他方、反体制運動が展開するゼネスト・街頭デモなど様々な形態であり、体制側と反体制側は、大衆を取り込むために、あらゆる形態の象徴操作を巧みに行使して、積極的に大衆を動員させる事態に至っていた。その際、こうした権力手段の展開の方法を最初に編み出したのは、ソ連共産党であり、それを模倣したのがムッソリーニやヒトラーであった。メリアムは、同時代のヨーロッパで展開されている革命と反革命の中で、旧権力が崩壊し、新権力が樹立される政治過程をつぶさに観察して、一九三四年に『政治権力』を刊行したのである。

彼は、同書の中で、権力の生誕から権力の病死に至るまでの権力の循環過程を、とりわけ権力把持者の象徴操作と組織化過程を中心に、権力をキー概念に用いて分析を試みている。彼は、権力を人間の社会関係における一つの関数である、と定義している。彼によると、環境の変化と共に社会集団の間に緊張関係が発生すると、集団の統合を実現するために、その構成員のパーソナリティーの調整が必要となるが、その調整が政治であると捉え、政治の手段として、権力が用いられて、説得や懐柔によって社会の組織化に成功すれば、暴力は回避され得るが、失敗した場合、最後の手段として物理的強制力が使用されるという。メリアムの著作は、フリードリヒによって権力と権威とが区別されず、さらに政治権力と権力一般が混同されているという批判がなされている。とはいえ、メリアムの権力概念は伝統的権力概念の中核部分を確かに継承はしているが、しかし、大衆民主主義時代における権力の新しい側面の民衆の支持を調達する新しい方法に着目し、その点を考慮に入れた次のような新しい権力関係の見方を示した点は政治学への貢献は大きい。彼は、権力関係の永続化を図るための手段として、クレデンダ（credenda）とミランダ（miranda）という二つの新しい概念を編み出し、現代政治における権力正当化機能を象徴操作の観点から捉え直しているからである。すなわち、人間の知性に訴えて、権力の合法性を大衆に心底から信じ込ませることの出来るイデオロギーや信念体系をクレデンダと定義し、次に、大衆が心底から権力に賛嘆と忠誠を捧げるように視覚、聴覚、美的感覚等に訴えて、権力への情緒的帰依感を喚起させる手段をミランダと定義している[29]。

次に、ラスウェルの場合も、その初期の著作においては、古典的権力概念の影響が見られるものの、その主要な関心は、ロシア革命以降、従来のブルジョア社会の価値体系の変動と共に惹起された権力の分配状況の変動を捉えるアプローチの開発にあり、権力概念の再構成そのものではなかった。しかし、第二次大戦後には、その主要な関心は、権力概念の再構成に移るのである。従って、まずその初期の著作の『政治―誰が、何を、何時、如何に獲得するのか』（一九三六年）における権力概念から先に見ておきたい。連邦国家のアメリカでは、単一国家と違って、そもそも権力主体が多元化しており、絶対主義国家を表わすstate概念も、政治学の用語としては存在せず、古典的権力概念がイメージしている一つのヒエラルキー的に編成された国家権力なるものは存在せず、また「政治の世界」よりも実業の世界の方で活躍することが人生の目標と考えられており、富豪がその財産を基礎にして、あるいは著名な芸術家がその作品を通じて、他人に影響力を及ぼすことが顕著に見られるところであった。従って、社会の各々の分野で抜きん出た才能を持ち、それによって尊敬される影響力を持つ地位に就いている人々が多く、彼らは、社会学ではエリートと呼ばれるようになっていた。イタリアのモスカやミヘルスは、権力の生誕から死に至るまで、そして新しい権力の誕生という権力の循環過程を他の如何なる価値よりも権力を追求する政治的エリートの交代ないし循環過程として捉え、未来の政治の在り方の構想たるユートーピアや現在の政治体制を弁護するイデオロギーを、あくまでも権力を獲得し維持するための手段として捉える「権力エリート論」を展開していた。それは、権力を行使する主体、つまり、ラスウェルの著作では「誰が」に当たるが、それに焦点を当てて政治を分析したものであった。ラスウェルも初期の著作では、この「権力エリート論」の影響を受けて、次のような政治的エリート論を展開している。

「政治の研究とは影響力の内容とその主体に関する研究である。」影響力の主体とは、社会的尊敬、収入、安全等の獲得可能な価値を最大限に獲得する少数のエリートであり、その他は大衆である[30]。エリートは、社会的変化に応じてそれに求められる特色は異なるが、技能（skill）、階級、人格、態度に応じて分類可能である。エリートは、社会的尊敬、収入、安全等の希少価値を最大限に獲得して維持するために、その環境を操作する手段として、象徴、暴力、財貨、制度的慣行〔または制度改革〕（practice）を用いる。権力を掌握している体制エリートは、通常、その環境操作の手段として、社会の財貨、暴力、制度を利用する上で有利な立場にあるので、それを用いるが、体制エリートに反対して、それにとって代わろうとする対抗エリート（counter-elite）は、価値配分から排除され、価値剥奪されている大衆層の不満を利用して、彼らを体制に反対する方向に誘導し、彼らの支持を獲得して、権力を獲得しようとするので、まず権力エリートの支配の正統性を失わせ、次に大衆の支持を獲得するために、環境操作の手段の内、主に象徴に頼る他ない。従って、革命家は象徴操作の技能に秀でた人でなくてはならない。以上は技能の観点から見たエリートの分類である。その他に、階級、人格型、態度の観点からエリートの分類も可能である。西欧社会では、暴力の使用、組織化能力、取引の才能、象徴操作にたけたエリートが権力を掌握し、支配しているのが通例である。(31) 以上が『政治』において展開されている「権力の科学」の概要である。それは、マキャヴェリの『君主論』を彷彿させるものがあると言えよう。現代の政治現象を一切の価値判断を排除して、あるがままの状態で経験的に考察して行くならば、当然、政治の世界において作用する最も重要な政治理念ないし政治理想は、考慮される事がないのであるから、見えてくるのは、権力エリートが人間なら誰もが欲しがる様々な価値の中で最も獲得したいと望む価値を様々な手段を用いて、獲得し、保持し続ける状態であろうという事は容易に推察される。

このように、彼は、「政治の研究とは影響力の内容とその主体に関する研究である」と述べているが、ここに彼の権力概念の鍵が隠されていると言えよう。権力は「人間の行動を変更させる可能性ないし力」である、と解釈することができるなら、影響力は人間の行動を変更させる可能性を持っている点では権力と共通点がある。従って「人間の行動を変更させる力」の類概念が影響力であるならば、その種概念が権力と見られよう。というのは、影響力は人間の行動を変更させる可能性を持っているが、しかし確実な結果を出す要素には欠けているからである。すなわち、「人間の行動を変更させる力」として、影響力は権力よりも広い概念であることは明確である。また権力には強制力という暗いイメージが付きまとう。それは権力主体が服従を求める行為者の抵抗を予想して、それを排除してその意志を貫こうとするための手段の面が強調されているからである。つまり、「人間の行動を変更させる力」としての権力は、影響力とは違って、確実にその意図した結果を生み出す要素を備えているのである。ラスウェルによると、社会における希少価値の中で如何なる価値をその基底に据えるにせよ、とにかく権力という価値を手中に収めているエリートは、権力を基底にして、人々が手に入れたがっているその他の価値の獲得に努めるが、しかし権力エリートであり続けるために、権力を基底にして、さらにより多くの権力の獲得に進まざるを得ないので、この権力を巡る闘争が「政治の世界」ということになる。そして、権力は、その行使の対象の人間を思うがままに、その行動を変更させるために強制力を用いることになる。古典的権力概念が想定しているような物理的強制力だけでなく、その手段をより広義に捉え直しているのが彼の特徴である。つまり、強制力に代わって制裁（sanction）という用語を用いているのが特徴である。彼によると、権力把持者、つまり権力エリートは、大衆の服従を調達するために二つの制裁手段を用いる。一つは価値剥奪（deprivation）、もう一つは価値付与（indulgence）である。それは、アメとムチを連想させる。彼は、人間の人格的相互関係が相手に対する相互の期待から成り立っていると見る。従って、AとBの二人の人間関係を想定するなら、AがBを自分の思い通りに行動を変更させたいと思うならば、Bの期待に最大限に答えて彼の行動を自分の意図した通りに変えることが価値付与であり、Bがその自分の意図通りにその行動を変更しない可能性が生まれた場合、あるいは予想される場合、その期待が実現できない方向にその期待を成り立たせている条件を失なわせたり、最悪の事態では、そもそもその期待そのものを消滅させてしまうところの生命の抹殺まで威嚇することが価値剥奪である[32]。このように、権力の手段面で、ラスウェルは、フロイトの精神分析学を用いて、新しい解釈を展開している。とはいえ、ラスウェルの政治的エリート論は、イタリアのリアリズムの権力政治学の匂いが濃厚であり、それはファシズムを支持したミヘルスなどの政治理論とある面では通底するものがあると見られ、批判されることになる[33]。

一九三九年九月、ナチ・ドイツは、独ソ不可侵条約を結びソ連と共にポーランドへ侵攻し、一九四五年五月、ヒトラーが自殺するまでヨーロッパを戦乱に巻き込んで行く。中立を保っていたアメリカも、ついに一九四一年、ナチ・ドイツに宣戦を布告し、戦争状態に入って行った。こうして、ファシズムに対する民主主義擁護の第二次大戦の盟主となったアメリカでは、アメリカの自由民主主義体制が、ナチ党の全体主義体制と比較して、いかに近代国家の構成原理の自由主義・民主主義の実現の点で優れているか、そしてナチ体制は、実はその自由民主主義を否定している点を、理論的な面ばかりではなく、実証的にも証明する課題が政治学に課されていた。多くの政治学者が戦争指導を担当する政府の各部局に任用され、その専門知識を対独戦勝のために惜しみなく捧げるようになった。ラスウェルも、彼の政治的エリート論がファシズムと通底するものがあると批判されたこともあって、政治学を自由民主主義体制擁護のための学問に作り変えなくてはならないと考えた。彼は、政治的エリートのパーソナリティーをフロイトの精神分析学を用いて、そのライフヒストリーを材料にして、実証的に研究した結果、幼児体験において劣等感を持つようになった不幸な環境にある者がその劣等感の裏返しとして、他の価値よりも自分の劣等感を解消してくれる権力を追い求めることになり、その結果、政治的エリートが成立するという結論に達し、こうした政治的エリートは民主主義社会の病気であると捉え、権力亡者の政治的エリートに民主主義社会が利用されないように、そうした権力亡者の出現を予防するための政治学を構築すべきであると考えた。そうした観点から、彼は「予防の政治学」や「技能政治論」などを展開し、他方、民主主義のための政治学の在り方を政策科学という形で構想し、戦後になって、それを展開した。それと共に、彼は、古典的権力概念を前提としては、民主主義社会の擁護は困難であり、そして従来の権力概念は人民が下から政治に参加する民主政とは適合せず、従ってそれを民主主義政治に適合する形に再構成しなければならない、と考えるようになった。その意図が実現されたのが一九四八年に刊行された『権力と人間』と、二年後の一九五〇年に刊行された同僚のカプランとの共著である『権力と社会』(34)

である。この後期の著作でも、彼の権力への主要な関心が見られ、その題名からも伺える。では、次に彼の権力概念の再構成について見よう。

ラスウェルは、『権力と人間』の中で、権力を次にように定義している。「権力というものは人間相互の間に生ずる状況である。権力把持者は、権力を他者から授けられているのである。彼らは権力を授ける側の不断の反応に依存し、その反応の流れがある限り、権力を持ち続けて行くのである」と。[35] この権力概念は、フリードリヒの言う権力の関係概念の範疇に入るものであり、マックス・ウェーバーの権力概念とは正反対の民主主義的な権力構造を予想させるものである。ラスウェルは、また「権力は欲求の対象となる（またはなり得る）という意味で紛れもなく一つの価値である」と、彼が初期の著作で展開した政治理論を示し、権力を人間が生きている限り、追い求める価値の一つであると解釈している。他方、権力は「決定作成（decision-making）への参与」であると言う新しい権力概念を展開している。[36] 確かに、こうした権力概念を採用するなら、すべての民衆に、権力つまり「決定作成への参与」のチャンスが開かれている民主政と権力概念が調和ある関係の中に位置づけられることが可能となるであろう。つまり、彼は、他の価値と同様に、すべての市民に権力が広く分有されている民主主義社会においては、権力を「決定作成への参与」と捉え直すことによって、政策決定者の選任と、さらに政策決定への市民の参与という、民衆側の権力把持者に対する権力作用をも政治現象として捉えられ得ると考えたのである。ところで、民主主義社会においては、権力を含めて多くの支配的価値がヒラミッド型に配置されている権威主義社会と違って、権力と共に、その他の多くの価値もすべての市民の間に広く分有されていると見られる。従って、「決定作成への参与」としての権力現象は、他の価値の領域にも、当然発生するものと考えられる。では、彼が権力と他の価値との関係をどのように考えているのであろうか。人間は多様な欲求を持っているので、当然、その対象も多種多様である。彼は、その初期において、先に見たように、価値を権力、収入、安全の三つに限定していたが、『権力と人間』では、その数を八つに増やし、それを「尊敬価値」と「福祉価値」の二つに大別した。「尊敬価値」に属するのは、権力、尊敬、徳義（rectitude）、愛情であり、「福祉価値」に属するのは、健康、富、技能、開明（enlightenment）である。これらの八つの価値は、「制度と呼ぶ型の中に形成され、分配される。」例えば、権力という価値は「権力の制度」のガヴァンメント（政府または政治）を通じて形成され、分配される。他の価値も同様である。次に、彼は、人間が資源に基づいて制度を通じて価値を追求する過程を「社会過程」、すなわち、価値過程全体とみなし、権力過程はこうした全体としての社会過程の政治的側面に過ぎないとみなした。彼は、権力とは人間の人格的相互関係において「ある行為の型に違反すれば、その結果、重大な価値剥奪が期待されるような関係」と定義し[37]、従って、「重大な価値剥奪（周囲の事情を熟知している共同社会の相当多数の人々によって重大と解される価値剥奪）の期待を伴う関係なら、それが何であろうと、権力と見なされ[38]」、そして、人間関係が権力関係に転化されている場合、その人間関係は「政治化」されているとみなした。ところで、人間が諸々の価値を追求する行為は目的志向的であるので、その行為は権力その他の諸々の価値を要求し、その成果を期待することから成り立っている。このような価値に関連する要求と期待こそ政策の本質に他ならない。つまり、政策とは人々の行動方針と見られよう。換言するならば、権力を一つの価値とみなす限り、権力は常に政策との関連においてのみ捉えられねばならない。すなわち、ある価値を目標化し、その価値の極大化を要求し、その価値に関連する価値剥奪と価値付与の期待を基礎とした行動は、一切の行為が選択されるべき行動方針の意識的計画、すなわち政策によって導かれることになる。それ故に、ある行為者が他人との関係においてある政策を決定し、その実現に向けて行動を開始するなら、それによって、彼らの関係は必然的に権力関係に入り、政治化されて行くことになる。そして、政策決定やその実現において妨害者が介在することが当然予想されるので、政策を成功させるために、妨害者を排除する決定が行なわれねばならない。こうしたことから、ラスウェルは、「極端な価値剥奪を加えることによって政策が妨害者に強制されることが期待される場合、これが決定である。すなわち決定は一つの権力関係である。」と述べている。[39] このように、彼は、権力を政策決定（policy-making）の特殊な一形態として捉えるのである。以上が『権力と人間』において展開されたラスウェルの権力の一般的分析である。それは、一二年前の『政治』の権力観とは異なり、彼の「権力の科学」において全くの新しい境地が開かれていることを示している。

このように、ラスウェルは、『権力と人間』において、広義の政治学を「民主政の政策科学」として捉え直すと共に、政治的エリート論を放棄し、さらに彼の「権力の科学」としての「政治科学」においても、その初期の、エリートと権力把持者の上からのコントロールとしての権力概念にその力点を置いた姿勢を後退させて、権力の関係概念的側面を前面に打ち出したのであった。そして、この姿勢をより強めたのが、二年後にカプランとの共著『権力と社会』である。同書は、論理実証主義者のカプランの協力を得て、政治学の学術タームの厳密な再定義が試みられている。その序文で、「〝政治科学〟は経験的学問として、権力の形成と共有に関する研究である」[40] と述べており、また本文の中の「第五章　権力」の所でも「（狭義の）権力の科学が政治科学である」[41] と述べて、「権力の科学」としての「政治科学」という彼の政治学の在り方に関する考え方を鮮明化させている。この点は注目に値する。

もとより『権力と人間』における権力概念の修正の試みは『権力と社会』ではさらに強められており、次にそれを見るが、上述の記述と多少重複するところもあるのでその点前もって断っておきたい。まず権力に関係するタームの定義を見ることにしよう。彼とカプランは、権力を次のように定義している。「権力とは、決定作成への参与である。すなわち、GがHのKと言う政策に影響を及ぼすような決定の作成に参与する場合、Gは価値Kに関してHに対して権力を持つのである。[42]」次に、この「決定作成への参与」という権力の定義を、次のように、さらにより詳しく説明している。第一に、「決定とは重大な制裁（価値剥奪）を伴う政策である。[43]」次に、政策とは、目標価値とその達成手段（practices）についての企画された計画（program）である。すなわち、政策過程は自我の未来における他の人間との関係に関しての同一化、要求、期待の定式化、表明、実施である。[44]」以上の権力に関係するタームについての定義から、政治化された人格的相互関係は、「ある社会において重要なすべての価値を達成するための価値過程の全体[45]」たる「社会過程」の政治的側面の「政策過程」であること、そして、この「政策過程」には三段階があることを明らかにしている。すなわち、初めに、ある「政策の実効的な決断（determination）」としての決定がなされるが、それが政策の定式化と言う第一段階である。次に、決定された政策の表明がなされ、最後に、それが実施されて、決定作成過程が完結されることになる。この過程は、政策に反対するものを排除するために重大な制裁を行なう行為を伴うので、権力過程でもある。つまり、政策決定・実施過程は、他面においては、権力過程でもあると言うことになる。権力過程は人格の相互関係であるために、「決定作成」の観点からの権力の定義は「他の人間に対して意図された効果の産出」、つまり意図された効果が現われなかった場合に、制裁の利用という、重要な要素が付け加えられる。これが、権力を影響力から区別する制裁の脅威である。権力は影響力の行使の特殊なケースである。換言するならば、権力は、意図された諸政策に対する非同調者に対して（実際的な）重大な制裁（ないしはその威嚇）の助けを借りて、他人の諸政策に影響を与える過程である。[46]従って、「権力の概念は政治科学の全体において恐らく最も基本的な概念である。なぜなら、政治過程は、（広義において、すべての尊敬価値の中の、あるいは影響力一般の中の）権力の形成、配分、行使であるからである。[47]」

以上のように、ラスウェルは、決定作成の観点から権力を規定し直すことによって、権力現象に制裁の他に、もう一つの別の要素が含まれていることを明らかにしたのである。すなわち、決定作成への参与の契機である。これは決定に権力把持者ばかりでなく、服従者も含まれることを意味する。彼によると、権力把持者と服従者、エリートと大衆との区別は権力量の相違を示すに過ぎないという。「決定作成過程は、政策の定式化、表明のみならず、実施も含まれているが故に、その行為が影響を受ける者も、決定作成に参与することになる。つまり政策に従うか、あるいはそれを無視することによって、彼らは、その政策が決定なのか、あるいは実際は決定でないのかどうかを決めるのに手助けするのである。」このように、ラスウェルは権力を全てか無かとしてではなく、その大小において、すなわちその量的契機において捉えているのである。この点、彼自らも認めているように、「権力は純然たる実体（property）としてではなく、ここでは関係として定義されるのである。[48]」こうして、ラスウェルは、権力の関係概念の側面を前面に打ち出すことによって、つまり「決定作成への参与」として権力を捉え直すことによって、権力が市民の間に広範囲に分有されている「民主政の政策科学」としての「政治科学」との整合性を図ったのである。それと共に、彼のエリート概念も変化する。ラスウェルは、その初期の著作（『世界政治と個人の不安』（一九三五年）や『政治』）において、価値を最も多く獲得・保持しているエリートが頂点に位置し、価値獲得から排除された大衆が底辺に広がっている、すなわち「価値パターンの形状と構成」がピラミッド型をなしている、と記述しているが、しかし、戦後、「民主政の政策科学」を主張するに及んで、アメリカの自由民主主義体制においては、すべての価値が広く全市民の間に分有されていると主張しており、それと共に、『権力と人間』では、「デモクラシーのエリート（「支配階級」）は社会全体であると述べて、民主主義社会における「価値パターンの形状と構成」を次のように描いている。「民主主義社会においては、目標価値の変数間に、例えば、権力への参与と、尊敬への参与の間に相互補強関係が存在すると共に、他の価値変数との固有な関係によって順次に支えられ、社会の均衡を形成している。まず、権力と尊敬への参与は、開明への参与に依存する。――この点は、科学的検討に耐え得るのみでなく、デモクラシーの教義と合衆国憲法の標準綱領である。……また、権力と尊敬（及び開明）への参与は、社会全体に及ぶ富の相当な分散度に比例する。[49]」このように、八つの価値が社会全体に分散している民主主義社会では、各々の価値の領域で重大な制裁を伴う政策決定への参与がすべての人々に広く開かれているのは言うまでもなく、権力を基底価値にして他人の政策に影響を与えようとする政治権力も、当然、「権力の制度」の政府を中心とする国家の重大な制裁を伴う政策決定への参与として、すべての市民に与えられている。言い換えるならば、政治権力の担当者の選任に、有権者が参与し、さらに政治権力によって採用された政策に対して、有権者は、それを遵守することによって、それに同意を与えるか、あるいはその政策を拒否したり、あるいは次の選挙でそうした政策決定を行なった者に反対投票したりして、政策決定に結果的に参与することになる。このように見てくると、民主主義社会においては、政治権力は市民によって形成され、彼らの間に広く分有されており、当然、エリートは存在する余地はなくなってしまう。従って、『権力と社会』では、エリートの定義も次のように変わってくる。「エリートとは、ある集団において最も多くの権力を持つ者である。中間段階のエリート（mid-elite）とは、権力をエリートよりも少なく持つものである。大衆とは、権力を最も少なく持つものである。[50]」換言するなら、ラスウェルは、その初期において、エリートはある社会において支配的価値を最も多く持つ者、すなわち、「支配階級」の言い換えであったのに反して、『権力と社会』では、ある集団内において、権力を最も多く持つ者と定義して、エリート概念に全く違う意味が付与されている。以上のようなラスウェルの権力の「決定作成への参与」の側面の強調と、エリート概念の改変は、「政治の世界」を、支配権を持つ政治的エリートの価値の獲得・維持・配分を巡る人間関係ではなく、各価値領域に各々権力状況が発生し、各々の領域において最も多くの権力を持つ者、すなわち、エリートが並存しており、政治は国家や政府のみの活動やそれを巡る権力関係ではなく、人間関係の至る所に発生し、存在している現象として解釈されている。ここにすでにロバート・ダール等の多元的民主主義論者の権力概念が予示されているのである。狭義の政治は、政府の政策決定への参与を巡る人間の相互関係であると捉え直されるので、「政治科学」は国家における政策決定過程の研究に帰着することになるのは、時間の問題となるのである。

以上の考察で明らかなように、ラスウェルは、制裁を用いて「人間の行動を変更させる力」としての権力を民主主義社会においては広く分散して存在する影響力の一種として解釈し、民主主義社会における権力は、決定作成への参与、つまり決定作成への影響力であるという新しい権力の定義を行なったのである。このラスウェルの権力概念の再構成によって、決定作成が政治学の主要な焦点に浮かび上がって来ることになり、古典的権力概念の二つの概念への分解が始まる。すなわち、権力が決定作成への影響力であるならば、それは二つの要素を含むことになる。一方の決定作成を権力とみなす方向と、後者の影響力を権力とみなす方向への分解である。自由民主主義が西欧先進国において定着し展開すると共に、権威主義的政治を臭わせる「統制型」権力の行使は後退する。すなわち、出来る限り内政においては、物理的強制力を臭わせる手段の行使、つまりラスウェルの言う所の価値剥奪の手段は避けられ、それに反比例して価値付与を制裁の手段として用い、さらにマス・メディアを通じての説得や世論操作が多用されるようになり、政治過程は政治における政策決定への影響力行使という様相を呈するようになる。このように、古典的権力概念がラスウェルによって「決定作成への参与」に改変され、その帰結として、政策決定を権力とみなす権力概念と、影響力を権力とみなす、この二つの権力概念が生まれるのは必至であり、古典的権力概念に内包されていた命令権力、すなわち立法権力と強制力は、今や自由民主主義社会においては、アメリカ現代政治学において、キー概念として、政策が法に取って代わると共に、立法権力が政策決定権へと変容し、他方、強制力が限りなく潜在化し、かつ他方において法的枠組みの中に封じ込められて、権力は一見強制力の裏づけのない影響力へと変容するようになった。その結果、現代政治学では、権力概念の定義において、前者を強調して、権力とは政策決定権であるとみなす人がいる一方、後者を強調する人は権力とは影響力であると主張するようになるのである。

3　行動論政治学における権力概念論争とそれに対するルークスの批判的総括

第二次大戦後のアメリカにおいて権力概念論争を起こさせた切っ掛けを作ったのは、一九五六年に刊行されたコロンビア大学社会学部教授のライト・ミルズの著作『権力エリート』であった。第二次大戦の終了と共に、ファシズムが消滅して、ようやく民主主義が全世界的に拡大して行った。しかし間もなく、ソ連とアメリカとが冷戦状態に入り、普遍的価値となった民主主義の解釈を巡って争いが生じ、お互いに自己の体制こそが民主主義であると主張し合い、イデオロギー戦争が展開された。ソ連は公式のマルクス主義による資本主義分析をアメリカに適用して、アメリカには少数の資本家階級による広範な労働者大衆に対する支配が確立されており、アメリカは自由民主主義体制と言われているが、国民には自由がなく、自由を持つのは資本家だけである、とアメリカの政治体制に対する批判を展開した。これに対しロバート・ダールを始めとするアメリカの政治学者達は、ナチ党の全体主義体制の教訓から学んで、個人の多様な自由を組織した多元的利益集団の存在こそが自由民主主義体制を存続させている不可欠な条件である点を挙げ、さらにそうした多元的利益集団が自由に活動して底辺の民衆の声を政府の政策決定に反映させているばかりではなく、さらに自由な選挙、定期的な政権交代や政権担当者の民衆による選出、国民の自由を守るための「法の支配」体制の確立や権力分立制などの自由民主主義的政治制度が生き生きと社会に根付いており、それ故に、アメリカの多元的民主主義は理想の民主主義にはなっていないが、それでもその理想の民主主義に近づこうと努力している体制、つまり「ポリアーキー」(Poliarchy)であると主張して、アメリカの自由民主主義体制を擁護したのである。ところが、ミルズの著作によると、アメリカでは政治領域・軍事領域・産業領域が各々寡頭化されていて、その各々の中枢部（Command Post）を占めているエリートの手中に権力が集中しており、この三つの分野のエリートは一つのネットワークを作り、その結果、頂点には権力エリートが出現しており、その中間水準は立ちすくみ状態にあって、均衡状態にある諸勢力が漂って、ますます無力化しつつあり、その底辺には大衆社会が出現しつつある、というアメリカ社会の分析が示されたのである。[51] このミルズの主張は、ソ連では、アメリカ資本主義国家についてのマルクス主義的分析の正しさが証明されたものとして歓迎され、また西欧諸国においても、マルクス主義的政治学者や経済学者からもさもあらんという形で受け止められた。しかし、自由民主主義体制信仰の強いアメリカではかえって反発を招き、行動論政治学者による批判を呼び起こすことになった。そして、彼らによって、ミルズの「権力エリート論」は経験的・実証的に検証されていない一種の独断的推理であるという批判が展開されるようになったのであった。

すでに第二節における、ラスウェルの権力概念の所で紹介したように、その後期には、彼は、政治的エリート論を放棄するのと歩調を合わせる形で、政治学で用いられていた従来の権力概念を修正して、権力を「決定作成への参与」として定義し直している。言うまでもなく、いかなる社会においても、価値や資源が不平等に配分されており、そしてそうした状態が永続化すると共に、それは「事実的なるものの規範力」を獲得して制度に変形され、構造化されるようになり、その結果、権力は、こうした価値や資源の不平等な配分の構造の原因であり、かつ結果として表象される。それ故に、政治社会における支配関係を解明するためには、近代政治学では、権力をキー概念に用いて、権力関係に焦点を当ててアプローチするようになった。それは、政治社会においては支配・服従関係が既成事実として、国家成立以降出来上がっており、それと共に、社会における価値や資源も、こうした支配・服従関係に沿って配分されていると解釈されていたので、社会において最も多くの価値や資源を獲得し、あるいは保持する者が権力エリートないし政治的エリートである、と解釈されていたのである。ラスウェルは、こうした観点から、その初期においては、政治とは「誰が」、すなわち権力エリートが「何を」、すなわち、どのような価値を、「如何にして、獲得するのか」の研究である、と主張したのであったが、しかし、上述したように、ナチ党の独裁体制との戦いの中で、政治学を「民主政」擁護の政策科学に転換させる中で、従来の権力概念の修正を行なって行ったのである。

このラスウェルの修正「権力」概念が行動論政治学に受け入れられて、その後、権力概念は、価値や資源の不平等な配分が構造化されて支配・服従関係として固定化されている社会における「支配権」を意味する実体概念としてではなく、決定作成への「影響力」の意味での関係概念として用いられるようになった。ところが、ミルズは、実体概念の権力概念を用いて、アメリカ社会を分析したので、当然、彼に対する批判は、彼の権力概念に対する批判に発展することになるのは必然であった。実は、ミルズの『権力エリート』公刊の三年前の一九五三年に、実体概念としての権力概念を用いて、ある地方社会の権力構造を実態調査して、ミルズと大体同じような結論に到達した研究が現われていた。それは、都市問題を専門とする社会学者ハンターの著作『コミュニティーの権力構造—政策決定者の研究—』である。ハンターは、人口五〇万のアメリカ南部の都市アトランタを選んで、同市の支配階級はどういう人々から構成されているのかと言う問題関心から、同市の政策決定過程に精通していると思われるジャーナリスト、団体役人、実業家等、つまり情報通に尋ねて、同市において最も大きな影響力の持つトップ・リーダーを選んでもらって、次に選び出された四〇名にインタビューを行ない、さらに彼らに相互に誰がトップ・リーダーなのかを選択してもらった後、最後にそのリストにソシオメトリックス・テストを用いて権力エリートの集団を検出しようとした。こうした権力エリートの特定の方法は、後に「声価によるアプローチ」(reputation approach)として知られるようになった。ハンターはこの方法によって、同市では一二名の実業家である経済エリートが権力構造のトップ集団を形成し、重要な政策決定を行ない、さらに行政機構を利用して決定された政策を実施している点を明らかにした[52]。このハンターの実態調査の成果は、行動論政治学が主張する経験的・実証的方法を用いて、アトランタ市には実業階級と言う支配階級が存在する事を立証したものであった。アメリカにおいて、民主主義の進展によって「価値と資源」の平等化が実現し、権力は社会に広く分散し、支配階級なるものは存在しないと信じている、多元的民主主義論を主張する行動論政治学者にとって、ハンターの研究成果は一つの挑戦のように受け止められたとしても不思議ではなかろう。ハンターの研究成果が公表された三年後に、上述のミルズの『権力エリート』が公刊されて、ハンターの結論は、全国的レベルにおいても、当てはまるものであるという事が示された。

ダールは、『権力エリート』が公刊された時、ハンターの研究成果を論駁するために、所属するイェール大学のあるニュー・ヘイヴン市を選んで、弟子の若手の政治学者のポルスビー、ウルフィンガーと共に実態調査を実施中であったが、その研究成果の発表前に、一九五八年の論文「支配的エリート・モデル批判」を発表して、次のような批判を展開した。支配的エリート論者は、第一に、権力概念が極めて多義的であるのに、それをはっきりと定義せず、その使用において慎重さを欠いており、第二に、支配的エリート集団の存在を人の評判によって推理しており、経験的にそれを実証していない。つまり、「特定の集団の支配」は「一連の具体的な諸決定に関する細心な調査に基づく分析」によってのみ確定される。従って、経験的に権力集団を検証するためには、（a）複数の重要な争点（issue）領域において――ダールは特定の争点領域の権力関係はアプリオリに一般化できないと考えているので――、（b）主張・利害の対立から紛争が生じており、（c）そこにおいてある集団が団結してその集団の選好が選択される、という現象を確認する必要がある、と。ダールの考えでは、権力エリート論者は潜在的権力（権力資源）に言及するのであって、現実の権力関係の分析としては不十分である。権力は、具体的な紛争過程の中で行使される影響力に他ならない。従って、特定の具体的な政策決定に実際に影響力を行使しているのは、誰かという点に焦点を当ててアプローチしない限り、権力エリートの特定を経験的に実証することはできない、と主張した[53]。

その後、ダールは、一九五七年から一九五九年にかけて調査した研究成果の『誰が支配するのか?—あるアメリカの都市における民主主義と権力—』を一九六一年に公刊した。彼は、同書の中で、第一に、ニューヨークの北東部にあるニュー・ヘイヴン市は人口一〇万人の都市で、そこでは二大政党が支配し、その歴史を見ても、アメリカの典型的都市と見られるという。その理由を次のように述べている。植民地時代に形成された大土地所有者を中心とする支配階級は産業化の進展の中で新しく台頭してきた実業階級を組み入れて、その寡頭支配体制を維持して来たが、民主主義の発達によって、第二次大戦後、その寡頭的な権力構造は崩壊した。確かに、工業化社会の出現と民主主義の進展によって、政治的資源の拡散がもたらされたが、しかし、政治的不平等は是正されず、今日まで続いているが、それは「累積的ではなくなりつつある」。普通選挙制の導入によって、一般市民は、政治的エリートをコントロールすることが可能となり、権力は一応分散している。一〇年前に劇的な変化があった時、寡頭支配体制は崩壊したが、しかし、人民による支配の出現には至ってない。市民は多くの集団に組織されて、こうした多元的集団の競合する社会が出現しており、その政治体制は理想的な民主政と普通言われているものまでにはまだ到達していないが、多元的社会の条件の下でそれに近づこうとしている「ポリアーキー」は実現されている。このように分析した彼は、同市の政治体制が寡頭制からポリアーキーへと変化した事を確認した後、リーダーの結合様式がすべての争点に斉一的なものではなく、争点が異なれば、これに関するリーダーの構成も変わって来ると言う仮説を立てて、「政党立候補者指名」、「都市再開発」、「公教育」という三つの争点領域別にリーダーを特定して行く方法をとった。この方法は「争点アプローチ」または「決定アプローチ」と称されるようになる。彼は、この方法によって、各争点領域別には、政策決定に大きな影響力を行使する権力エリートが存在するが、各領域の権力エリートがネットワークを作って一団となって支配する事はなく、ハンターの言う支配階級としての実業階級は存在せず、市民の間に民主主義的信条と合意が定着している、と主張した(54)。

ハンターの主張に対するダールの批判を契機にして、「コミュニティー権力構造論争」が惹起され、政治学者や社会学者がその後、一九七〇年代、八〇年代にかけての約二〇年間、一〇〇を超える都市の実態調査を踏まえて、ある者は多元主義的政治モデルを支持し、ある者は支配的エリート・モデルを主張して、論争が続いた。(55) そして、その過程で副産物として「権力概念」論争も展開されることになった。なぜなら、「コミュニティー権力構造論争」は、第一に、権力エリートが行使する権力は実体概念しての権力なのか、あるいは単なる政策決定への影響力なのか、の権力概念についての考え方の違いに由来しており、その帰結として、第二に、政治権力と経済権力との関係、つまり、権力エリートの行使する権力の基盤はどこにあるのかを巡っての見解の相違に由来していたからである。第三に、そのコロラリーとして、マルクス主義者が主張するように、経済権力を掌握する者が実質的に支配階級であると言う考え方が、経験的・実証的に立証できるのかどうかについての見解の相違に由来していたからである。次に、「権力概念」論争を簡単に紹介しておこう。

社会システム論のパーソンズは、ミルズの『権力エリート』を批判する中で、ミルズの権力概念を次のように批判した。「今、本質的な点は、ミルズにとって、権力とは組織としての社会の内部の機能と、また社会のための機能との遂行のための用具ではなく、権力把持者である一つの集団が外部のもの（outs）たる他の集団がその欲する所のものを獲得する事を妨げる事によって、自己の欲するものを獲得するための用具として排他的に説明されている、と言うことである。」このように規定した後、パーソンズは、それとは別の権力概念を対置させた。すなわち、「権力は一般的な〝公〟約がなされたか、またなされるであろう目標達成のために社会の資源を動員する能力である。」以上のように、パーソンズは、ミルズとは異なる自分の権力概念を説明した後、それはゲーム理論の「ポジティヴ・サム」（positive sum）概念に相当するものであり、それに対して、ミルズの権力概念は「ゼロ・サム」概念である、と批判した。すなわち、「それによれば、権力とは、いわば他者を支配する権力である。一組織においてAの持つ権力は必然的に、定義によってBの犠牲におけるものである。この権力概念はやがて、ミルズが〝政治とは権力のための闘争である〟と述べる時、政治過程全体の概念に一般化されるのである。[56]」この批判は、パーソンズとミルズの権力観の違いの背後には、権力と政治について根本的に異なった考え方が存在すると言うことを含意するものである。パーソンズはアメリカの自由民主主義体制を一つの政治システムとして捉え、そのシステムの目標達成のためにシステムが動員できる能力を「権力」と定義している。つまり、システムの構成員の業績を結合して対外的にその目標を達成するシステムの能力として権力を解釈しているので、それは絶えず生産され、増大することになる。従って、パーソンズの権力概念が想定する社会は紛争も対立も無く、パイが絶えず増大し、それが公正に分配される「自由民主主義的」体制である事が暗暗裏に前提とされているのである。それ故に、彼は、自分の権力概念を「ポジティヴ・サム」概念であると主張したのである。これに対して、ミルズの概念は、パーソンズが指摘するように、有限な資源を巡って多くの人が争い、そこでは、権力はより多くの資源を獲得する用具として捉えられており、従って、有限な資源を多く取った者、すなわち権力把持者と、取り損ねた者との対立・紛争・闘争と言う政治観が前提されているのである。つまり、少数の権力把持者、すなわち権力エリートが圧倒的多数の国民を犠牲にして有限な資源を一人占めしている政治体制を暗暗裏に前提していると言う事である。ルークスは、このパーソンズの権力概念を「のための権力」であって、「権力の対立局面――つまり、権力が人々〈に対して〉行使される事実――は、その視野から完全に消えており」、「権力関係の研究に必要不可欠な関心、すなわち人々の抵抗を克服するなり、回避する事により、彼らの服従を（計画的に、あるいはうまく）獲得する事への関心がそこには見られない」と批判している。[57]パーソンズの権力概念は、人類の政治史において希とも言える、対立の無いすべての構成員の合意を得た政治体制たる理想的な民主主義政治体制の国家の権力を意味し、それはヘラーの組織権力の概念に近いと言えよう。従って、それは、古典的権力概念やそれを民主政に適合するように批判的に再構成したラスウェルの権力概念とも異なる権力概念であると言えよう。通常、政治学における一般的な権力の定義は、本章の〈はじめに〉の所で指摘したように、多義的ではあるが、こうした多義的権力概念に共通している点は「社会的関係の内部で抵抗を排してまで、自己の意志を貫徹するすべての可能性を意味し、この可能性が何に基づくかは問う所ではない」と言うマックス・ウェーバーの権力の定義である。(58) ミルズの権力概念は当然、このウェーバーのそれとその本質において変わらないことは言うまでもない。

ミルズを批判した政治学者のダールは、行動論政治学者として、上述したように、ミルズの主張、つまり権力エリート集団が実際にアメリカの政策決定を行なっていると言う事実を経験的・実証的に立証していない点を取り上げて、専らその方法論に焦点を当てて批判した。しかし、方法論は異なっていても、権力概念では、彼は、ミルズの権力概念のある一部の要素を否定したわけではないのである。なぜなら、彼は権力を次のように定義しているからである。「Aの働きかけがなければ、Bは行わないであろうことを、AがBに行わせ得る限りにおいて、AはBに対して権力を持つ(59)」と。彼の言う権力概念とは、「影響力」に他ならないと言えよう。しかし、パーソンズとは違って、一応、権力を非対称的・不平等な人間関係を前提にして捉えているのである。言うまでもなく、ダールは、ラスウェルに従って、現実の観察可能な行動、つまり研究対象の集団ないし組織体内における決定作成（decision-making）行為に焦点を当てて、影響力としての権力現象にアプローチしようとしたのである。このアプローチから、彼は、「権力エリート」は「決定作成」に影響力を持つ人物と解釈され、上述のニュー・ヘイヴンの調査では、各争点領域別に権力エリートが存在していても、すべての争点に影響力を行使する一枚岩の支配的エリート集団は存在しないばかりか、アメリカでは権力は多元的に分散している、と主張したのである。こうして、プルーラリズム、すなわち多元主義と言う用語は、実は、「権力概念論争」において、権力が社会内において多元的に分散している状態を言い表す言葉として用いられるようになった。もとより、プルーラリズムと言う用語は、社会には多元的集団が存在していて、それが相互にコントロールし合っているばかりでなく、それらが国家権力から個人の自由を守る役割も果たしていると言う規範的含意をも持つ多元的民主主義政治体制を表わす用語としても用いられる。従って、それには、二通りの意味が含まれている点をここで明記しておきたい。(60)

さて、ダールの権力概念は、一面的であると批判する者が現われた。バックラックとバラッツの両人は、論文「権力の二面性」(一九六二年)において、権力には「非決定」(non-decision)というもう一つの側面があり、実際は二面を持っている、と主張した。彼らによると、ある争点を巡って紛争が発生した場合、それを解決する決定を具体的に下すことを、ダールは権力と定義しているが、確かに、それは権力の一面である。しかし、彼は、「当該社会に深刻な、しかし潜在化している権力紛争が存在しているもかかわらず、ある人間ないし結社が社会の支配的な価値体系や政治的手続きや慣習等を巧みに操作して、決定作成を相対的に非論争的な事柄に限定する事ができるチャンスを見逃している。」言い換えるなら、「ある人間ないしはある集団が――意識的に、あるいは無意識的に――政策対立を公の議題に取り上げる事に対して障害を設けたり、あるいはそれを大きくしたりする程度に応じて、そうした人間ないしは集団が権力を持つ」ことを見逃している。(61) 彼らは、この事情を、シャットシュナイダーの「偏見の動員」と言う考え方が見事に説明しているとして、次のように引用している。すなわち、「あらゆる形態の政治組織はある種の紛争を利用して、他の紛争を抑制するのに好都合な偏見を持っている。なぜなら、《組織とは偏見の動員である》からである。争点の中には、政治に取り込まれないものもあれば、それから除外されるものもある。」従って、「ある社会において既得権益を擁護する傾向のある支配的価値観や政治的神話、そして制度」、つまり「偏見の動員」を正しく分析しない場合には、争点の重要度の区別は明らかにし得ないのである。(62)」バックラックとバラッツは、シャットシュナイダーのこの「偏見の動員」と言う考え方を拠り所にして、ある社会において、あらゆる紛争の中で、支配的エリートにとって、その解決が好都合な紛争のみが争点に取り上げられること、つまり政治的な「議題」（agenda）に設定されるが、彼らにとって不都合な紛争は、意識的・無意識的に表面化されないようにして置く「非決定」も、権力のもう一つの側面である、と指摘したのである。こうして、彼らは、「権力の二面性」を次のように定義した。決定とは「選択可能な幾つかの行為様式からいずれか一つを選ぶ事」であり、「非決定」とは「決定作成者の価値や利害に対する隠然たる挑戦や公然たる挑戦を抑止または挫折せしめる決定」である。それ故に、「社会における利益や特権の現行の配分に対する変更要求がまさに表面化する前にその息の根を止める手段、すなわちその変更要求が関連する決定作成領域へ近づく前に、それを隠蔽あるいは抹殺する手段であり、さらにこれらすべてに失敗した時には、それを政策の決定遂行過程において骨抜きにし、無効にする手段」と言う事になる。[64]

バックラックとバラッツは、ダール等の権力概念を批判し、権力の「非決定」の側面がある事を指摘した論文「権力の二面性」の刊行後にも、もう一つの論文「決定と非決定―分析枠組み」（一九六三年）発表し、その中で、権力概念において混乱があるのは、power, influence, force, authority 等の概念が混同されている点に起因する所が大であるとして、それらの用語の違いを明らかにした後、価値や目標が共有されている人間の間では、権力（power）は権威（authority）として受け止められ、そうした人間の間でも目標の実現手段についての見解の違いがある場合は影響力として現われるが、価値や目標が共有されていない人間の間では、権力は決定に従わない者に制裁（sanction）が加えられる場合に、現われ、最後に、従わない者の抵抗を排して決定が強行される場合、その権力は強制力（または実力）（force）として現われる、と説明している。[65] この説明に基づいて、両人は、価値や目標が共有されていない社会において、決定と並んで、「事件にしない」（nonevent）という「非決定」が存在し、決定作成をより広い社会的文脈の中で捉える必要性がある点を指摘した。[66]

このバックラックとバラッツによるダールの権力概念批判に対して、ダールの弟子のポルスビーやウルフィンガーの反批判が続き、こうして「コミュニティー権力構造論争」は「権力概念論争」を随伴させる事になったのである。もとより、バックラックとバラッツの「権力の二面性」論の提起によって、権力関係の分析において、ある争点を政治過程に乗せること、つまり政治的な「アジェンダ設定」を行なう権力が権力の一面であるなら、支配的なエリートの既得権益を脅かす潜在的な争点を政治過程から締め出す「非決定」の側面も権力のもう一つの側面である点が明らかにされた点は、自由民主主義社会における権力関係の分析において一方前進と言えよう。両人は、後に「非決定」としての権力概念を経験的に立証するために、ボルチモア市の貧困と人種問題に関する「非決定」についての実態調査を実施している(67)。こうして、上述したように、政治学者や社会学者による百余を超えるコミュニティーの権力構造に関する実態調査が実施され、ある者は支配的エリート・モデルを支持する結論を出し、ある者は多元主義的政治モデルが正しいと言う主張を行ない、それに付随して権力概念もさらに深められて行った。

ところで、イギリスのルークスは、〈はじめに〉の所で紹介した『権力―一つの急進的見解』(一九七四年)を公刊して、こうした権力概念論争から学び、権力概念の整理を試み、前者の「決定」としての権力を「第一次元的権力」、「非決定」としての権力を「第二次元的権力」と各々言い直した後、もう一つの権力の側面があると主張した。その際、ゲーリー市の大気汚染規制に関する決定過程を分析したクレンソンによる研究から学んで、「第三次元的権力」と言う概念を提唱したのである。クレンソンによると、ゲーリー市では深刻な大気汚染に悩まされながらも、市当局の反応は鈍く、かつ結果的に施行される事になった規制条例も穏やかなものが出来あがった。こうした状況を同様な問題に苦しむイースト・シカゴ市と比較検討して、ゲーリー市はUSスティール一社に依存する経済構造を持ち、同社が強大な経済的・社会的権力を持っていたために、同社に起因する大気汚染に沈黙を守っている事、そして政策決定者は同社の規制への不快感を「予期する」が故に、当初から規制に消極的であったし、連邦、州の介入を防ぐために規制条例を作成する事になった時も、同社の利害をまず考量した点が指摘され、ゲーリー市が規制に反応を示さなかったし、やむを得ない事情で規制に乗り出した場合でも、それに消極的であったのは、強大な経済的権力を持つUSスティールの「間接的権力」を考量に入れていたからである、と推論された。[68]こうした「間接的権力」、つまり社会経済的権力からヒントを得て、ルークスは、「権力行使における観察可能な行動よりも、無活動や無意味な行使、集団や制度と言う集合体による権力行使」と言う構造的拘束性を「第三次元的権力」と定義したのである。[69]つまり、人々が何を考え、欲し、必要とするのかを決める思想のコントロール権力、ないしグラムシの言うヘゲモニー権力が存在すると指摘したのである。リンドプロムもこうした権力の第三次元については、『政府と市場』の中で指摘し、それを「循環性」と言う概念で言い表している。[70]

また、この権力の三次元的捉え方については、現代国家における権力の布置との関係において捉え直すならば、それは、次のように言い換えることができよう。すなわち、大衆民主主義の展開と共に、政治的領域では民主主義が定着して、全体としての社会の問題を解決するための政策決定過程が政治の中心に位置付けられ、政策決定権が権力の第一次元として民衆には映り、次に、経済領域では寡頭制が依然として存在し、巨大企業体がその権益を侵害する政策決定に対して「拒否権」を行使することが多々あるが、それは権力の第二次元として考えられるのであり、最後に、資本主義経済システムと一体的関係にある自由民主主義体制を全体として支えている信条体系や価値体系が一人一人の個人の中に社会化されており、それは文化と言う形で総称されるが、この文化の拘束力が権力の第三次元であると考えられる。

ちなみに、石田徹は、ルークスの権力の三次元的捉え方を、「権力の三層モデル」と言い換えて、多元主義者の権力観はミクロ・レベル＝「政策決定過程」の権力を指し、「非決定」としての権力観はメゾ＝「政治過程」の権力を指し、またルーカスの「第三次元的権力」はマクロ・レベル＝「政治体制」の権力であると捉え直しているが、傾聴に値する捉え方と言えよう。[71]

4 現代政治学における二つの権力概念への分裂とその意義
――権力は権威か、それとも強制力か？

アメリカにおける「コミュニティー権力構造」論争に随伴して起こった「権力概念論争」を契機に政治学者や社会学者を中心に様々な「権力とは何か」に関する研究が積み重ねられて、多くの権力概念が発表された[72]。本章の第三節において、一九七〇年代までの権力概念は、一応、ルークスによる批判的総括という形で紹介した。それによると、権力概念は大きく二つに分類される。一つは、パーソンズの権力概念に代表されるように、古典的権力概念の最も重要な要素である強制力ないし暴力が限りなく希釈化された権力観である。その極限形態は「権力は権威である」という解釈である。もう一つは、服従者の行動を動機づける要因として、制裁という表現に変えている場合もあるが、とにかく究極的には強制力を用いることが前提として構成された権力概念である。また構造化された権力の発現形態が多様である点に着目して、自由民主主義体制においては、権力には三つの次元が存在する点が、ルークスによって指摘された。

一九二〇年代初め頃から、多元的国家論の場合に見られるように、国家は、教会や労働組合と同様な結社、つまり社会集団であり、それは「団体」とか「形象」(Gebilde) と用語で社会学では言い表されていた。社会集団は、とにかく同じ利害や目的を共有する人々の間に共同目的を達成するために結成された組織集団の一種とみなされ、ヘラーの組織権力概念のように、集団は外部に対してはその構成員の集合された力としての「集団の権力」、つまり「組織権力」を、他の集団との関係において、最悪の場合、行使するので、その点では権力現象が見られた。しかし集団内部では古典的権力概念が想定しているような物理的強制力の行使が見られず、また理論的にはそういう事態はあり得ないので、その帰結として、政治学ではこの概念はあまり取り上げられず、それは、主に社会学や企業体の管理・運営を研究する経営学において、集団組織がいかに存続するのかについての研究、とりわけ組織の機関、つまりリーダー（指導者や経営者等）の管理・経営の技術としてのリーダーシップ問題とか、あるいは逆に構成員の組織参加の態様や動機づけの問題として研究されていた。その中で、とりわけリーダーシップの研究では、組織社会学や経営学では、組織内の広義の権力現象は権威の観点から研究されており、その代表的な著作がバーナードの『経営者の役割』（一九三八年）の中に展開されて見解である。彼によると、企業体の構成員が機関である経営者の命令に従うのは、彼が出すコミュニケーションの内容について、それに同意し、受容するからであるとされ、この機関のコミュニケーション発信能力が権威であると定義されている。[73]ところが、こうしたバーナードの言うような「権威」に基づいて管理・経営されている会社は稀であり、組織集団の中でも、純粋な自発的集団に見られる極限のケースであり、現実の会社では、社長は社員に対しては、究極の場合、解雇という「生殺与奪」の権力という制裁権力を保持しており、国家の場合のような「剥出しの暴力」行使は見られないにしても、広義の権力現象が見られる。従って、英語圏の経営学の著作には、Powerという用語が使われている。しかし、日本の経営学書には、powerの翻訳に際しては、それを「権力」と訳さないで、つまり日本語の「権力」の持つ暴力行使の匂いのする訳語を避けて、カナ文字の「パワー」が用いられており、その苦心のほどが忍ばれる所であるが、こういった所にも権力概念の多義性の余波が見られるのである。[74]

もとより、権力概念の多義性をさらに複雑にしているのは、大衆民主主義の定着と共に、多くの自発的な社会集団があちらこちらに簇生し、他方、資本主義経済の成熟と共に無数の企業体も浮沈を繰り返しており、こうした集団間や、またそれぞれの集団内において、至る所に権力現象が蔓延し、従来、権力現象の典型と思われていた国家権力の作用の他にも、権力現象が存在することが一般の人々にも認識されるようになり、それらからの類推が働いて、さらに夫婦の間でも、つまり二人以上の人間の集まる所ならどこでも、権力現象らしきものが見られるということ、これらの現象も権力概念で捉えようとすることに起因するところが多い。その例として挙げられるのは、フランスの社会学者フーコーの「規律権力」論である。近代社会においては、その基礎単位の家族においても、それが最小の人間の「共同生活の組織化と活性化」の行なわれる場所である限り、「組織化」の技術としての「共存のルール」、つまり規則が制定され、そして構成員のその遵守が当然強要される。その一例が新生児から規則を教え込む躾、つまり社会化が行なわれる点である。そしてその結果、「予期された反応」が示されない場合、飴と鞭が状況に応じて用いられて「共同生活の活性化」のために制裁が加えられて、「予期される反応」が習慣化されるまで繰り返され、それが第二の天性となり、それぞれのパーソナリティーの重要な部分となっている。このことは社会学の常識である。社会における人間関係の中で一定の行動様式のハターン化されたものは、組織化された集団から組織されていない個人間の挨拶に至るまで存在するが、それは当該社会の価値観を反映した関係者の間での「予期される反応」の繰り返しとして継続され、こうした繰り返しの中に人々に一定の行動様式をとらせている権力が存在するとして、フーコーはそれを「規律権力」定義し、ベンサムのパノプテイコンの例を挙げて、社会の一員として期待された通りの「予期された反応」をわれわれに強いている眼に見えない権力の存在を明らかにしようとしている。(75) こうした権力の遍在説が主張されるようになったのは、文化人類学の研究成果によって、未開社会の生活が知れわたるようになったこともあるが、先進的な自由民主主義社会における権力状況に関係する点にも少なからず起因している。というのは、そこでは「剥出しの」国家権力の行使は、第二次大戦以降ほとんど見られず、また社会福祉体制の確立やその帰結としてのマルクス主義の影響力の後退と共に、階級権力を一般にあまり取り沙汰することもなくなり、さらに欧米の政治学界では、一九六〇年代以降、政治システム論が普及し、政治は主として環境の入力を出力に変換する政策決定過程とみなされ、その結果、政治の実態は政策決定への影響力を行使し合う状況と捉えられ、従って政治における権力は主に暴力ではなく、強制力を伴わぬ影響力として受けとめられているので、政治の他の世界でも、影響力現象は遍在していることから、より広い権力現象を捉えようとして権力概念の使用する範囲の外延が広げられた結果、その内包も薄くなって行ったからではないかと思われる。また、こうした権力の遍在論の観点を広げて行くと、市場における人間関係、つまり商品の交換においてその手段として貨幣が使われることからの類推を働かせて、ラスウェルが言うように、人間はその欲求の対象であるさまざまな価値を追求するが、「政治の世界」では、人間は権力という価値を基底において、つまりそれを手段に使って、他のもろもろの価値を追求するということであるなら、「政治の世界」のもろもろの価値の交換手段は権力ということになり、権力は政治における価値の交換媒体であるという定義も生まれるのである。(76) こうして、人間社会に遍在する他の権力現象にも眼を移すと、切りがなく、ますます政治学における権力概念の多義化を招来させることになり、何ら政治現象の分析にはプラスにはならないのである。従って、ここでは、現代国家における政治現象を捉える権力概念に限定して、政治の在り方との関係において、この一世紀の間に変化した権力概念の内容を整理しながら、私なりの権力についての考え方を示して置きたいと思う。

さて、国家であれ、NGOであれ、企業体であれ、人間の共同活動のある所はどこでも、「共同活動の組織化と活性化」という政治現象が発生し、そこには政治の手段としての権力が用いられるのは、人間社会の普遍的現象である。しかし、狭義の「政治の世界」では、つまり、とにかく国家権力と関係する社会領域では、絶対主義国家権力の場合に見られるように、権力の発現形態が究極の場合、限りなく物理的強制力に近い権力のタイプを一方の極に置き、その正反対の極には、「組織権力」、つまり組織の機関、それは一人の場合もあるし、構成員の一部か、あるいは全員の場合もあるが、そのどちらでもよく、とにかく機関が組織内でその構成員に上から指示ないしコミュニケーションを発して、それを構成員が同意して進んで従う場合の機関の権力が存在する。この権力は通常、パーナートの指摘のように、権威に他ならないと言えよう。この第二のタイプの権力概念を、政治学者として主張しているのは、第二次大戦後では、ハンナ・アーレントである。彼女の権力概念を次に簡単に見ておこう。

アーレントは、まず権力を次のように定義している。「権力とは、ただ単に行為するだけでなく〔他者と〕一致して行為する人間の能力に対応する。権力は決して個人の性質ではない。それは集団に属するものであり、集団は集団として維持されている限りにおいてのみ存在し続ける。われわれは、誰かが「権力の座について」いるという時、それは、実際の所、彼が一定の数の人から彼らに代わって行為する権能を与えられていることを指しているのである。[77]」このように、彼女は、権力は集団の「組織権力」であり、機関の「権力」は「組織権力」を構成員に代わって行使しているとして、ヘラーと同様な組織権力論を展開し、そして、権力が権威であることを、次のように述べている。「組織化された共同体における制度化された権力は、しばしば権威を装って現われ、即時無条件の承認を要求する。[78]」そして、「政府は本質的に組織化され制度化された権力である。[79]」から、正当化（Justification）を必要としない。なぜなら、「権力は政治的共同体の存在そのものに本来備わっているものであるからである。」つまり「権力は人々が集まって一致して行為する時にいつも発生するが、しかしその正統性は最初に人々が集まることに由来するのであって、それ故に、その後に続くであろう何らかの行為に由来しない」からである。[80]換言するなら、「制度化された権力」、つまり政府は正統性を持つ権力であり、従って権威であると言うのである。こうした観点から、暴力をその本質的要素の一つとみなす古典的権力概念を次のように批判する。すなわち、権力と暴力とは本質的に異なるものである。両者の明確な相違点の一つは、「権力は常に数を必要とするのに対して、暴力は機器に依存するが故に、ある点までは数がなくても、何とかやっていけるという点にある。[81]」その例として、「権力の極端の形態とは、全員が一人に敵対するものであり、暴力の極端な形態とは、一人が全員に敵対するものである。後者は道具がなければおよそ不可能である。[82]」毛沢東は権力を暴力と勘違いして、「銃から権力が生まれる」と言ったが、それは間違っている。というのは「権力と暴力は対立する」からである。つまり、一方が絶対的に支配する所では、他方が不在であり、「暴力は、権力が危うくなると現れてくるが、暴力をなすがままにしておくと、最後には権力を消してしまう」のであり、つまり「暴力は権力を破壊することができるが、権力を創造することは全くできない」からである。[83]上述したように、権力の定義は政治の在り方と相即的関係にあるので、こうしたアーレントの権力の定義は、彼女が理想とする政治の在り方と無関係ではない。アーレントは、古典古代のギリシアやローマの市民共和政を政治の在り方の理想と考えており、現代においてのその理想を実現する政治社会の形態としては、一九一七年から一九一九年の間に、ロシアやドイツ、ハンガリーにおいて、パリ・コミューンをモデルにしてその確立が試みられたが、失敗した「レーテ共和国」を念頭に置いており、そして下からの人民の政治への参加を「権力」と考えており、「参加型」権力概念を展開しているとみてよかろう。アーレントの権力概念は市民共和政が純粋な形で実現されている所では、政治分析の基本概念として最も有意性を持つものではあろうが、彼女と基本的に同じ権力概念を抱くハーバマスでさえ、アーレントの権力概念は「現代的な諸関係には適用不可能である[84]」と批判しているように、現在のところ、権力概念としては一面的である点は免れ得ないであろう。しかし、第二次大戦後、民主主義が権力の正統性原理として全世界において普遍的に受け入れられている今日の状況を考えるなら、「治者と被治者の同一性」を本質とする民主主義が拡大し、定着していけば行くほど、被治者の同意に基づく「権力」、つまり権威が政治におけるその比重を増大させることが必至であるので、「組織権力」としての権力概念がますます重要視されるようになるであろう。なぜなら、民主主義を前提とするなら、下からの人民の政治「参加型」権力概念以外には、政治を正しく捉えることが出来ないからである。

とはいえ、ポリアーキーでは、「統制型」権力概念がなお有意性を保っているのは、理想の民主主義へ近付こうと努力していても、その途上にあるために、官僚制を媒介にして上からの統治が行なわれており、「権力は強制力である」という「統制型」権力観がまだ「現代的な諸関係には」適用可能であるどころか、きわめて有効であるとも言えるからである。従って、今日の政治学においては、権力概念は二つに分裂し、併存していると見られよう。しかし、この二つの概念は全く別のものではなく、人間社会における権力関係の両極をそれぞれ理念型としてその定義が構成されていると見た方が妥当ではなかろうか。というのは、権力は権威なのか、それとも強制力なのか、つまりこの二つの権力概念があるとするなら、両概念の命題に共通する点の権力が、一方の権威と他方の強制力とどのようにかかわっているのか、それを明らかにするなら、「権力とは何か」ということがかなり解明されるのではないかと考えられるからである。つまり、権力は強制力であるという「統制型」権力概念は、アーレントが言うように、権威と全く無関係なのか、それとも、権力と権威は相即的な関係を有し、権威は正統な権力であるが故に、それは権力の一形態ではないのか、このように問うなら、「権力とは何か」ということが明らかにされることが可能となり、そして、こうした権力と権威の関係の動態的力学が明らかにされることにより、現代の政治状況の分析にとってより適切な概念が構成されることが可能になるのではないか。そうした観点から、以下、まず権力と権威の関係を探り、最後に権力概念の再検討を試みてみたいと思う。

顧みるなら、古典的権力概念、つまり第一のタイプの「統制型」権力概念が広く受け入れられている間、権力は時代的背景も手伝って、それはほとんど強制力と同一視され、権力は国家が求める「予期された反応」を臣民が示さないなら、究極の場合、暴力に変貌するというのが一般的な認識であった。従って、権力と権威は別物であるという見方が一般的であって、「権威は権力の一形態である」という見方は、ごく少数の人々を除いて、一般的には受け入れられてはいなかった。その理由の一半は、権力概念にはその不可欠の要素と見られている強制力や暴力が「政治の世界」では目立つ傾向があったからである。もう一つの理由は、両概念が別個のものとして理解されていた経緯にある。例えば、ローマ共和制時代において、民会に権力が帰属していて、民会が法を制定するが、その法が効力を持つためには、権威を持つ元老院の裁可を得なくてはならなかった。また中世のキリスト教世界においても、教会の支配権は権威として受けとめられていたが、その理由は、教会が神の代理人の資格において、あるいは預言者の啓示等を根拠にして信者の服従を確保することが可能であったからである。このように、皇帝や国王という世俗勢力には権力が帰属し、ローマ教皇には権威があると考えられ、権威と権力は当然異なるものと、一般に受けとめられていた。アメリカの行動論政治学の権力概念を批判的に総括したルークスも、権力と権威の関係が気になったようで、一九七八年の論文「権力と権威」の中で、まず権威についての歴史的考察を進め、ローマ人や中世を通じて、権威（auctoritas）という用語は「ある者による特別な地位、資質、資格の保持を意味していた」と述べている。それから類推して、中世までは、権威は、すべての場合において、「ある特殊な知恵、啓示、技能、洞察力、知識等を根拠として、信条に対してその承認を要求する存在である」[85]と分析している。次に、それを根拠に、従うように求められる事柄について疑問を挟むことができないか、あるいは抗しがたい何かを感じて従う場合、その従わせる力を権威であると規定し、それには三つの種類があるという。第一は服従者の信条に働き掛けるもので、それは服従者の同意を強要し、「私的判断の放棄」を伴う。第二は、「協約による権威」で、従うものが協約によって生まれた命令の持つ権威を自発的に受容し、それに従うが、しかし、個々の命令に対して私的に異議を挟むことは自由である場合の権威である。第三は、「権力によって課された権威」で、それは、ヘゲモニー、「正当化」、イデオロギーの持つ権威である。彼によると、第一の権威は中世のもので、第二、第三が近代以降のものであり、第二の権威は、ルソー等の社会契約論の権力観で、その発展形態がパーソンズやアーレント等が主張する「権威としての権力」論である。第三は、彼の言うところの権力の第三次元である。要するに、権力は、第一に抵抗を前提にして服従を確保する「統制としての権力」の側面を持っている点、第二に権力関係にある両者の関係が非対称的である、つまり「従属としての権力」の側面を持っている点、第三に、権力の配分の問題から見て「不平等な権力」である点、この三つ属性を持っているのに反して、権威は正統な権力である点で、権力と権威は異なるが、両者が人間の共同活動を可能にさせている可能性を有している点では共通しているとしているが、両者の関係については触れていない。ところで、権力と権威の共通点を、私なりに整理するなら、それは、「人間の行動を変更させる」点であると考えられる。権力は、その働きかける対象の抵抗を前提にして、究極の場合、人間を動かすことのできる最も確実な手段であると考えられる「死への恐怖」を与える強制力を用いて、人間の行動を変更させようとするのに反して、権威は、その働きかける対象との間に、価値や信条や、あるいは目標において共有関係にあり、そうした共有するものに依拠してコミユニケーションを発信して、それを受けた対象が進んで自発的に服従したいとか、あるいは服従すべきであると思わせる関係を作り出して、その結果、服従させる、つまり人間の行動を変更させるのである。このように、両者が「人間の行動を変更させる」点では共通性を持つのであれば、両者を統一的に捉える事も可能ではないかと言う考え方も成り立つ。実際、そういう考え方があり、それには二種類がある。その一つは、権力と権威は一応別のものであるが、しかし、両者には「人間の行動を変更させる」点では共働するという考え方である。もう一つは、権威は権力の不可欠な要素であると言う考え方である。前者の見解を主張しているのは、権力概念の二分類を展開したフリードリヒである。先に、彼の主張を見よう。

彼によると、人間が他人の命令や指示に従う色々な状況の中で、自発的に従う場合は、服従する者が何らかの理由で不安に駆られていて、その不安を取り除いてくれる情報を持っている人に対してであると言う。その例の典型として、医者と患者の関係を挙げている。体に異変を感じて不安になった人が、医者に相談し、その不安の原因を取り除いてくれる医者の手術を含めてのあらゆる処置に喜んで従う場合、患者は医者が自分の病気を治癒してくれる専門的知識と経験を持っていると信じているからであり、そして、もし、その処置の根拠を知りたければ、質問すると、医者は、それに対して「理路整然と説明する力能」(capacity for reasoned elaboration) を持っていると信じられているからである。フリードリヒは、この「理路整然と説明する力能」を権威であると定義している。こうした権威が人間関係の中で作用するのは、「不確実性と偶然性が重要な役割を演ずるあらゆる状況」であり、そこで誰かが「判断のより確かな根拠」を持っていると信じられた場合、彼は権威を持つと言う。フリードリヒはこうした権威が作用する例として、医者と患者の関係の他に、教授と学生、アメリカの大統領と国民の関係を挙げ、後者の場合、アメリカの大統領は憲法が与えてくれた権限(権力)の他に、危機の到来と共に、不安の中にある国民に対してその不安を取り除くことのできる権威を持っている場合、その権力は増大すると言う。と言うのは、権威を持つ大統領は、国民の自発的な信服を得る事ができるので、その権限を用いての問題の解決がスムースに進められるからであるという。このように、フリードリヒは、権力は権威と別個のものであって、「人間の行動を変更させる力」としての権力に権威が付加されると、その変更させる力は、自発的な服従を調達できるので、その効果は増大すると見ている。従って、彼によると、「権威は権力の一種ではなく、権力に付随する何かである。それは権力を増大させる、人や事物の属性であり、権力を創出する何かであって、権力そのものではない」と言う。彼もまたローマ共和制の民会と元老院の関係を例に挙げて、自説の正しさの論証に努めている。[86]

もう一つの見解、つまり「権威は権力の不可欠な要素である」という考え方は、権威を強制力と同様な「服従を勝ち取る力」として捉え、その根拠を、フリードリヒのように合理的に解釈しないで、中世の教会の権威が依拠していた神の啓示や預言者のカリスマに対する信者の信仰などの非合理的な要素をも含めて、より広く解釈して、とにかく、ある者がその働きかける対象に対して、その自発的な「服従を勝ち取る力」を持っていた場合、その自発的な「服従を勝ち取る力」を権威である、と定義する。

秋永は、『現代政治学』(一九六四年)の中で、次のような権力概念を展開している。彼は、まず、「権力は影響力に権威と強制の二つが加わったもの」と、規定する。[87] 次に、その二つについて、「権威は人格相互関係において内面的に是認される通信を発し得る能力であるが、強制は強制される者の意志にかかわりなく、もしくは意志に抗っても一定の行動をさせる、またはさせない能力である」[88] と、規定する。ところが、彼は、権威と強制力の他に、確かに「人間の行動を変更させる力」ではあるが、しかし、この二つと違って、人間の行動を変更させる確実な可能性を持っていない力としての「影響力」の存在を挙げ、それも権力の一要素として捉える。とはいえ、影響力には、意図されたものと、流行のような、無意図的なものの二種類があるとして、権力の要素になるのは、意図的影響力であると言う。このように、権力を構成している各要素を規定した後、次のような権力の定義を行なっている。すなわち、「権力は、権力者の意志に従って行動を変更させる影響力を核にして、コミュニケーションの対象の意志いかんにかかわらず行動させる力と、権力者のコミュニケーションに示された意志を服従者が積極的に承認（合意）して自発的にその意志に従って行動させ得る力が付加されて合成された複合体である」と。[89] この秋永の権力概念は、その権威の定義において、バーナードの影響が見られるし、また権力と権威の関係付けにおいて、フリードリヒの影響が見られるが、権威を、権力を構成する要素として捉えたのは、彼の独創であると見られよう。

また、彼の権力概念は、現代政治学における相対立する二つの権力概念を統一して、それぞれの権力概念が相即的関係にある政治の在り方が競合する現代政治を解明する新しい視角を獲得せんとする問題意識が滲み出ている点は評価に値する。その理由は、この権力概念を用いるなら、権威主義体制と民主主義体制が並存し、あるいは競合する現代の世界における政治状況を立体的に分析することが可能となる点にあると考えられるからである。詳述するなら、次の通りとなる。すなわち、治者と被治者の権力関係において、権力を構成する諸要素の中で権威の割合が大きな比重を占めている場合が、民主主義体制であり、逆に強制の比重が大きな割合を占めている場合が、権威主義体制である。従って、この権力概念に基づいて、ファシズム体制を解釈するなら、「ファシズム国家の権力構造においては、国民の一部だけに対する権威をもって他の大多数に対しては強制を行なう。すなわち、権威の特質は、有意的にそれを承認する者に対してのみ作用する点にあるが故に、権力者は国民の一部に対して権威を持つことにより、その部分的権威から他の国民を強制によって服従させる力を受け取るものであると言うことである。[90]」それに反して、民主主義国家においては、国家が自由民主主義という共同目的を実現する組織であるが故に、その純粋な形態は「組織権力」であるので、その権力は国民の自発的同意に基づいており、権威として作用する割合が当然大きくなる。この秋永の権力概念を用いると、国の政治体制の民主化の程度は、権力における諸要素間の割合を測定する事によって容易に明らかにすることが可能になると言えよう。またその帰結として、権威主義体制から民主主義体制への移行や転換、逆に民主主義体制から権威主義体制への逆行も解明できる。さらに、「権力は権威である」というアーレントの権力概念は、純粋な「組織権力」概念であるために、彼女が理想としている「市民共和政」が存続するためには、「もし、神々からなる人民がいるなら、彼らは民主政を採用するであろう」というルソーの指摘を待つまでもなく、普通の人間は神でないのだから、もし、「市民共和政」が仮に作り出されても、間もなく現代の条件の下では、ポリアーキーへと変質するか、表面は民主主義の仮面を被っていても、早晩、その本質は権威主義体制に近い物に変化するのは、歴史が証明するところである。それ故に、ハーバマスが、アーレントの権力概念が「現代的な諸関係には」不適用であると批判したのである。とはいえ、現代政治を分析する権力概念なら、確かに、自発的結社においては「組織権力」現象が指摘されるし、またそうした結社を土台にした多元的民主主義においても、下からの民衆の新しい政治の在り方を求める民主的な政治運動の中に「組織権力」現象が見られることは否めない。しかし、構成員の参加意識がいつも生き生きとしていて、彼らが絶えず組織に参加し、機関を監視しない限り、ミヘルスの「組織の寡頭化の法則」が自発的集団にも作用することは必至である。自発的結社でも、いつの間にか、成員の自由は失われ、機関たる幹部に権力が集中するのは日常茶飯事である。こうした自発的結社を巡る権力状況までも考慮に入れて、ファシズムや征服国家の場合の権力現象までの解明を試みるために構成された秋永の権力概念は、あらゆる政治体制の権力についての、次のような彼自身による説明の中に、その有意性が明らかにされているものとみられよう。すなわち、「権力の集合的目標に関していえば、集合的目標が権力の影響を受ける者の共同目的化する程度が高ければ高いほど、権威はこれらの人々の間に拡大し、反対に非共同化の程度が高ければ高いほど、強制が拡大する。前者は、最も自由なる結社にその例が見られるとすれば、後者は、征服国家にその例を見出すことができるであろう。集合的目標の共同目的化は、とりもなおさず人間関係の組織化を意味し、組織化は、集団成員における共同目的の分有、すなわち共同目的の積極的同意または承認を意味する。しかし、組織は、その拡大に応じて現われてくる共同目的の固定化、構造的な寡頭化ないし官僚化の可能性を内包しているので、権威優位の構造においても不断に強制的構造への傾斜を回避するために、共同目的の確認が必要とされる。権威的構造は、この意味において、必然的に民主的構造の形態をとる。それに反して、ファシズムにおけるごとく、一方における強制的同質化（Gleichschaltung）に対する他方における権威の少数者への凝集化は独裁的統合の構造形態をとり、高度に組織された少数者はエリート化し、共同目的を分有しない多数は大衆化する。[91]」これ以上、引用は止めよう。秋永の権力概念は、現代政治学における相対立する二つの権力概念を統一化して、一方では、上からの「統制型」権力がイメージする権力状況がなおも強く存在し、他方では、民主主義の拡大と共に、「参加型」権力概念、つまり「組織権力」概念がイメージされる、つまり、下からの民衆の政治への参加も強まるという交錯する複雑な現代社会の権力状況を解明するための新しい権力概念の再構成の試みとして記憶されるべきであろう。

もっとも、彼の権力概念を基本的には継承しながら、その権威概念があまりにも合理的に解釈され過ぎていると批判して、強制を「物理的支配力」、権威を「心理＝意識的支配力」と解釈し直して、権力を「二重構造実体説」

として捉え直したのは、中村義和（『現代政治研究』（一九六六年））である。[92] それと秋永の権力概念との違いは、権力関係を永続化させるための手段に見られる。秋永の場合、権力の第一次的力としての影響力の手段が、宣伝、アピール、教育であり、第二次的力の強制の手段が、物理的実力、価値剥奪、価値付与、もう一つの権威の手段が説得である。[93] 中村の場合、強制の手段が物理的実力、価値剥奪であり、権威の手段は宣伝、説得と教育、正統性イデオロギーである。[94] 中村は、影響力を権力に含めず、従って、秋永の影響力の手段が権威の中に入っており、さらに正統性イデオロギーが追加されている点が大きな違いである。

確かに、秋永の権力概念は、現代の政治状況を解明する上において有意な分析道具である点は認めざるを得ないであろう。しかし、問題点がない訳ではない。というのは、これまで、権力は権威とは別のものであると認識されており、秋永の権力の定義のように、権威を権力の一要素として権力の構成要素の中に含めてしまうと、「正統化された権力」とか「法的形態を取った権力」が権威であると言う常識的な権威概念と、秋永の言う権威概念とは、同じものと言えるのか、それとも違うものなのか、という点が問われるからである。上述したように、フリードリヒの権威概念においては、服従する者がその身体を含めての内外に解決を迫られた問題を抱え、その問題の正体もつかめず、またその能力も持ち合わせておらず、ましてやその解決策などは思いもよらない不安な状態にある場合、その不安を解消する「力能」を持っている他者のコミュニケーションに喜んで従うが、そうした場合の他者の「服従を勝ち取る力」が権威として捉えられている。こうした権威概念なら、それは、権力の構成要素の一つに含めることは可能であろう。しかし、伝統的な権威概念は、権力の構成要素の中に含めることはかなり無理があると言える。というのは、伝統的な権威概念は、秋永の権威概念と次元を異にしているからである。つまり、伝統的な権威概念は「制度化された権力」概念の一種だからである。上述したように、アーレントは、「組織化され制度化された権力」が政府であると規定した。彼女の言う政府とは国家ないし国家権力を意味するものと解してもよかろう。例えば、征服国家の場合を考えて見よう。マックス・ウェーバーの指摘の通り、権力関係の永続化された形態が支配であるなら、支配が成立するためには、被征服者が「死への恐怖」や利害打算やその他の色々な要因によって、いやいやながらでも、征服者の「命令権力」に従い、そしてこの服従するという行動様式がとにかく繰り返されて、パターン化される必要があろう。その次に、このパターン化された行動様式が惰性として習慣化して、その結果、それが社会化されて、内面化され時、権力は制度化されたと見られよう。こうした「制度化された権力」、つまり支配の形態を取った権力は、制度化の過程を経る中で、それ自体「正当性」を持った権力としての権威を獲得して行ったと見られるのである。次に、「制度化された権力」としての支配は、それが機能するためには、「いかなる支配も行政として現われ、行政として機能する」[95]と言うマックス・ウェーバーの指摘の通り、支配者の命令、つまりコミュニケーションを被支配者に伝えて、その行動を命令が指定する方向へ変更させる行政組織が必要となる。それは、権力の機能分化であるが、支配団体の場合、支配者と非支配者の垂直的関係を前提とする、上からの命令権限のヒエラルキー的編成として現われる。その典型は官僚制的統治権力である。官僚制と言う行政組織は、支配者の主人の権威を代行する形で、被支配者に対して「服従を勝ち取る力」と言う権威を行使する。この場合、あたかも権威がヒエラルキー的に編成された官庁のライン上の各級の職位に帰属しているかのような錯覚に襲われる。そして、その錯覚が固定化して、官庁における職位そのものが権威を持つもののように受け止められることになる。以上のように考えるなら、伝統的な権威概念は「制度化された権力」を指している。そして、マックス・ウェーバーの言う支配の正統性原理が「合法性」であるところの近代国家の場合は、「法的形態を取った権力」を意味し、他方、「正統化された権力」の組織、つまりヒエラルキー的に編成された行政官庁の権限を意味する。フリードリヒや秋永の主張する権威概念は、明らかに、こうした従来の権威として理解されていた概念とは、「服従を勝ち取る力」と言う点では、確かに共通点があるが、しかし、従来の権威概念がこの「服従を勝ち取る力」の制度

図３

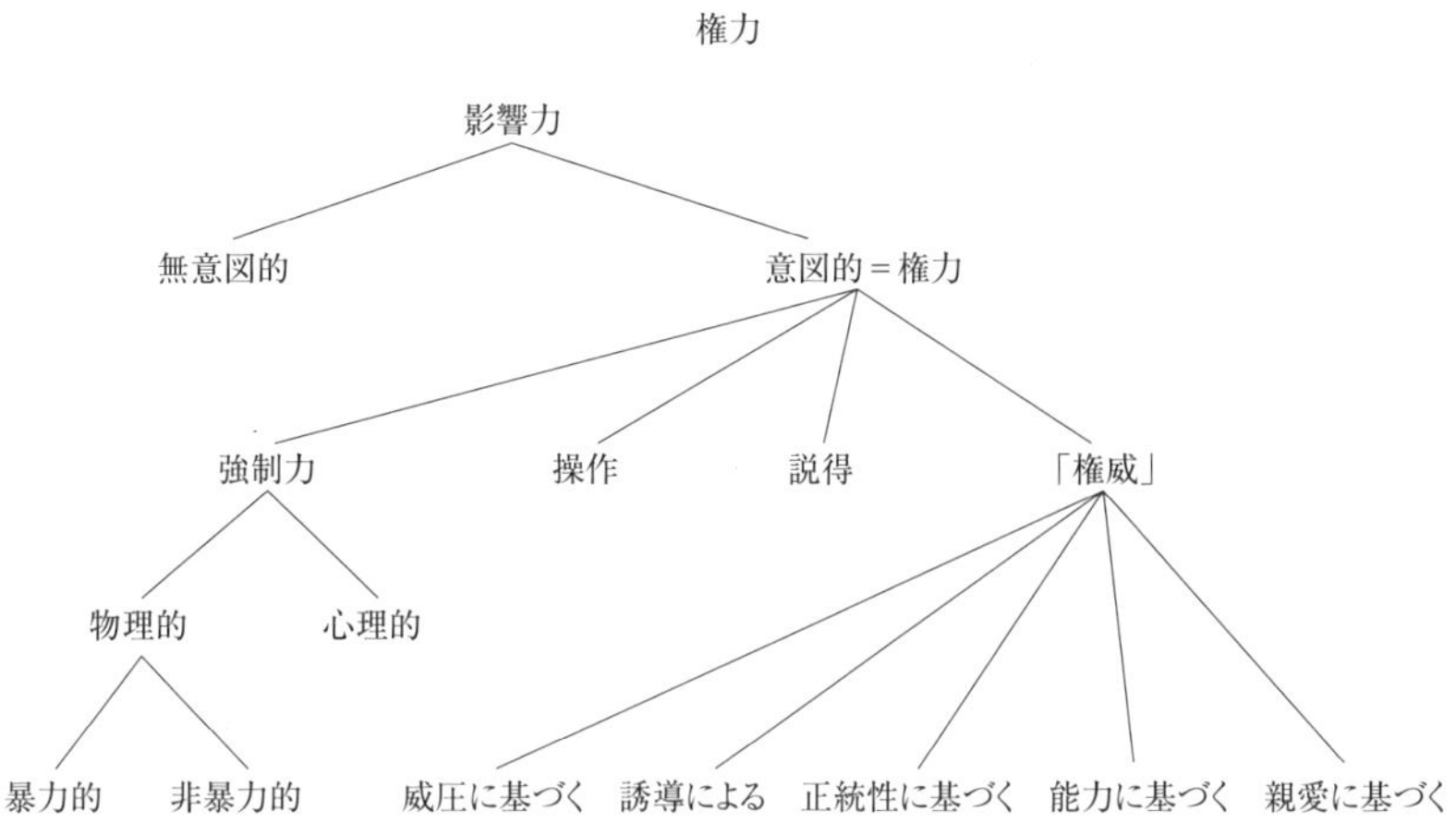

出所：Dennis H. Wrong, Power : Its Forms, Bases, and Uses, 1995, p. 24.

化された形態である点では異なり、次元を異にしている概念と言えよう。従って、従来の権威概念の意味で、秋永の権威概念を理解すると、時にはその理解を困難にさせる場合もないとは言えないのである。とするならば、秋永の権威概念については「威力」とかその他の適当な命名法を考えるべきであろうが、ここでは、従来の権威概念と区別する意味で、括弧つきの権威、つまり「権威」として言い換えることにしたい。というのは、次に紹介するロングの権力概念も秋永の権力概念と構造が全く同一でありながら、後述するように、秋永と違って権威の種類が五つもあるからである。つまり、理解を容易にするために、ロングの権威概念もここでは「権威」という表現で言い換えることをあらかじめ断っておきたい。

　イギリスの政治社会学者のロングは、一九七九年に『権力―その形態・基礎〔基底〕およびその行使』を公刊している。ロングの権力概念は、権力を「複合的力」として捉えている点では、秋永の権力概念とその基本構図においては同一である。但し、違う点は、ロングが「権力とは他者に対して意図された、そして予測された効果を生み出すある人間の力能（capacity）である」と言うバートランド・ラッセルの権力の定義を受け継ぎ、それを土台にしている点である。(96) ロングは、図3のように、影響力を権力の第一次的力として考える。その際、影響力を意図的なものと無意図的なものの二つに分け、意図的な影響力を権力の第一次的力として捉える。この点は秋永の場合と全く同一である。秋永の著作が英訳されていないことから、その影響は考えられない。とにかく、ロングは、一五年後に、現代の政治状況の分析用具としての権力概念の再構成において、イギリスで秋永と同じような思考を行なっている点は興味深いと言えよう。さて、次に、ロングは、権力の第二次的力として、秋永の権力概念の場合が、権威と強制の二つであるのに対して、この二つの力の他に、説得と操作の二つの要素を付け加えている。この二要素は、秋永の権力の場合、権威の手段に含まれているものである。しかし、ロングがこの二つを権力の第二次的力として捉えているのは、西欧において一九六〇年代後半以降のテレビの各家庭への普及と共にマス・メディアの持つ権力、つまりマス・メディアを通じての大衆操作や大統領や首相の国民に対する「説得」と言う現象が際立って顕著になっていたからではないかと推測される。また強制力については、秋永の場合よりもより細かく分類しているが、基本的には変わらない。最後に、ロングは、権威を五つに分けている点が、秋永と異なる特徴である。彼は、「権威」に基づいて樹立される権力関係を、被治者ないし追従者が治者ないしリーダーに服従する根拠が何であるのかによって、五つに分けているのである。それは、次の通りである。一、威圧に基づく「権威」(coercive authority)、二、誘導による(induced)「権威」、三、正統性に基づく(legitimate)「権威」、四、能力に基づく(competent)「権威」、五、親愛に基づく(personal)「権威」、である。一の威圧に基づく「権威」とは、強制力(force)を保有していること、そしてそれをいつでも使用する意図のあることを示して威圧感を与えて、それに依拠する「服従を勝ち取る力」である。その例は、ソ連の軍事パレードや、常時個人の周辺にスパイ網を張り巡らせて恐怖感を抱かせる監視体制などである。二の誘導による「権威」とは、権力者が望む行動を取るように、サービスや報酬を提供して、「服従を勝ち取る力」である。その例は、経済権力であり、その極端な形態が

「賃金奴隷制」である。三の正統性に基づく「権威」とは、マックス・ウェーバーの「支配の三類型」の場合の正統性に基づく権威である。四の能力に基づく「権威」とは、フリードリヒの権威概念に近い。つまり、医者の「権威」のように、権力者個人の持つ専門能力に依拠する「服従を勝ち取る力」である。五の親愛に基づく「権威」とは、子が親の命令に従うような場合や、愛情に基づく恋人同士や、友愛に基づく親友間に、一方が他方に対する親愛の情から慕い、付き従う場合、さらに相手の人格的要素に魅せられて崇拝心から従う場合、などにおいて作用する「服従を勝ち取る力」である。「政治の世界」におけるその顕著な例はリーダーのカリスマである。(97)

ロングがこのように「権威」を五つに増やしているのは、現代における権力の技術的手段の飛躍的に発達した状況を考慮に入れたからではないかと推測される。というのは、一の威圧に基づく「権威」は、メリアムのミランダであり、二の誘導による「権威」は、現代福祉国家のそれであるからである。四と五の「権威」はリーダーのカリスマ的資質であり、三は、従来の伝統的な権威である。このように解釈するなら、ロングも、現代の政治状況を分析する基本概念としての権力概念の再構成において、いかに先学の知見を吸収しつつ、しかも、自由民主主義社会において、権力の構成要素の中で「権威」の果たす役割やその比重がますます増大した状況を考慮に入れて、「権威」概念の再構成において、従来の権威概念と、自発的な「服従を勝ち取る力」の「権威」とを統一しようとした苦心が偲ばれるのである。その点、秋永の権力概念と比べた場合、「権威」概念の構成においては一歩前進と言えよう。

思えば、現代政治学における権力概念が大きく二つに分裂しているのは、古典的権力概念によって象徴されていた近代の国家権力が社会の変化と共に分解過程にあることを示すものではないかと考えられる。それは、第一に、権威主義政治体制に見られる現象である。例えば、ロシアにおいて、一九一七年のボルシェヴィキ革命や、七五年後のソ連の崩壊に象徴されるように、「組織化され制度化された権力」である国家ないし政府は、被治者の望む政治の在り方に背を向ければ向けるほど、正統性を失い、それと比例して、権威が国家から離れ、権力の構成要素の一つである強制力に依存する割合が増大し、ついに「組織化され制度化された権力」は内部から分解し、強制力のみとなった「権力」は「剥き出しの暴力」に変性し、それと共に、権威は被治者の民衆側へ移り、下からの民衆の新しい政治の在り方を模索する運動が権威を背に新しい政治権力の構築へと進むという「政治の力学」が自由民主主義国を除く諸国において作用している。[98]第二、自由民主主義政治体制でも、民主主義の成熟と共に、民衆の日ごとに高まる要求に対して資本主義経済体制の枠内ではもはやそれに応答する政府の資源が枯渇し始め、それと共に、政府は「正統性の危機」を迎えるようになり、権威は政府から離れ、民衆側に移りつつある。しかし、そこでは権威主義政治体制と違って、社会福祉国家体制が根付いており、民衆はまだ現在の政治の在り方に根本的な疑念を示すまでには至っておらず、むしろより多くの利益を「打ち手の小槌」を持つと錯覚されている政府から引き出すために、圧力団体を結成して、政府の政策決定権力に影響力を行使し合っており、他方、「権威」を喪失しつつある政府は経済権力に変性し、ローウイの言う「利益集団リベラリズム」の全盛時代にある。つまり、権威を失った国家権力は政策決定権力というプラグマティックな中性的権力概念のファサードの裏に身を潜めており、他方、権威は広く民衆の間に拡散しつつあるという状況である。拡散した権威が集中化され、新しい政治の在り方を創み出す原動力が新しい権力へと発展する可能性は、今のところ、生まれていない。こういう権力状況に現代の世界が置かれているが故に、アメリカでは、国内において階級対立がなく、理想の自由民主主義が実現されていると信じてやまないパーソンズは、権力は「組織権力」であると主張するし、[99]他方、世界の人口の多数が住む発展途上国では、権威主義体制がいまだに地歩を固めており、やはり、権力は強制力であると言う権力概念の方がそうした体制の政治を解明するのにより有意性があると見られるのである。いずれにせよ、権力が一方では、その要素の中の強制力を過多に示す形態をとるところがあるかと思えば、他方ではその権威現象のみが特出して見られる状況が生まれているのが、現代の権力を巡る独特な状況であると言えよう。それ故に、こうした権力現象を分析するための概念的レンズの精度を出来るだけ高めようとすると、その絶えざる再構成の試みが必要となり、それは政治学者に課された課題と言えよう。

おわりに

以上、近代国家成立以降において国家権力がそれを巡る環境の変化と共に変容を遂げ、それと対応して国家権力をイメージして作成された古典的権力概念も変容を遂げて来たが、この両者の関係とそれが持つ政治学的意義について概観してきた。言うまでもなく、今日、国家権力はその安定期と異なり、それ自体の存在すら疑問視される環境の中にある。その兆候はさまざまな分野に現われている。その顕著なるものはグローバリゼーションの波であろう。覇権国アメリカの世界支配体制の下で、一九七〇年代以降急速にその進行を早めてきた経済と情報の分野におけるグローバリゼーションの波は、それまで盤石のごとく思われていた近代国民国家の礎石を侵食させつつある。それと共に「国家の退場」[100]とか「国家の終焉」[101]が叫ばれるようになってきた。顧みるならば、近代国家成立以降、自由主義原理に基づく憲法や法律によってその作用が限定されたにせよ、一元的なヒエラルキー的に編成された権力の組織体であった国家権力は、内において一九世紀末頃から簇生し始めた社会集団の挑戦を受け、さらに自由民主主義諸国では、議会制民主主義の成熟と共に、政党政治が確立され、政治的な「中立」が求められてその枠が嵌められて、そして、最近では、外からのグローバリゼーションの波に洗われ、その存在感が薄くなった観を否めない。こうした環境の変化と共に、一方では、政治の在り方の変化を求める下からの民衆の運動も高まり、他方では、権力の正統性原理として民主主義が世界中に普遍的に受け入れられ、とりわけ自由民主主義諸国では、古典的権力概念を生み出した背景である、強制力に主として依拠する国家権力の側面は縮小の一途を辿っている。とくにstate概念が定着する素地を持たなかったアメリカでは、強制力の匂いの強い古典的権力概念は第一次大戦前までは、政治分析の基本概念としては用いられていなかった。というのは、それは、下からの民衆の政治参加が制度化されている民主政には適合しないからである。こうした政治的現実を背景に、一時、西ヨーロッパの権力エリート論的政治論に傾斜し、ナチ・ドイツとの戦いの中で、それを放棄した上で、その後「民主政」擁護の政策科学としての政治学を目指すようになったラスウェルは、権力とは「決定作成への参与」である、というような大胆な解釈替えを企て、その結果、古典的権力概念は政策決定権と影響力の二つへと分解を遂げることになった。こうした権力概念の分解を促進したのは、第二次大戦後、アメリカが世界の覇権国となり、state概念に相応しい条件が現われたにもかかわらず、それからはみ出す部分もあり、それに代わって「政治システム」概念が導入された点である。それと共に、従来の政治学の概念の総入れ替えが進行した。すなわち、従来の伝統的政治学の法学的用語の使用から情報工学的用語の使用への変化が生じた。こうして「組織化され制度化された権力」の国家は、「政治システム」とその名称が変えられる共に、「政治システム」はそもそも初めから所与のものであると前提されたが故に、「科学としての政治学」を目指すアメリカ現代政治学、とりわけ行動論政治学は、経験的・実証的方法に制約されて、政治システムの機能に関心が注がれ、それのみをその研究対象に取り上げることになった。従来の政治学では、政治的エリート間の権力闘争ないしは政治的エリートと大衆との権力関係がその主要な関心事として取り上げられていたのに反して、いまや、政治システムの産出する出力、すなわち政策がその主要な関心事となり、政治の在り方を問う価値評価的な政治学的研究は姿を隠し、プラグマティックな政策研究が隆盛を極めている。それと共に、政治学の主題は「権力の循環」ではなく、「政策の循環」となり、権力概念が政治学から姿を消すことになってしまった。つまり、古典的権力概念が政策決定権と影響力へと分解し、政治システム論の導入を背景に、入力の出力への変換を担当する機能を持つ政府が政策決定権力と言い直され、社会における多元的利益集団の政府への働きかけを影響力と捉える解釈が生まれ、「複合的な力」としての権力の構成要素の内、強制力の側面が姿を隠し、それは影響力に形態変容されるか、あるいは、それはほとんど認識されなくなるというような事態となった。

こうした状況の中に、ミルズの著作『権力エリート』が権力をキー概念としてアメリカ社会を分析したために、その批判を契機に「権力概念論争」が惹起されたが、それは、権力概念の多義性を暴露しただけに終わり、一部を除いて権力概念は政治学の主要なキー概念として復活されることはなかった。というのは、その経験的・実証的な方法論の制約を受ける行動論政治学者は、政策決定過程への影響力として権力を捉えるので、権力は政策決定権力、つまり、社会における政治的アジェンダ設定権であると主張するのは、当然の成り行きと言えるからである。それに対して、第三節で紹介したように、バックラックとバラッツは、政策決定権の他に、議題設定に載せたくない事を「事件にしない」という「非決定」という権力のもう一つの側面があるのではないかと批判した。それを、またルークスは批判して、政策決定権は権力の第一次元的側面であり、非決定はその第二次元的側面である。そして、実は、権力にはもう一つの第三次元的側面があり、それは眼に見えない「資本主義社会の構造化された権力」の側面である、と主張したのである。その結果、行動論政治学が見捨てた権力の問題は、ネオ・マルクス主義的政治学か[102]、政治社会学や、社会学によって取り上げられ、多くの業績を生み出しているが、それらは、政治の分析用具としてはさらなる再構成が必要とされるであろう。

世界の人口の多数の住む発展途上国に眼を転じて見よ。確かに、先進的自由民主主義諸国では、政治は政策決定権力を中心に社会の多元的利益集団の利害の調整として捉えられ、政治学は権力概念をキー概念としては放棄して、その代わりに政策決定をキー概念として採用して、「構造化された権力」の作用の表面のみを追跡していると

図4　権威主義国家における「政治の循環」

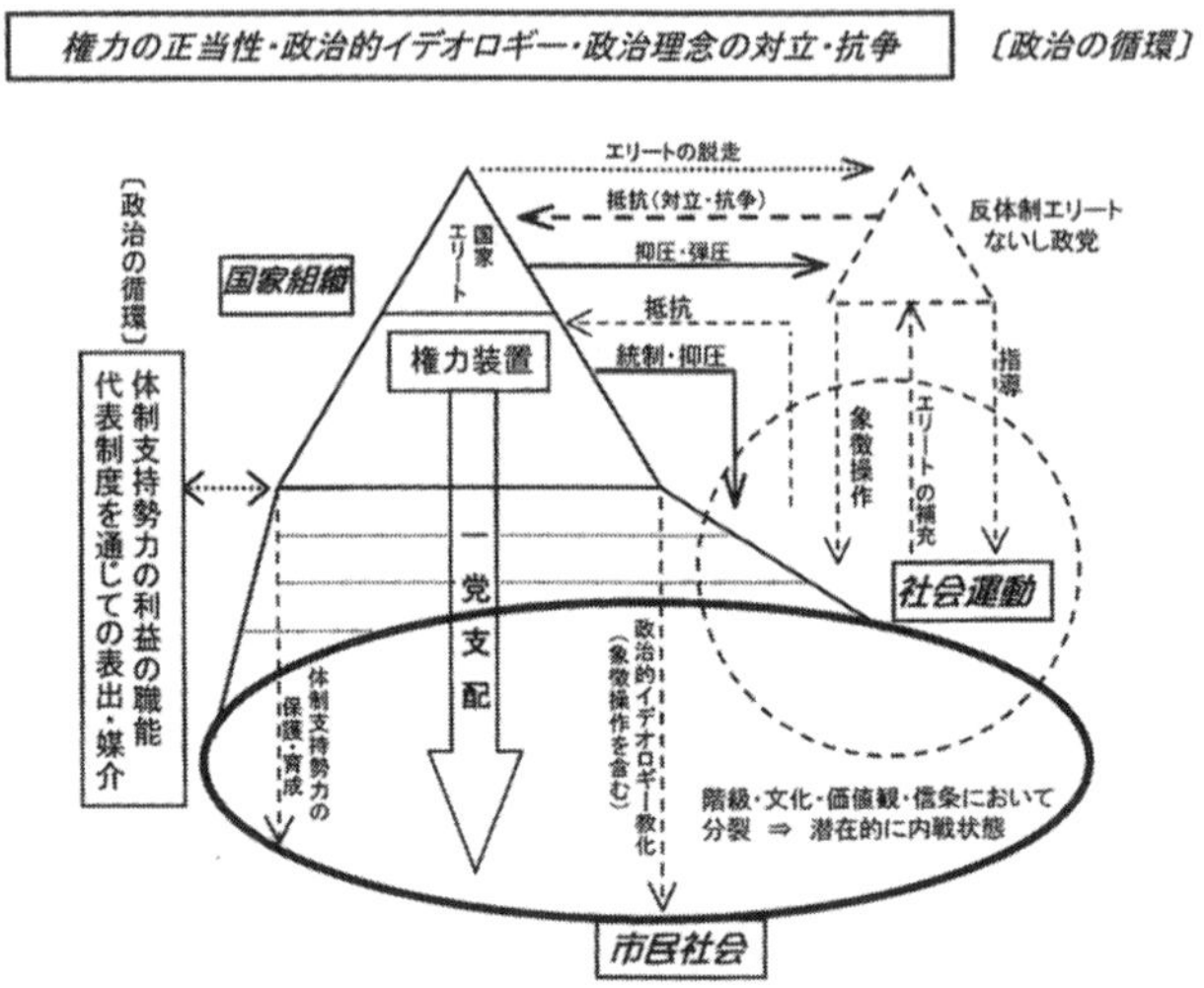

見られよう。しかし、発展途上国では、政府の政策決定にその利害を反映させる影響力を持たない社会勢力は、現行の政治体制とは別の政治の在り方を求めて、民衆の政治への不信を下から組織化して、体制に対して挑戦を行なっている。それが「合法性」の枠内で政府が決めたチャンネルの中でその運動を展開している限り、「構造化された権力」の中で隠されている強制力の対象とはならない。しかし、反体制運動が「合法性」のチャンネルをはみ出てしまうと、強制力の対象となるのは当然であり、そうした状況下では、政府は強制力の極端な形態の暴力装置として反体制運動側には映るのは、「権力の力学」のしからしめるところであろう。こうした傾向は、発展途上国には顕著であり、そこでは、古典的権力概念はなお政治分析の基本概念として有効であると見られよう。

一九七〇年代の経済不況の到来と共に、先進資本主義諸国では、社会福祉体制を賄う財政的余力が次第に失われるにつれて、民衆の高まる「請求権」に答えることが次第に困難になってきた政府の政策対応能力の減退が目立ってきた。その結果、「構造化された権力」の構成要素の権威も、民衆に対してその力を失い、国家の「正統性の危機」が論じられるようになっ

図5　現代民主主義国家における「政治の循環」過程

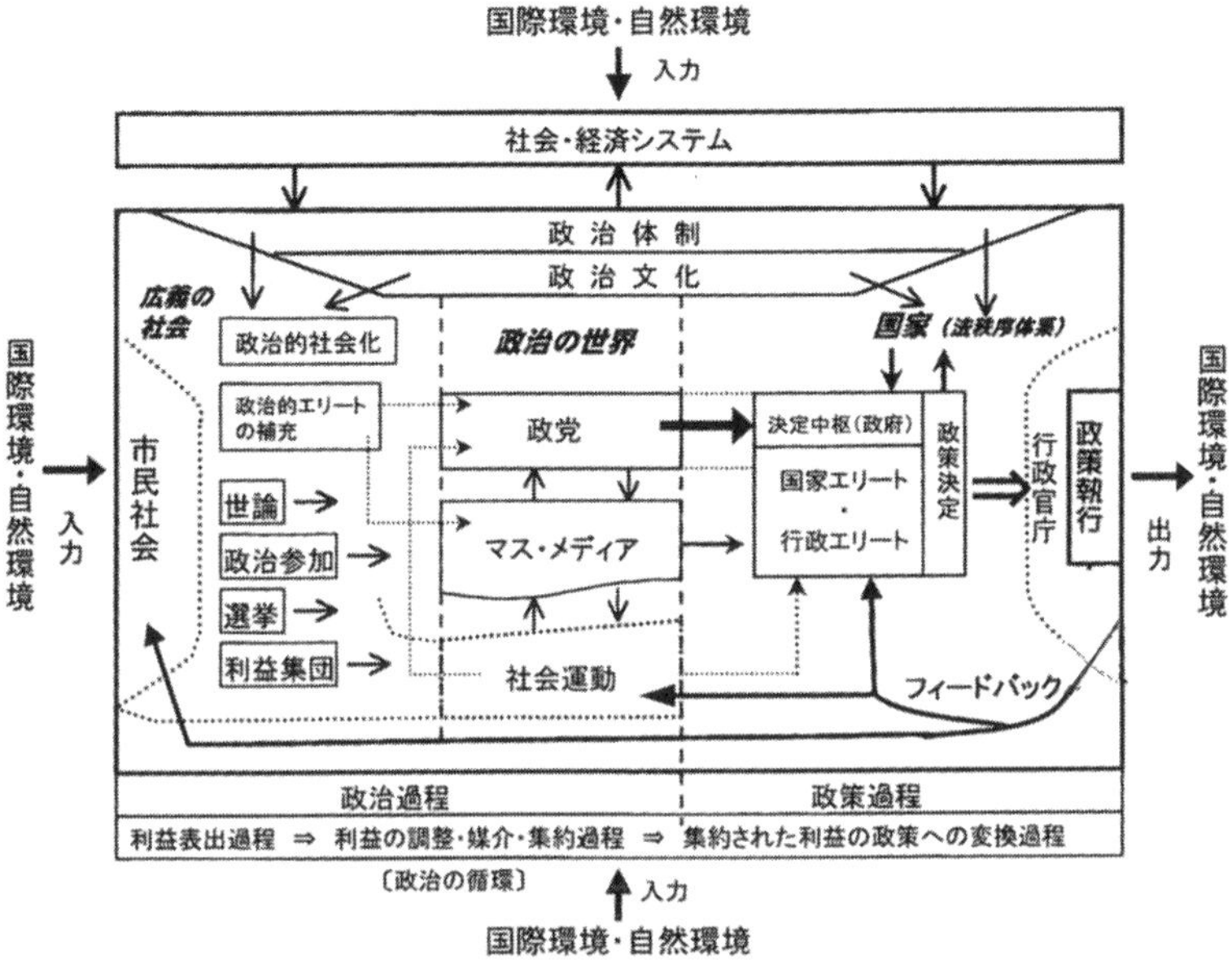

た。「正統化された権力」としての権威は、政府から離れ、社会へと拡散する傾向を示し始めている。環境問題、ジェンダー問題、少数民族問題などの解決を求める多様な自発的社会集団は、新しい権威を創造しつつある。というのは、アーレントが言うように、「人々が集まって一致して行為する時」、権威としての権力が生まれるからである。社会に拡散しつつある権威が、近代国家の創生期と同じように、カリスマ的リーダーか集団によって集中化され、新しい政治の在り方が模索されるかもしれない。そういう点を考えるなら、現代の権力状況はすでに流動状態に入っていると見ても良かろう。そのために、「組織化され制度化された権力」はその内部から分解の兆しを示し、その帰結として権力の発現形態も多様化し、権力概念も必然的に多義化せざるを得なくなったのであろう。グッドゥは、すでに、一九七二年の論文「人間社会における強制力の地位」の中で、権力概念が多義的で、かつ混沌たる状況に置かれていることを理由に、権力概念の使用を止めようと主張したことがある。[103] こうした政治

状況であるが故に、かえって有意的な権力概念の再構成が求められていると言えよう。そして、その要請に応えようとした秋永とロングの権力概念を紹介したが、その有意性をさらに高める課題がわれわれに課されていると言えよう。

【注】

(1) Andrew Heywood, Key Concepts in Politics, 2000, p. 36.
(2) マックス・ウェーバー著・脇　圭平訳『職業としての政治』(一九一九年)、岩波文庫、一九八〇年、一〇頁。
(3) 同前訳書、八〇頁。
(4) スティーヴン・ルークス著・中島吉宏訳『現代権力論批判』(一九七四年)、未來社、九頁。
(5) 同前訳書
(6) J・ブルクハルト著・柴田治三郎訳『イタリア・ルネサンスの文化・一試論』、中央公論社、一九六六年、六五頁。
(7) 福田歓一『政治学史』、東京大学出版会、一九八五年、二七〇頁—二七五頁。
(8) トマス・ホッブズ著・水田 洋訳『リヴァイアサン』、岩波文庫、一九五四年、第一巻、第一〇章、一五〇頁。
(9) マルクス著・伊藤・北条共訳『ルイ・ボナパルトのブリュメール一八日』(一八五二年)、岩波文庫、一九五四年、一四二頁—四三頁。
(10) マルクス・エンゲルス共著・塩田庄米兵衛訳『共産党宣言』(一八四八年)、角川文庫、一九五九年。
(11) W・J・モムゼン著・安 世舟・他訳『マックス・ウェーバーとドイツ政治一八九〇—一九二〇』I(一九七四年)、未來社、一九九三年、二四五頁。
(12) 同前訳書、二〇二頁—二〇四頁。カール・レーヴィット著・柴田治三郎・他訳『ウェーバーとマルクス』(一九三二年)、未來社、一九六六年、七頁—一一七頁。
(13) マックス・ウェーバー『職業としての政治』、九頁。
(14) マックス・ウェーバー著・世良晃志郎訳『支配の社会学』I、一九六〇年、五頁。
(15) 同前訳書、六頁。

(16) 同前訳書、一一頁。
(17) マックス・ウェーバー著・清水幾太郎訳『社会学の根本概念』、岩波文庫、一九七二年、八六頁。
(18) スティーヴン・ルークス著・伊藤公雄訳『権力と権威』（一九七八年）、アカデミア出版会、一九八九年、一〇七頁。
(19) マックス・ウェーバー『支配の社会学』Ⅰ、三九頁—四四頁。
(20) 同前訳書、四頁。
(21) 同前訳書、三三頁。
(22) マックス・ウェーバー『社会学の根本概念』、八六頁。古典的権力概念についての総括ないしは研究は多いが次の二点を挙げておく。福田歓一「権力の諸形態と権力理論」、『福田歓一著作集』第四巻（岩波書店、一九九八年）。原田鋼『政治権力の実体』（御茶の水書房、一九九八年）。
(23) ヘルマン・ヘラー著・安 世舟訳『国家学』（一九三四年）、未來社、一九七一年、三三三頁、三五六頁。
(24) G. H. Utter, and others, edited, American Political Scientists. A Dictionary, 1993, pp. 92-93.
(25) Carl Friedrich, Constitutional Government and Democracy, Revised Edition, 1949, pp. 22-24. なお、本書の原題は、Constitutional Politics and Democracy（1937）であったが、第二版（一九四一年）に際して、ここに挙げた題名に変更になった。
(26) 安 世舟『現代政治学の解明』三嶺書房、一九九九年、二二八頁、二四二頁。
(27) Charles E. Merriam, "Progress Political Research (1926)", in: New Aspects of Politics, Foreword by Barry E. Karl, Third Edition, 1970, p. 341.
(28) Ibid., p. 237, p. 242.
(29) Charles E. Merriam, Political Power: Its Composition and Incidence, 1934, 斉藤真・有賀弘訳『政治権力—その構造と技術』東京大学出版会、一九七三年、一五一頁、一五二頁、一八八頁、一九〇頁。
(30) H. D. Lasswell, Politics: Who Gets What, When, How, 1936. 久保田きぬ子訳『政治—動態分析』、岩波書店、一九五九年、一頁。
(31) 同前訳書、一八〇頁〜一八二頁。
(32) H. D. Lasswell, Psychopathology and Politics（1930）, in: The Political Writings of Harold Lasswell, 1951, pp. 75-76, pp. 261-262.
(33) W. Y. Elliott, The Pragmatic Revolt in Politics, 1928, p. 250; 安 世舟『現代政治学の解明』、二九二頁—二九五頁。
(34) 同前書、二七八頁—二八三頁。

(35) H. Lasswell, Power and Personality, 1948. 永井陽之助『権力と人間』（改訂新版）、東京創元社、一九六一年、一一八頁。
(36) 同前訳書、二〇頁。
(37) 同前訳書、一五頁、二〇頁―二二頁。
(38) 同前訳書、二〇頁。
(39) 同前訳書、二〇頁―二二頁。
(40) Harold Lasswell and Abraham Kaplan, Power and Society, 1950, Preface p. XIV.
(41) Ibid., p. 82.
(42) Ibid., p. 75.
(43) Ibid., p. 74.
(44) Ibid., p. 71.
(45) Ibid., p. 71.
(46) Ibid., p. 76.
(47) Ibid., p. 75.
(48) Ibid., p. 75.
(49) ラスウェル『権力と人間』、一八一頁―一八二頁。
(50) 同前訳書、二〇一頁。
(51) C・W・ミルズ著・鵜飼信成訳『パワー・エリート』（一九五六年）下、東京大学出版会、一九六九年、二三九頁。
(52) F・ハンター著・鈴木広監訳『コミュニティーの権力構造―政策決定者の研究―』（一九五三年）、恒星社厚生社、一九九八年、九九頁―一〇二頁。
(53) R. A. Dahl, "A Critique of the Ruling Elite Model", in: American Political Science Review（以下APSRと略記する）, Vol. 52., No. 2 1958, 阿倍 斉訳「支配エリート理論批判」、『アメリカーナ』、第五巻、一九五九年一〇月、九二頁―一〇〇頁。
(54) R・A・ダール著・河村 望監訳『統治するのはだれか―アメリカの一都市における民主主義と権力―』（一九六一年）、行人社、一九九八年、一一七頁―一一八頁、第一二章―一四章。
(55) この論争を紹介した文献は多いが、その中の一つを挙げておく。D. Ricci, Community Power and Democratic Theory, 1971. ダ

ールの主張を支持する文献の主要なものは、N. W. Polsby, Community Power and Political Theory, 1963.（秋元律朗監訳「コミュニティーの権力と政治」、早稲田大学出版部、一九八一年）である。批判的文献の主要なものは、H. S. Kariel, The Decline of American Pluralism, 1961; P. Bachrach, The Theory of Democratic Elitism, 1967. 等である。また、日本におけるこの論争の紹介文献は多いが、その中でも体系的な紹介として次のものがある。秋元律朗『権力の構造―現代を支配するもの』、有斐閣選書、一九八一年。同『政治社会学序説』、早稲田大学出版部、一九七四年。佐藤俊一『都市政治論』、三嶺書房、一九〇〇年。

（56）T. Parsons, "The Distribution of Power in American Society", in: World Politics, 1957, Vol. 10, no. 1. 岸田信一訳「アメリカ社会における権力の分布」、『アメリカーナ』、第四巻、一九五八年八月、五二頁―五四頁。

（57）S・ルークス『現代権力論批判』、五二頁―五三頁。

（58）M・ウェーバー『社会学の基本概念』、岩波文庫、八六頁。

（59）R. A. Dahl, "The Concept of Power", in: Toward Democracy: A Journey. Reflections: 1940-1997, Vol. Two, 1997, chapter 42, p. 852.

（60）J. Schwarmantel, Structure of Power. An Introduction to Politics, 1987, p. 41.

（61）P. Bachrach and M. S. Baratz, "The Two Faces of Power", in: APSR, Vol. 56, 1962, pp. 948-949.

（62）シャットシュナイダー著・内山秀夫訳『半主権的人民』（一九六〇年）、而立書房、一九七二年、一〇〇頁―一〇一頁。

（63）P. Bachrach and M. S. Baratz, op. cit., p. 950.

（64）Ditto, Power and Poverty. Theory and Practice, 1970, p. 39, p. 44.

（65）Ditto, "Decision and Nondecisions : An Analystical Framework", in: APSR, Vol. 57. 1963, pp. 632-635.

（66）Ibid., p. 641.

（67）P. Bachrach and M. S. Baratz, Power and Poverty. 本書の第一部は、本章の注の（61）と（65）の二つの論文から構成されているが、三章に分かれ、その際、その内容が再構成され、追加された部分もある。

（68）M.A.Crenson, The Un-Politics of Air Pollution : A Study of Non-Decisionmaking in the Cities, 1971, Chapter IV.

（69）ルークス『現代権力論批判』、三四頁―四二頁、七七五―八四頁。

（70）Charles Lindblom, Politics and Market. The World' Political Economic System, 1977, p. 271ff.

（71）石田徹『自由民主主義体制分析―多元主義・コーポラティズム・デュアリズム―』、法律文化社、一九九二年、七二頁―七三頁、七六頁―八二頁。なお、権力概念論争についての日本における紹介文献は、管見の限りでは、次のものがある。新川俊光「権力論の再構成にむけて」、『法学』（東北大学法学会）、第四九巻一号、一九八五年四月。星野智『現代権力論の構図』（情況出版、二〇〇〇年）。

（72）権力論のアンソロジーが何冊か公刊されているが、手元にあるものだけでも、次に紹介しておきたい。鈴木幸寿訳編『政治権力』（誠心書房、一九六一年）。R. Bell and Others, ed. Political power. A Reader in Theory and Research, 1969; S. Lukes, ed. Power, 1986. また、社会学における権力論に関する研究成果をまとめたものとして、盛山和夫『権力』（東京大学出版会、二〇〇〇年）、霜野寿亮『政治権力研究の理論的課題』（慶應義塾大学法研究会、一九九一年）、宮台真司『権力の予期理論』（勁草書房、一九八九年）、N・ルーマン著・長岡克行駅『権力』（一九七五年」、勁草書房、一九八六年）、『権力と支配の社会学』（岩波講座現代社会学一六、一九九六年）、などがある。

（73）C・バーナード著・山本安次郎・他訳『経営者の役割』（一九三八年）、ダイヤモンド社、一九五一年、一七〇頁―一七三頁。

（74）森雄繁『権力と組織』、白桃書房、一九九八年、一八頁―二五頁。

（75）杉田 教『権力』、岩波書店、二〇〇〇年、二九頁―三七頁。同『権力の系譜学――フーコー以降の政治理論に向けて』、岩波書店、一九八八年、一頁―一〇一頁。柳内陸『フーコーの思想』、ナカニシヤ出成、二〇〇一年、五八頁―六一頁、八八頁、一五七頁、など。なお、権力論が主に展開されているフーコーの著作は次のものである。渡辺守章訳『性の歴史Ⅰ（知への意志）』（一九七六年）、新潮社、一九八六年。田村俶訳『監獄の誕生―監視と処罰』（一九七五年）、新潮社、一九七七年。

（76）T. Parsons, On the Concept of political power, in: R. Bell and Others, ed., op. cit., p. 253.

（77）ハンナ・アーレント著・山田正行訳『暴力について』（一九六九年）、みすず書房、二〇〇〇年、一三三頁。

（78）同訳書、一三五頁。

（79）同前訳書、一四〇頁。

（80）同前訳書、一四一頁。

（81）同前訳書、一三〇頁。

（82）同前訳書、一三一頁。

（83）同前訳書、一四五頁。

（84）J・ハーバマス著・小牧・村上共訳『哲学的・政治的プロフィール（上）』（一九七一年）、未來社、一九八四年、三四〇頁。

ハーバマスは、権力とは理想的な発話状態における了解を目指すコミュニケーションの中で共通の意志を形成することである（同、三二七頁）と考えており、権力の系譜においては、アーレントと同一である。
(85) 同前訳書、三八頁―三九頁。
(86) カール・フリードリヒ著・安世舟・他訳『政治学入門―ハーバード大学一二講』（一九六七年）、学陽書房、一九七七年、一五五頁―一六〇頁。カール・フリードリヒ者・三基博之訳『伝統と権威―権力と正当性と権威』（一九七二年）、福村出版、一九七六年、三五頁―八二頁、一〇二頁、一〇三頁。フリードリヒは、さらに次の著作においても、権威に関する自説を体系的に展開している。Man and His Government. An Empirical Theory of Politics, 1963, Part II: Authority, ed. by Carl Friedrich, 1958, pp. 28-48. なお、権威論のアンソロジーであるが、その他のものとして、次のものがある。J. Ran, ed., Authority, 1990. また、邦の権威に関する研究として、次のものがある。小山晃一『政治権力と権威』、木鐸社、一九八八年。
(87) 秋水肇『現代政治学』、第二部、富士書店、一九六四年、五六頁。
(88) 同前書、五四頁。
(89) 同前書、六二頁。
(90) 同前書、五八頁。
(91) 同前書、六一頁。秋永の権力概念の有意性を評価したものとして、次のものがある。田口富久治『現代政治学の潮流』、未來社、一九七四年、二四二頁、二六二頁。同『政治学講義』、名古屋大学出版会、一九九三年、七九頁―八一頁。
(92) 中村義和『現代政治学研究』、広島大学政治経済学研究所、一九六六年、七二頁―七二頁。
(93) 秋永肇、前掲書、七六頁―七八頁。
(94) 中村義和、前掲書、七二頁―七八頁。
(95) マックス・ウェーバー『支配の社会学』I、一六頁。
(96) Dennis H. Wrong, Power: Its Form, Bases, and Uses, with a new introduction by the author, 1995, p. 26, Introduction to the Transaction (1994), X.
(97) Ibid. pp. 22-94.
(98) 松下圭一は、今日の権力状況を「統制型」権力のイメージと「参加型」権力イメージの緊張関係にあると分析している。同「権力」、一九七九年度『年報政治学』（政治学の基礎概念）、岩波書店、一九八一年、一八六頁―一九〇頁。

（99）Dennis H. Wrong, op. cit., p. 247.
（100）スーザン・ストレンジ・櫻井公人訳『国家の退場』（一九九六年）、岩波書店、一九九八年。
（101）南原一博『国家の終焉―ヘルマン・ヘラーの軌跡―』、中央大学出版部、二〇〇一年。
（102）ネオ・マルクス主義政治学における権力論に関する研究としては、次のものがある。J. C. Isaac, Power and Marxist Theory: A Realist View, 1987.
（103）W. J. Goode, "The Place of Force in Human Society", American Sociological Review, 37（October 1972）, p. 510.

第三章　「政策科学」としてのアメリカ現代政治学の成立

――「権力アプローチ」から「民主政の政策科学」へ

はじめに

一九六九年のアメリカ政治学会会長に選任されたD・イーストンは、会長就任講演「政治学における新しい革命」の中で、若手の政治学者から、一九六〇年代においてアメリカ政治学の支配的潮流となっていた行動論政治学に対して、それが社会との有意性（relevance）を失っていると批判している点を取り上げて、その批判は概ね間違っていなかった、という見解を披瀝している。(1)アメリカは一九六〇年代において危機の中にあった。すなわち、対外的には、ソ連と冷戦を戦い、その一環としてヴェトナム戦争に突入しており、国内では、黒人の公民権回復運動の高揚、ヴェトナム反戦運動の拡大、都市の崩壊、貧富の格差の拡大と貧民層の増大など、内外に極めて深刻な政治社会問題を抱えて、その解決の糸口さえ見つけ出すことが出来ない状態にあった。ところが、すでに「世界の政治学」(2)の地位を確立していたアメリカ政治学は、こうした問題を研究対象に取り上げて論及し、それに基づいて何らかの解決策の示唆、ないしは提言をすると言うことはなかったのである。なぜなら、それは自然科学をモデルとする「政治科学」（Political Science）を標榜しており、従って「価値自由」の立場に立ち、かつ検証可能な対象のみを限定して取り上げて研究していたからである。しかも、その研究は大部分政府や学術財団からの巨額の助成金を得ていた。そして、その主要な成果を見ると、選挙における投票行動の実態調査及びそれに基づく予測、政治システム論、政治発展論、政治文化論を理論的武器とする第三世界の「地域研究」や、冷戦に勝利するためのアメリカにとって有利な国際政治理論の開発などであった。こうした政治学の主要な動向を取り上げて、若手政治学者たちは政治学が社会との有意性を欠落させていると批判したのである。

では、若手政治学者の主張の通り、アメリカ政治学、とりわけ行動論政治学は社会との有意性を欠落させていたのであろうか。否、である。その批判は、黒人を含めて広範な貧しい民衆の立場からのもので、政府との関係で言うなら、当たっていないと言えよう。なぜなら、行動論政治学は、社会の代表的機関の政府との有意性の点では、アメリカの歴史上かつてないほど大きかったと見られるからである。この点を捉えて、ボールは、行動論政治学は「知識と権力の契約結婚」の試みであり、そして政府の政策決定に助言者として参画したり、あるいは政府の助成金で政府の政策遂行を手助けするプロジェクトに従事する政治学者は「新しい官人」（new Mandarin）、「弁護知識人」（defense intellectual）、「政策科学者」である、と呼んでいる。[3] アメリカ政治学は、いつ頃からこのような「権力」との結婚を行ない始めたのであろうか。一九九一年のアメリカ政治学会会長に就任したセオドア・ローウィは、会長就任講演「政治学における国家」の中で、その結婚は一九三〇年代から四〇年代にかけて試みられたのである、と述べて、その理由として次のように分析している。「アメリカ政治学はそれ自体が一個の政治現象であり、かつかかるものとしてアメリカ国家の産物である。」そもそも「あらゆる体制はそれ自体と調和する政治学を生み出す傾向」があり、従って現在のアメリカ政治学はアメリカ国家と調和的関係にある。[4] 八〇年代において支配的なアメリカ政治学は、一つではなく、いくつもの政治学が存在する。その中で優位な地位を占めているのが三つあり、それは行動論政治学（主に世論研究に特化している）、公共政策、公共選択論である。これらの三つの政治学の三つの下位部門は、共和党政権の新自由主義イデオロギーと同調関係にあることは言うまでもない。こうした政治学と権力との「結婚」は、アメリカ政治学の黄金時代とも言える一九三〇年代から四〇年代にかけて試みられたものである。なぜなら、体制が科学を必要としたからである。一九二九年の大恐慌勃発後、アメリカは「国家なき政治的組織体」（stateless polity）から国家に変わったからである。換言すれば、アメリカ国家は経済への介入を始め、さらに社会福祉や公共事業の分野までも責任を負うようになり、それと共に国家機能の拡大と中央政府への国家権力の集中化現象が生まれ、アメリカは官僚制国家へと生まれ変わったからである、と。そしてローウィはこの国家を「第二共和制」と呼び、次のように続けた。リヴァイアサン化したこの「新しい官僚制国家」にとっては、科学はその固有の部分であった。なぜなら、大統領を中心とする官僚制国家は「政治を技術的にコントロールする」課題と捉え、その帰結として「コントロールするために予測すること」が必要になり、政治について予測する「政治の科学」が必要になったからである。[5] 以上のように、ローウィは、アメリカ政治学は、アメリカが国家となると共に「政治の科学」の方向へと発展し、その結果として八〇年代と九〇年代初めにおけるその形態が上記した三つの下位部門であった、と指摘した。そして、ニューディール政策以降、アメリカ国家が経済国家へと変貌すると共に、国家の言語として経済が法律に取って代わり、数量化と合理的選択論を前提とする経済学が権力に奉仕する科学として登場し、政治学もそれと競う形で「科学」化への道に突き進み、ついに世論研究と、公共政策、公共選択論の形態を取るようになったのだと分析している。[6]

一九三〇年代から四〇年代にかけて、アメリカ国家が求めた「政治の科学」は、すでに第二章2で見て来たように、シカゴ大学のメリアムとその弟子のラスウェルによって企てられた「科学的」政治学、すなわち「政治科学」

の形成においてその具体的な形態が見出されて行く。そして、メリアムとラスウェルによって確立された「政治科学」は、一九五〇年代に入って「行動論政治学」へと発展して行くのである。従って、本書では、今日、「世界の政治学」の地位を確立しているアメリカ政治学の基本的特徴を明らかにするために、その形成期の、とりわけメリアムとラスウェルの政治理論の形成過程をその時代的背景の中で明らかにしたいと思う。と同時に、「科学としての政治学」の樹立の試みがその対象とする政治体制との関係次第でどのような道を辿るのかをもあわせて検討したいと思う。従来、日本では、メリアムとラスウェルの研究は、現代政治学の「権力アプローチ」としてその政治理論の一部が紹介されていたが、それらの政治理論がいかなる時代的背景の中で形成されて来たのかについての研究は皆無に近い。その上、両人の「権力アプローチ」が三〇年代のアメリカで世界から孤立した形で忽然として出現したかのような錯覚を起こさせるような紹介が多い。それ故に、本書では、両人が同時代のヨーロッパにおける社会科学の最新の成果を吸収しつつ、さらに第一大戦やロシア革命、イタリアのファシズム、ドイツのナチズムと言った二〇世紀の一〇年代から四〇年代にかけての世界の主要な政治問題と四つに取り組んで、それを科学的に捉える経験的な一般理論の構築を企てた研究の成果が、彼らの政治理論であった点を明らかにする。最後に、右からの全体主義のナチズムとの戦いの中で、「政治科学」が所与のアメリカ民主政擁護の「政策科学」へと展開して、今日の形態を取るに至った経緯についても明らかにしたいと思う。

1 「権力の科学」としての「政治科学」の展開

第一次大戦は帝国主義列強間の世界支配をめぐる権力闘争の延長としての熱戦であった。従って、各交戦国の戦争目的はその国家利益を正当化するものに過ぎなかった。ところが、一九一七年、それまで中立を保ってきたアメリカは、ドイツの潜水艦によって自国の商戦が撃沈されたのを契機にして、ドイツの軍国主義や専制政治に対して民主主義をより安全なものにするためという、その戦争目的を鮮明に掲げて参戦した。それと共に、国際政治はイデオロギー的に方向づけられるようになった。それまでヨーロッパでは、デモクラシー（民主主義、民主政治）という用語は、アリストテレスの政体分類論に基づく、有徳の市民の多数者支配を表わすポリティーの堕落形態である「衆愚政治」の意味で用いられていた。その結果、民主主義はむしろネガティヴな言葉として使われ、とりわけ労働者階級が民主主義的原理の社会経済的領域への拡大を主張して、その主張を「社会的民主主義」「社会民主主義」という用語で言い表すに及んで、民主主義は「教養と財産」を持つ市民階級によって忌み嫌われていた。ところが、アメリカの参戦と、そしてそれによって第一次大戦が協商国側の勝利に終わるに及んで、アメリカが戦争目的に掲げた「民主主義の擁護」が戦勝国の英仏諸国や敗戦国においても、時代の支配的なイデオロギーとなり、定着して行った。上述したように、第一次大戦は総力戦であったために、各交戦国は全国民の力を戦争に動員するために、全国民の要求が政治に反映される政治体制を戦後に実現すると約束せざるを得なかった。そのため一九二〇年代において、民主主義は国際政治においてだけでなく、各国の内政においても、大きな力として作用するようになった。このように、アメリカの建国理念の民主主義が国際政治を方向づけるイデオロギーとして全世界に受容されると共に、国際政治を動かすヘゲモニーは、イギリスからアメリカに移ることになる筈であった。ところが、第一次大戦処理案としてのウィルソン大統領の一四ヶ条案がヴェルサイユー講和会議において換骨奪胎され、ウィルソンの理想主義が国際政治の中で否定されれや、アメリカ国民は、ウィルソンの理想主義や講和条約に幻滅し、一九二〇年の大統領選挙において、「平常への復帰」を主張する共和党のハーディングを選んだ。そしてアメリカは、国際外交面でも、再び「平常」を意味する従来の孤立主義へと復帰してしまった。こうして、本来、アメリカは、国際政治の主役として、国際平和の維持に全力を尽くすべきであったのであるが、国際政治から撤退し、権力の中心において空白が生まれた。その結果、国際政治は、極言すれば、主役のいない、従来同様の諸列強間における権力闘争の性格を呈し、また国際秩序の新しい原理としての民主主義も、イデオロギー面では、左からのソ連共産主義、右からのファシズムの挑戦を受け、第二次大戦を迎えることになる。つまり、一九二〇年以降、政治的に、経済的に、国際政治における権力の中心が実質的にアメリカに移っていたにもかかわらず、アメリカがそれを自覚せず、それをようやく自覚するようになったのは、自国の建国理念の民主主義に対する右の全体主義の挑戦を受けて、第二次大戦に突入し、さらに左のソ連型全体主義の挑戦に立ち向かい始めた第二次大戦後であった。

とはいえ、一九二〇年以降、二〇世紀の文明を生み出す諸活動の発信地はアメリカに移っていた。現代の大衆社会文化を象徴する自動車、家電製品等の耐久消費財は、二〇年代のアメリカでテーラー・システムに基づく大量生産によって供給されて、大衆消費文化が生み出されていた。一九世紀の小さなコミュニティーを単位としてお互いに見知り合いの同士の人々の中で暮らしていた人々がコミュニティーを結び付けるあらゆる紐帯から解き放されて、都市に移り住み、自由に、欲望の赴くままに、資力の許す限り、産業技術の成果の、かつては貴族の持ち物であった自動車を購入して、その活動範囲を広げ、その他の大衆消費文化の恩恵に浴しつつ、新しい文化生活をエンジョイしていた。これは、二〇世紀に出現した大衆社会の光の部分であった。他方、影の部分がないわけではなかった。「巨大社会」に突入して、資力の無い者や失業者は、宣伝・広告等によってその欲望は無限に開発されるが、その欲望を満たす資力が無いことにより疎外感を募らせ、現存社会に対する不満を蓄積させ、その中から反社会的活動に走る者が出るのは必然とも言えた。第二次大戦後の日本において盛んになった大衆消費文化は、すでに二〇年代のアメリカにおいて開始されていたのであった。

このように、二〇世紀の文明の創造においても、アメリカに主導権が移っていたが、それと共に、社会科学の分野においても、アメリカの社会科学が指導的役割を果たすことが期待されて行ったのは、事の成り行きから見て当然であったと言えよう。言うまでもなく、建国理念の民主主義はアメリカでは唯一の支配的な政治的構成原理として確固たる地歩を占めていた。民主主義が世界的に支配的な政治理念として受容され始めたことも手伝って、民主主義のある所に順当に発達するというその学問的性格を持つ政治学は、民主主義が当時世界で最も発達していたアメリカでさらなる発展のチャンスに恵まれることになったのは、内外の時代の思潮から見ても当然といえば当然と言えた。従って、この期にアメリカで形成された現代政治学は、第二次世界大戦後、アメリカが国際政治の主役としての地位を自覚して、世界政治を指導するようになると共に、世界の政治学界を方向づける地位を占めるようになるのである。極言すれば、現代政治学は、マルクス主義政治学に対抗するアメリカ現代政治学そのものと言っても過言ではないのである。従って、戦間期のアメリカにおける政治学の動向は、単なるアメリカにおける政治学の展開と言う意味を持つだけではなく、第二次大戦後の世界における現代政治学の動向を方向づける基礎ともなったと言う点で、現代政治学を論じようとする場合、それは避けて通れない意味を持つのである。

自然科学をモデルにして政治学を科学化しようとする試み、すなわち「科学としての政治学」(Politics as Science)、つまり「政治科学」(Political Science)[7]は、一九二五年に公刊されたチャールズ・メリアム(Charles Merriam)の『政治学の新局面』(New Aspect of Politics)によって始められたと言われている。従って、それは、制度論的政治学から行動論的政治学への分水嶺であったとか[8]、あるいは「政治学における経験主義と客観的方法論の宣言」であるとか言われている[9]。同書を契機に二〇年代後半から三〇年代にかけてアメリカで展開された「政治科学」の動きをフォローする前に、メリアムの経歴と、何故に彼が同書を書くに至ったのか、同書の成立の時代的背景について簡単に見ておきたい。初めに特殊アメリカ的時代状況、次に世界の歴史的・政治的時代状況を辿ってみよう。

一九世紀末から二〇世紀にかけてアメリカ社会を方向づけた思想は革新主義（Progressivism）と言われていた。基盤社会の産業資本主義社会から独占資本主義社会への移行と共に、一方における企業の独占化とその横暴ぶり、とりわけ価格操作や、労働者の組合活動の抑圧、他方では社会問題が発生した。ヨーロッパでは、こうした経済社会の変動によって惹起された諸問題を解決する思想として社会主義が台頭して、古い思想にとって代りつつあった。それに対して、アメリカでは、一八七〇年代に導入されたダーウィンの進化論がヨーロッパにおける社会主義思想などの代わりの役割を果たすようになるのである。この進化論的自然主義（evolutionary naturalism）は、イギリスではスペンサーによって社会生活の解釈に適用されて社会進化論の形をとった。それを含めて、進化論的自然主義は、アメリカでも、あらゆる知識分野に適用されてさまざまな学問に影響を与えて行った。例えば、制度論経済学者で知られているヴェブレン（Thorstein Veblen）は自然淘汰の観点から経済制度の発達を検討した。デューイやジェームス、そしてパースは、進化論的自然主義に感化されて、伝統的な論理学と哲学を批判し始めた。真理は抽象的な理念の論理学ではなく、その実際の結果において見出される。絶対的ないしは先験的な真理は存在せず、ただ存在するのは実現可能な仮説か実現不可能な仮説かのどちらかである、と彼らは主張した。この主張はパースによって「プラグマティズム」と称されて、真理の探究に際して経験・観察・実験を重視するアメリカ人独特の考え方となって定着して行った。さらに、進化論は次の二人の社会学者によって異なった解釈が施されて、二つの違った社会学として展開される。ひとつは、サムナー（W・G・Summer）の社会学である。彼は、人間社会においても進化論の適者生存の法則が当てはまると主張して、その観点から政府の干渉に反対し、自由放任政策を支持した。この主張は巨大企業を含めて強者の立場を弁護するために活用されたことは言うまでもない。これに対して、ウォード（Lester Ward）は、進化論の主張がアメリカの建国の理念である、人間の平等の考え方に反するので、それをアメリカ的理念と調和する形に転釈した社会学を確立して行った。ウォードは、経験主義と進化論をより広く人道主義的かつ民主主義的に定義し直したのである。プラグマティズムの哲学者のジェームスとデューイもそれに同調した。彼らは、第一に、自然は同じ種の全成員間における相互扶助を明らかにしている点を指摘して、適者生存のための闘争を種のその環境に対する観点から解釈し、さらに種の思いやりのある和合は平等と協力を意味する、と主張した。第二に、彼らは、進化が人間と言う種の全成員のために、その環境のコントロールを可能にする人間知性を生み出したと主張することによって、進化論が内包する宿命論的決定論から逃れることが出来た。人間知性はより正しい社会秩序の意識的な創造の可能性を教えている。このように、進化論は、アメリカの民主主義論に適合する形に転釈されて、プラグマティズムと道具概念説（instrumentalism）の形態をとり、それは、理論的には平等主義的で、そして実際には人道主義的であることが主張されるようになったのである。さらに、彼らは、この主張を敷延して、人間は教育と知的進歩によって社会進化を方向づけることが出来るので、近代社会の目標はその成員の最大の幸福であり、これを達成する最良の方法は政府である、と主張した。こうしたウォード等の主張は、一九世紀末に台頭した革新主義や一九三〇年代のニューディール政策に大きな影響を与えることになる。このように、進化論的自然主義はアメリカにおいては保守・革新を問わず両陣営の理論的支柱になって行ったのである⑽。

さて、一八九〇年代において、独占資本に対する中産階級、とりわけ自作農の反対運動は人民党という第三党の結党によって最高潮に達した。もっとも、この人民党の改革運動は中西部を中心とする自営農民の運動であったので、地域的に限られていた。ところが、二〇世紀に入って、独占資本主義のもたらす社会的弊害を取り除き、野放しの自由によって生み出された社会的不平等を是正しようとする改革運動が全国的に展開され、人民党の運動をも吸収して強力になって行った。この改革運動が革新主義と称されているものである。農民、ホワイトカラー、ジャーナリスト、作家、大学教授等の社会における各分野の人々がこの革新主義運動に加わった。そしてそれに同調するマックレーカーズと呼ばれるジャーナリストや作家が当時の政界の腐敗、独占の不正、その他の社会の暗黒面を暴露し糾弾する文筆活動を展開して、革新主義運動を支持する世論の形成に大きく貢献した。そしてこの運動は二大政党の共和党と民主党の各々の進歩派を動かし、アメリカの政治を方向づけることになる。一九〇一年に共和党進歩派の指導者のテオドル・ローズベルト副大統領は、マッキンレー大統領の急逝後、大統領に就任して、革新主義運動の政策の実現に向けて動き出し、その後、約十年間、革新主義運動はアメリカの政治を方向づける大きな力となり、それは一九一二年に最高潮に達した。こうして、アメリカでは、西欧先進国において社会民主主義運動によって目指されたと大体同じ内容の改革が革新主義運動によってある程度実現されて行ったと言っても過言ではないのである。しかし、第一次大戦を経て、上述したように、一九二〇年の大統領選挙で自由放任主義を主張する共和党のハーディングが当選し、一挙に保守主義が強まり、懐疑主義と幻滅の時代が始まった(11)。

メリアムは、実は革新主義運動の支持者であり、共和党進歩派に属し、一九一〇年代において、シカゴ市政に積極的に参加していて、「西部のウィルソン」と言われた学者政治家であった。彼は、一八七四年、中西部のアイオア州ホートプキンで生まれた。アメリカで政治学の最初の大学院が設置されたコロンビア大学でバージェスやその弟子で政治学説史のダーニングの指導を受け、その後ドイツに留学し、ギールケと、その弟子のフーゴ・プロイスの下で学んだ。帰国後、一九〇〇年にシカゴ大学政治学講師に就任し、その後一九四〇年定年退職するまで同大学で政治学教授として活躍した。彼は、アメリカの建国理念にはルソーよりもロックの影響が強いことを論証したアメリカ政治思想史の著作や主権論等の政治思想史の著作を相次いで公刊した。他方、大学教授の傍ら、シカゴ市政に関係し、一九〇九年から市会議員に選出され、一九一一年の市長選挙に立候補したが、敗れた。一九一二年には全国進歩党結成に参加する等、革新主義運動の地方政治家として第一次大戦勃発期まで活躍した。この時期の彼は、政治学者から大統領になった革新主義運動の旗手ウィルソンと比較されて、先に記したように「西部のウィルソン」と言われたのである。大戦中、一時、広報担当高等弁務官としてイタリアに滞在した。大戦後、政治的保守主義の復活と共に、彼の主張の実現にとって不利な政治環境が生まれ、政界から離れて、大学の教育・研究活動に全力を尽くすことになった(12)。

メリアムを始めとする革新主義運動に携わった殆どの社会科学者達は、保守主義の全盛時代の二〇年代において、現実政治に幻滅し、学界に戻って行ったが、しかし、その殆どの者は社会正義の実現と政治改革の意欲を失ってはおらず、現実政治では彼らの理想の実現の道が塞がれた状態であったので、学問の世界においてそれを実現しようと試みていた。一八七〇年以降、進化論的自然主義がアメリカの社会・人文学界において支配的な思潮になって行った点については、すでに述べた。一九世紀末から一九三〇年代中旬にかけて、科学的自然主義（scientific naturalism）がアメリカに浸透し、次第に進化論的自然主義に取って代わって支配的な思潮になって行った。それは、工業化、都市化に引き続いて、二〇年代の産業技術革新に基づく耐久消費財の大量生産・大量消費によって引き起こされた社会生活の大変革に象徴される機械文明の出現という事実に裏打ちされて、科学こそ権力への道である事が広く認識されるようになった点に起因する。メリアム等の革新主義運動に関わったことのある社会科学者達は、一九世紀から二〇世紀初頭にかけての自然科学の飛躍的発達が人類を苦しめてきた疾病を無くし、さらに交通やその他の分野で文明の恩恵をもたらしていることに勇気づけられ、励まされて、自然科学の成果のみならず、自然科学の方法をも社会科学に応用するならば、人類を苦しめている政治的・社会的諸問題を解決して行けるのではないかと考えるようになった。こうして、二〇年代から三〇年代にかけて、社会科学の各分野において、自然科学をモデルにして各々科学的方法を確立して、自然科学に近づける科学化の動きが活発になって行ったのである。メリアムこそ、政治学界においてこの動きを進め、方向づけた先駆者であったのである。そればかりではない。彼は社会科学全体をこの方向へ向けて動かして行った中心人物でもあった。それは、彼がロックフェラー財団の支援を得て、一九二三年にアメリカ経済学会、アメリカ社会学会、アメリカ政治学会の学際的共同研究推進機関として「社会科学研究評議会」（Social Science Research Council）を設立した点にその一端が現れている。その主要な目標は共同研究計画の支援に加えて、「人間とその諸制度の理解に応用される科学的方法のより大きな可能性を研究する情報通の参謀本部」の役割を果たすことであったという(13)。

次に、メリアムによる「科学的」政治学の試みのプランを述べた『政治学の新局面』の内容について述べる前に、まだ触れていない同書成立の世界史的・政治的時代状況について若干見ておきたい。世紀の転換期は経済史的に言えば、産業資本主義から独占資本主義への転換が進んで行った時代であったことはすでに何度も述べた。この時期は、また飛躍的な発達を遂げた自然科学に助けられて産業界においては技術革新が進み、生産組織における作業の科学的合理化が進められて行った時代でもあった。こうした経済組織における構造的変化によって社会制度や政治制度も再編を余儀なくされ、世界資本主義体制の確立と共に、世界的な社会的・政治的変革の時代を迎えていた。資本主義の発達の遅れた後発国では、マルクス主義的社会主義政党が社会的矛盾を一挙に解決するために体制の変革を唱え、世紀の転換期は、社会主義労働運動における「修正主義論争」に象徴されるように、資本主義か社会主義かを巡る体制選択のイデオロギー論争が盛んに戦わされていたのであった。

ところで、時代の課題となっていた社会的・政治的再編は各国においてどのように進行して行ったのだろうか。第一に、議会制自由民主主義体制をとるイギリスでは、下からの社会主義労働運動に突き上げられ、さらに第一次大戦の重圧にさらされながら、これらの「負荷試験」に耐えて二〇年代に入り、引き続き社会的・政治的再調整の課題を福祉国家の確立の方向で解決しようと努めていた。一方、大戦の「負荷試験」に耐えられなかったロシアでは、優れた煽動家で理論家であると同時に、政治戦略と戦術にたけた革命家レーニンを指導者とする職業革命家集団のボリシェヴィキ政党は、「マルクス主義的社会主義」をレーニンによってロシアの現実にあわせて修正された

「マルクス・レーニン主義」という思想体系と信条体系を宣伝によって広め、一九一七年一一月、暴力革命によって政権を奪取した。同党は、その後、「マルクス・レーニン主義」を宣伝と暴力によって全国民に強要し、一挙に社会主義体制への転換を強行して行った。この体制は、その支持者にとっては、資本主義体制のすべての矛盾を解決する労働者の天国のような理想境として宣伝されていたが、その実態は宣伝と暴力によって編成された権力エリートの全体主義的支配体制であったと言えよう。ともあれ、ソ連は、その後七五年間、社会主義や人民民主主義のイデオロギーを高く掲げて、その崩壊まで資本主義体制に対して挑戦し続けることになる。その際、ソ連は、資本主義体制があらゆる面で反人民的で、反民主的で、非人道的で、不公正な社会であると非難する宣伝を繰り広げたので、体制間競争はイデオロギー闘争の形態を取り、その武器は言語、すなわちスローガン、標語、そしてシンボル（象徴）、神話であった。こうして、宣伝・煽動のエリートが、もっともその傾向はすでに第一次大戦中に見られたのであるが、二〇年代以降の政治舞台の主役に躍り出て来るようになり、必然的に言語と象徴操作によるイデオロギー戦争が展開されて行くのであった。

このように、先進国のイギリスと比較して、ヨーロッパにおいて資本主義の発達が最も遅れていたロシアでは、世界資本主義体制の矛盾がその弱い所に集中的に表出して、その矛盾の解決は、暴力的に全体主義的独裁体制確立の方向において模索されて行った。次にイタリアでは、社会主義体制への移行が部分的に試みられたが、資本主義の復活が行われる。すなわち、イタリアは戦勝国ではあったが、大戦の「負荷試験」に耐え切れず、政府が国民に対して行なった約束、とりわけ領土の獲得等において講和会議においてその主張が容れられず、その結果して、一方ではナショナリズムの噴出、他方では労働運動の激化等によって、左右の対立が高まり、一種のアナーキー状態が生まれていた。ムッソリーニを指導者とする国粋主義的なファシスト政党は、一九二〇年以降、工業地帯の北部イタリアにおいて共産党指導下の労働者による工場占拠と自主管理の動きを暴力組織の黒シャツ隊を投入して解放して行き、資本家主導の秩序が回復されて行った。ムッソリーニは、一九二二年、北部イタリアを制覇した後、黒シャツ隊を率いてローマへ進軍した。なす術を失った自由主義内閣は自壊し、国王はやむなくムッソリーニを首相に任命した。その後、約四年間、ムッソリーニは、反対派を懐柔ないしは弾圧して、一九二六年、ファッシズム体制の確立に成功した。この体制は、自由主義と民主主義を抑圧し、煽動家を指導者に仰ぐファッシスト政党によって諸団体が再編・統合された「組合国家」(the corporate state)の全国民に対する暴力支配体制であった。

最後に、イタリアにやや遅れて、ドイツでもファッシズム体制への移行が始まる。敗戦国ドイツは、大戦の「負荷試験」の重圧下に自壊し、帝政から議会制民主共和政へと政治形態の変革が行われた。自由主義の経験を充分に積むことが無く、世界で最も民主的で進歩的と言われたワイマール憲法が導入された。それ故に、国民の政治意識と民主主義制度との乖離は大きく、戦後における革命と反革命の交錯の中で議会制民主主義制度が定着する内外の条件を欠いていた。当時支配的な民主主義論は相対主義的民主主義論と言われるものであった。世紀の転換期において工業化・都市化と共に、世俗化傾向も強まり、哲学界において先験的な理性論は後退し、新カント派哲学、生の哲学、実存哲学、現象学等の多様な哲学が出現し、マックス・ウェーバーの言う「神々の争い」の時代に入っていた。それは、上述したように、政治の世界ではイデオロギー対立として現象したことは言うまでもない。神とか正義というような絶対的価値は否定され、価値相対主義が広まって行った。それは、学問的方法論としては、経験主義、実証主義、実験主義、アメリカにおいてはプラグマティズムの形を取って現れたし、政治思想史や法学の分野では主権概念が否定され、政治学においては社会の多元的構成と言う現実の出現を経験的に捉えた多元的国家論ないしは政治過程論の形を取って現れた。そして、民主主義制度の運用論として現れたのが相対主義的民主主義論であった。言うまでもなく、民主主義は人民の多数者支配であり、その多数者の意志を確認する方法が選挙制度であることは民主主義の常識的知識である。ドイツでは、人民の意志が正確に政治に反映されるように、比例代表制度が導入された。もっとも、代表制は議会主義と人民投票的民主主義の二つの方法が採用され、議会は比例代表制によって、大統領は国民の直接投票によってそれぞれ選出された。そして、とにかく、どの政党であれ、人民の多数の支持を得た政党か、あるいは政党連合が政権を担当することになった。そこまでは、先進的議会制民主主義国の政治的慣行と変わらなかった。しかし、その運用の理念が相対主義的であったのである。というのは、政治的理念やイデオロギーを異にする政党が政権獲得を巡って憲法に定められた手続きに基づいて争うのは当たり前であるが、この手続きを含めて議会制民主主義体制それ自体の破壊を目標に掲げる政党も、政権獲得のゲームに参加することが許されると主張して、それは、議会制民主主義体制そのものをも相対化していたからである。ところで、こうした相対主義的民主主義論の出現には、マルクス主義的社会主義運動の影響が強く作用していたことを忘れてはならないであろう。当時のマルクス主義的社会主義政党は、資本主義体制を打倒して社会主義体制を確立する方法として、次の二つのことを主張していた。すなわち、一つは暴力革命である。もう一つは、議会制民主主義の発達している所では、平和的方法で、まず議会の多数政党になり、漸進的にその目的を達成する「議会主義」である。ワイマール・ドイツでは、議会第一党のマルクス主義的社会主義政党の社会民主党は、レーニンとは違って、「議会主義」を主張した。その結果、ドイツでは、相対主義的民主主義論が支配的になって行ったのである。それを理論化したのがケルゼンの民主主義論である(14)。ヒトラーは、ムッソリーニを教師にして彼から学びつつ、ドイツ的ファッシスト政党のナチ党を創立した後、マルクス主義的社会主義政党とは逆の目的に向かって、この「議会主義」を利用してワイマール共和国を打倒して行ったのである。つまり、彼は、議会制民主主義の手段を用いて議会制民主主義体制そのものを打倒する目標を掲げて、議会闘争に参加し、その戦術が効を奏し、一九三三年一月三〇日、政権掌握に成功したのである。ナチ党は、政権掌握後直ちに、議会制民主主義体制を破壊し、それに代わって全体主義的独裁体制を確立して行った。それは、資本主義体制を守護しようとする点では、ソ連とはその目的において

表3　近代国家と現代国家の態様

国家類型／規準	近代国家	現代国家
社会	市民社会	大衆社会
政治主体	「教養と財産を持つ市民」　⇨　市民国家	大衆　⇨　大衆国家
経済システム	産業資本主義	高度資本主義
国家と社会の関係	分離	相互浸透
個人の問題に対する国家の対応	自由放任　⇨　消極国家	生存への配慮　⇨　積極国家
国家機能の拡大	限定（防衛と治安）　⇨　夜警国家、自由主義国家	無限定　⇨　介入国家、社会福祉国家、全体国家
政治の規模	小さな政府	大きな政府
統治システムにおける決定中枢	立法府　⇨　立法国家	行政府　⇨　行政国家
政党	クラブ政党	大衆組織政党

全く正反対ではあるが、その支配手段と方法においては、つまり宣伝と暴力を用いて全国民をヒトラーの意志の下に強制的に編成する独裁体制の確立という点では変わらなかった。

以上見たように、世紀の転換期の時代的課題であった、経済構造の変化に伴う社会的・政治的制度の再編は、ヨーロッパ各国において、それぞれの国情の違いによって、その展開が異なる様相を示していた。では、アメリカではどうであったか。アメリカでは、その建国理念の自由民主主義と、その制度化された民主政治体制は、国民の間において絶対的なものとして受容されていた。そのために、アメリカはヨーロッパで展開されているような体制選択を巡るイデオロギー闘争からは超然としていられることが可能であった。それ故に、言うまでもなく、マルクス主義的社会主義に基づいて社会的・政治的制度の再編ないしは再調整を企てようとする考え方は当然出てこなかった。その結果、現在のアメリカが抱えている諸問題の原因を科学的に究明して、その原因を取り除く対症療法を試みるならば、社会的・政治的制度の再編が自動的に成就されるものと考えられていたのである。もとより、制度は人間の行動様式のパターンであるので、制度が機能不全に陥っているのは、変化した環境に正しく適応できない人間の行動に問題があると考えられて、人間の行動を動かしている諸力を科学的に解明して、不適応の原因を究明して、人間の行動の再調整を行うなら、制度はその機能を回復して、制度の再編ないしは再調整は実現されるものと考えられていたのである。メリアム等によって企てられていた「政治科学」は、まさしくこの考え方の具体化であった。

以上、少々遠回りをしたのは、メリアムの「政治科学」の試みが、「科学としての政治学」の確立という意味ではそのアメリカ版であったと言う点だけではなく、またそれが世界史の中で担うその特異な役割が持つ政治的意味を明らかにしたかったからである。要約するなら、当時、資本主義国家に課されていた社会的・政治的制度の再編の任務、それはアメリカでは革新主義運動によって担われていたが、第一次大戦後、運動の挫折と共に、その任務が社会科学、その中でも政治学によって担われることになり、その結果、「政治科学」の確立が求められて行ったのである。と同時に、二〇年代後半から三〇年代後半にかけて、ファッシズムの台頭と共に、「政治科学」は、次第に全体主義に反対してアメリカ的自由民主政治体制を守る体制擁護的学問へと発展して行くのである。では、「政治科学」はどのようにして「権力の科学」として展開されて行ったのか、次に見て行くことにしよう。

メリアムは、一九二一年のアメリカ政治学会雑誌に「現在の政治学の研究状況」と言う論文を発表して、次のように主張した。世紀の転換期までは制度論的政治学が支配的であった。しかし、一九〇三年にアメリカ政治学会が創立された前後に、制度解釈の他に歴史的方法と比較的方法が政治学の方法として用いられ、「国家の諸問題に関する経験と省察の諸結論」から成る「政治的深慮」（political prudence）を組織化してきた[15]。その後、心理学が急速に発達して、人間の政治行動を解明し、さらに人間の集団活動も統計学の発達によって計測できるまでに至っている現状から見て、政治学はその方法を再検討すべき時期に来ている[16]。政治学は、自然科学と同様に科学でなくてはならない。とはいっても、勿論、ミルやブライスの主張の通り、実験が困難であるために、自然科学と同様にはなり得ないが、その対象のデータを数量化、比較化、標準化を行なって経験主義的に捉え、仮説を実証的に検証することが可能と考えられる。従って、政治学は、心理学、統計学、社会学、社会心理学、生物学、その他の隣接科学の研究成果と方法を活用して、その科学的方法を確立すべきである。以上の主張を、彼は、その後、一九二五年まで、強調点を変えながら八本の論文に展開し、そしてそれをまとめて一書にしたのが他ならぬ上記の『政治学の新局面』であった。彼は、同書の中では、こうした「政治科学」確立の必要性の主張と並んで、さらにこれまでの政治学でその研究対象に取り上げられて来なかった諸問題、すなわち、市民教育、つまり政治的社会化、そしてリーダーシップ、政治的エリート、政治的人格の形成、政党、圧力団体、世論、投票行動、都市政治と行政等を挙げて、第二次大戦後、行動論政治学によって本格的に研究されて行く論題を逐一論及して、各々の研究の現況、あるいはまだ始められていない論題についてはその研究が望ましいとの示唆を行なっている。例えば、ウォーラスとリップマンについてその研究成果を積極的に評価している。(17) メリアムが同書で今後研究されるべきであるとして取り上げた論題は、実は、シカゴ大学で彼の指導を受けた政治学者達、すなわち、後に「シカゴ学派」と呼ばれるようになる人々によって、その後、各々取り上げられ研究が深められて行き、第二次大戦後のアメリカ現代政治学を構成する諸アプローチやモデルとなって結実することになる。

メリアム研究者のカールによると、メリアムは、以上のように、「政治科学」を確立すべきであるという主張を展開したが、それは同僚と弟子達に対して激励ないしは忠告の意味で述べたのだと言われている。(18) しかし、メリアム自身も、自分の主張を実践して、次に述べるような「権力アプローチ」の先駆者となるのである。すなわち、彼は、権力を指導概念として政治現象を捉えて行くことになるのであるが、それが形なって現れるのは、一九三四年に刊行する『政治権力―その構造と技術―』においてである。彼は、弟子のゴズネルと共に、シカゴ市における有権者の投票行動についての実態調査を行い、それを政治学的に分析した著作『棄権―原因とコントロールの方法』(19)

を一九二四に刊行し、その中で主権者である人民の棄権と言う政治行動によって、少数者支配の危険性が生まれる可能性がある点を指摘した。この実証的研究は、「有徳の市民の、有徳の市民による政治」である筈の民主政治観がアメリカの政治的現実に合致していないことを示すものであった。この調査研究から、彼は、民主政治がその理念の通りに作用するようになるためには、市民を有徳にする「市民教育」が必要である点を痛感し、市民教育についてのヨーロッパの学者との国際比較研究を実施して、その共同研究の成果を『有徳な市民の育成—市民教育方法の比較研究』と題して一九三一年に刊行している。[20] 他方、国民の過半数が都市に居住し、従って市民の政治参加の場がかつてのタウンから都市に移っている現実を踏まえて、都市政治の実態を解明することが他ならぬ現代政治の解明に通じることになることから、シカゴ市政を研究した『シカゴ—都市政治を内側から見る』[21] を一九二九年に刊行した。また、大衆民主政の出現と共に、民主政治における政党指導者のリーダーシップの役割が注目されるようになり、彼は、一九二六年に刊行した『アメリカの四人の政党指導者』[22] において、リンカン、テオドア・ローズベルト、ウィルソン、ブライアンの四人の政治家を取り上げて、政治的リーダーシップの比較とその育成の問題を取り扱っている。このように、彼は、一九三三年まで、一九世紀において見られなかった現代政治の多様な側面について、心理学や統計学や社会学の学問的成果を利用して実証的研究を積み重ねており、これらの実証的研究から生まれた政治研究の経験と分析方法を用いて、上記の『政治権力』を書き上げることになるのである。もっとも、この著作に明確な形で表明される彼の政治研究の分析方法は、すでに一九二五年一二月の、アメリカ政治学会会長就任講演「政治的研究調査における進歩」[23] の中においてすでにその輪郭が示されていたことは注目されて良い。その中で彼は次のように述べている。政府は諸法令やそれに基づく形式的な制度から成り立っているが、その諸制度はさまざまな状況の型の中にある人間の行動のパターンである。従って、政府やその活動である統治を科学的に捉えて行くためには、人間の行動や、そしてその行動を動かしている諸力を解明する必要がある。それ故に、政治学の主要な研究対象は人間の政治行動である。[24] ところで、今世紀に入って、工業化や都市化によって政治の世界を巡る環境の変化によって、人間は自己の属する集団や政治制度に対してその行動を再調整し、状況の変化に適応する必要があったが、しかし、人間は過去の伝統や習慣、または非合理的な動機によって行動する場合が多く、環境の変化に対応する形での行動の再調整や再適応が困難となっており、その結果、社会的・政治的問題が発生している。これまでの政治学は、「政治的深慮」、すなわち科学の域に達していない知識を組織化して、こうした問題の解明に当たって来たが、今や飛躍的に発達した自然科学や、政治学の隣接諸科学の発達した成果と方法を活用して、人間の行動を動かしている諸力を科学的に把握することが可能となった。もとより、人間の行動の社会的・政治的コントロールは政府を通じて行われるので、統治過程は人間の行動の側面から見ると、人間行為の社会的・政治的コントロールと組織化と言い直すことが出来る。[25] それ故に、人間の行動を動かしている諸力を科学的に解明して、その知識を利用するなら、社会的・政治的コントロールもより効率的に行うことが可能となるのは言うまでもない。このように、メリアムは、人間行動の社会的・政治的コントロール、すなわち権力的支配関係が政治の世界の最も核心的部分である点を明らかにして、この権力的支配関係を科学的に解明することが政治学の主要な課題であると主張した。こうして、メリアムは、政治の世界を権力的支配関係として捉え直して、それに焦点を当てて、「政治の世界」を研究する「権力アプローチ」を生み出して行ったのである。

ところで、権力を手段として人間の行動を政治的にコントロールする過程、すなわち権力過程を科学的に研究する「権力の科学」は、次の二つに分類することが可能である。すなわち、主に権力の主体に焦点を当てて研究する「政治的エリート論」と、もう一つの側面の権力エリートによる支配の態様やその権力行使の態様についての研究である。この二つの研究は一体的な関係にあり、「権力の科学」の内容を構成するものであるが、メリアムが『政治権力』において明らかにしたのは、後者の研究である。では、次にその内容を見てみよう。メリアムや、次に取り上げる「政治的エリート論」を展開するその弟子のラスウェル等のアメリカの政治学者にとって、「政治科学」の確立を目指して、当時の所与の政治的現実に眼を向けた時、一切の価値判断を排除して、つまり一切のイデオロギーにとらわれることなく、あるがままの政治的現実を考察しようとすると、彼らの眼前に展開するのは、第一次大戦期の総力戦体制、その中で極端な形態のドイツの軍事独裁、一九一七年のロシア革命、一九一八年末から一九一九年初頭の失敗したドイツ革命やハンガリ革命、一九二二年のムッソリーニのローマ進軍とファッシズム体制の確立、そしてドイツにおける一九二九年の世界的大不況の発生に伴って躍進するナチ党、などの戦争や、そして社会体制や政治体制の変革を巡る政治的変動であった。そしてそれらに共通して見られるのは、宣伝や煽動、そして宣伝と暴力の専門家から成る権力エリートの存在と、これらの権力エリートによる言語、象徴、神話、そして暴力の活用による大衆の動員ないしは掌握、さらにこれら動員された大衆の力を利用しての政権掌握とその支配権の確立ないしは暴力的な独裁体制の確立であった。従って、これらの激動期の政治的現実を解明するキー概念は、権力エリートないしは権力と言うことになるのは当然であったとも言えよう。「政治科学」の成立とこうした時代的状況との内在的な連関性を、メリアムが次のような『政治権力』の執筆に取り掛かった状況について語った思い出話の中にあます所無く象徴されているように思われる。すなわち、「科学的」政治学確立の必要性についての主張、そしてそのための研究機関の組織化、そして自分の主張を自ら実践するための研究調査等で疲労困憊したメリアムはドイツの有名な避暑地である北海のジルト島で休養する傍ら、自分自身の研究に一層集中する予定で、一九三二年六月、ベルリンに到着した。当時、ドイツは選挙期間中で、七月三〇日が選挙日であった。一九三〇年九月の選挙で一躍議会第二党に躍進したナチ党は、政権奪取を目指して、あらゆる宣伝技術を駆使して街頭闘争を展開していた真っ直中であった。かつて学んだベルリン大学前のブリストルホテルに投宿したメリアムはナチ党の選挙闘争の有り様を目前にして、ジルト島行きを取り止めて、ホテルに立てこもり、六週間で書き終えたのが『政治権力』

の草稿であったという。[26] メリアムは、宣伝に関する最新の理論を応用して、ワイマール体制によって価値剥奪されたと感じていた広範な大衆の感情を巧みに操作して、議会主義的方法を用いて議会主義体制そのものの破壊を目論むナチ党の政治技術が組織的に展開された状態をつぶさに観察する機会に巡り会ったのである。そして、彼は、こうしたドイツの政治的現実から、権力行使の伝統的な方法が使い果たされ、コントロールの技術が現れている点に留意しつつ、「政治の世界」を権力を中心に展開される一つの力学的世界として捉えて、同書を書き上げたのであった。従って、同書はナチ党の政権掌握を目指す権力闘争についての観察記録と言う一面も持っているのである。

さて、同書は、「社会的コントロールの過程において政治権力がいかなる役割を果たすのか」を研究目的に掲げており、[27] 次の十章から成る。第一章「権力の生誕」では、権力は集団形成の必要性や有用性から生まれ、それが人間の社会関係における一つの函数である点が解明されている。[28] すなわち、社会集団の間に緊張関係が発生し、存在する時、集団の統合を実現し、それと共に社会生活へのパーソナリティーの調整が必要となるが、それに対応する形で、集団の統合とパーソナリティーの調整を、権力を用いて図ろうとする権力追求者が現れる。権力追求者は説得や懐柔によって社会の組織化に成功した場合、暴力は回避されるが、失敗した場合、最後の手段として物理的な力が使用される。政治は、「共同社会のさまざまな集団や個人の間に、多くの場合にはかえって物理的力に代わるものとして、何らかの均衡・調整・和解案などを作り出す必要性が存在することの結果として」登場する。[29]「ソヴィエト・ファシスト・ナチ」のリーダーは「大衆の欲求や潜在力を、多種多様な形で象徴として解釈して」、それを積極的に活用している。すなわち、彼らは、人々を「指導者集団の中心部に引き付け、そこで他の人々と融合させる」「磁石」として象徴を用いているのである。こうしたことや、大衆の組織化の能力が際立って長じていることと等に見られるように、「現代的リーダーシップは、二つの要素、すなわち象徴の操作と組織化の能力とが際立って重要であることを示している。」つまり、現代政治においては、象徴操作に精通し、組織化の技術に優れた能力を持つリーダーが集団統合の機能を担当することになるのである。[30] それ故に、権力過程は必然的に権力エリートによる象徴操作と組織化を中心に展開されることになる。この過程がこの章で解明されている。

第二章「権力の一族」では、権力による統合が最も組織化されている集団である国家と、他の権力集団の共通性と相違点が論及されている。第三章「無法者の法」では、権力集団の中でも、とりわけ合法性を持たないギャング等の非合法的暴力組織について論じられている。第四章「権力の表」は、メリアムが現代政治学に対して行なったその貢献度の点では、最も高いと言われている部分である。彼は、権力の永続化を図るための権力操作の手段として、バジョットによって国家権力の二つの構成部分としてあげられている「尊厳的部分」と「実効的部分」を想起させるような、クレデンダ（credenda）とミランダ（miranda）と言う二つの新しい概念を作り出した。彼は、現代政治における権力の正当化機能を象徴操作の観点から捉え直して、人間の知性に訴えて、権力の合法性を大衆に心底から信じ込ませることの出来るイデオロギーや信条体系をクレデンダと定義し、次に、大衆が心から権力に讃嘆と忠誠を捧げるように、視覚、聴覚、美的感覚等に訴えて、権力への情緒的帰依感を喚起させる手段をミランダと定義した。クレデンダの最も進歩的で人道主義的な形態が民主主義である。[31] ミランダの典型は、旗、制服、行進・演説・音楽等を伴った大衆的示威行為、記念日、物語と歴史、戦争記念碑や博物館、巨大な建造物等である。[32] 現代では、これらのクレデンダとミランダは、一貫した公民教育の体系によって、系統的に発展させられている。権力把持者は、こうした体系の下で、両者を混ぜ合わせてその権力支配の安定・強化を図る。従って、クレデンダとミランダは権力状況の礎石である、とメリアムは結論づけている。[33] 第五章「権力の裏」では、被治者の観点から、暴力、恐怖等の権力の影響について検討している。第六章「権力の窮乏」では、被治者が過度の権力行使に対して自分を守る手段や方法、態度や工夫、つまり被治者や「負け犬」の権力に対する抵抗から権力獲得に至るまでの多様な方法が検討されている。第七章「権力の技術」では、権力把持者が権力を維持するためにどのような知識が必要であるのかが考察される。要するに、権力把持者は自己の権力の基礎になっている共同社会の維持・発展を図るべきであり、そして適切な価値配分に努め、中庸を旨とし、権力集中を避け、計画に基づいてリーダーシップを発揮し、正義と秩序のために均衡を保ち、社会的コントロールにおいては強制の契機を減らし、出来るだけ暴力は使用しないように努めるべきである。なぜなら、暴力の使用は統治の失敗の告白であるからである。それ故に、組織化、教育、圧力集団の活動によってその目的を達成するように努めるべきである、と権力把持者に対する勧告がなされている。[34] 第八章「自己放棄による権力」では、権力のために死を賭する、自己放棄・自己犠牲の精神を被治者の間に生み出す事に成功した場合、権力は最も強いと言う事が論証される。[35] 第九章「権力の病と死」では、まず権力の病として次の六点が挙げられている。すなわち、(一)所与の体系が集団および個人にとって十分に機能しないこと、(二)社会的統合の弱体化、(三)指導者層の人間的弱体化、(四)組織化と行動の技術における欠陥、(五)士気低下、(六)イデオロギーと象徴作用の弱体化。[36] この六点が現われると、権力は病に冒され、死へと向かう。つまり、「権力の病と死は、権力の生誕とちょうど逆の状況の例証」である点が論証される。[37] 最後に、第一〇章「現代権力の諸問題」では、現代世界において権力に生じつつある諸傾向について次のように述べている。すなわち、「今日非常に重要になってきている権力把持者の技術の最新の部分は、公民教育・宣伝・士気」である点、[38] また経済と政治が相互に接近し、さらにこの両者に技術が加わり、三者が一体となって、新しい権威が作り出され、かつてのように「軍事的・強制的な制裁」をあまり使わないで、経済的制裁あるいは経済的処分で支配が可能となった点が明らかになった、とメリアムは指摘している。[39]

前章で紹介した権力概念を実体説と関係説に分類したことで有名なカール・フリードリヒは、メリアムが『政治権力』の中で権力と権威を混同している、と批判した。[40] クリックも、フリードリヒの批判を踏襲して、「メリアムの〝権力論〟の弱点は、権力と権威とを区別していない」点にあるとか、[41] あるいは政治権力と権力一般とを混同していると指摘し、とにかく、それは「非常に曖昧で漠然としており」、その結果、「政治の本質が歪められ、正当な権威の問題が回避されている」と批判している。[42] すでに第一部で述べたことがあるように、ホッブズが近代国家の本質を「権力国家」として捉え、その帰結として近代政治学を「権力の学」として確立しようとしたが、彼の時代も一九二〇年代や三〇年代と同様に、体制の変革期であった。フリードリヒも指摘しているように、新しい政治体制が誕生する時――それは、他面、古い体制が崩壊する時でもあるが――、権力が強調されるので、マキャヴェリとホッブズは権力の政治学者たらざるを得なかったのであり、その結果、政治の安定期において強調される権威について殆ど理解を示していなかったのである。[43] メリアムも、彼らと同様に、体制変革の試行錯誤が繰り返され始めていた時期に、『政治権力』を執筆しており、従って、権威よりも、権力を強調し、権力と権威を混同することになったのは時代的制約のなせる業であったと見てもよかろう。この点は、同書についての刊行当時の書評にも次のように指摘されている。「著者の関心は、同輩に対する統治支配権を獲得しようとする者が採用する手段の倫理、法的妥当性ないしは政治的正当化ではない。彼の関心は、むしろ権力の獲得・保持・喪失のダイナミックな過程についての現実主義的な詳細に分析であった。[44]」ともあれ、メリアムが政治を権力把持者の象徴操作と組織化過程を中心に展開される権力過程として捉えた視点は画期的なものであり、それはアメリカにおける現代政治学の「権力アプローチ」の始点と見ても良かろう。しかし、「政治科学」の主唱者がこうした「権力アプローチ」を取ったことについて、その反対者からは、彼が「フランシス・ベーコンとニコロ・マキアベリの二十世紀的化合物」であると批判されている。[45] 確かに、この指摘は「政治科学」の基本的特徴を見事に捉えた見方といえよう。

さて、このメリアムのアプローチをさらに発展させて行くのがその弟子達、とりわけラスウェルである。次に、彼の「権力の科学」論を見る前に、簡単にキャトリンの政治学について触れておきたい。なぜなら、二〇年代において「政治科学」の確立を主張し、かつ実践したのは、メリアムだけではなかったからである。メリアムは政治学の科学化に際して心理学や生物学をモデルにしようとしていたが、その他に、物理学をモデルに考えていたマンローや、経済学をモデルにしようとしたキャトリンがいたのである。[46] その中で、キャトリンの「政治科学」の試みはラスウェルに影響を与えているので、その主張を以下簡単に見ておきたい。

キャトリン（George E. G. Catlin, 1896-1979）は一九二〇年オクスフォード大学を卒業後、一九二四年にアメリカに渡り、コーネル大学で学位を取得後、約十年間、同大学で政治学教授として活躍し、その後、英米の大学やカナダの大学で教鞭をとる傍ら、英米親善関係の発展のために尽力し、その功績によってイギリス政府よりナイトの爵位を授けられている。彼は、メリアムの『政治学の新局面』が刊行された二年後の一九二七年に『政治の科学と方法』を刊行し、その中で、社会科学の中で自然科学をモデルにして、その科学度を高めている経済学から政治学は学ぶべきであると、次のように主張した。上述したように、経済学の研究対象は言うまでもなく経済現象であり、それは人間の経済行為から成り立っている。人間は経済行為を行なう場合、概して最少の費用で最大の効果を挙げようとする合理的な行動をとる。そこでこの合理的行動をとる側面のみを抽象化して「経済人」と言う概念を作り出して、その「経済人」の財貨の売買を巡る諸関係を経験的かつ実証的に研究することによって、経済学はその科学度を飛躍的に高めて行った。キャトリンは、経済学と同様に、政治学も、経済学の前提となっている「経済人」と同様な概念、すなわち「政治人」（the political man）と言う概念を作り出して、そうした「政治人」の相互作用を研究するなら、政治学もその科学度を高めることが可能となるのではないかと考えた。そこで、彼は、「可能な限り他人の意志を自分の意志に合わせて方向づけようと努め、そして可能な限り自分の意志が他人の意志によって妨げられるか、コントロールされるのが少ないように努める」人間、つまり「権力追求型人間」を「政治人」と定義した。[47] そして、政治現象の基本単位はこの権力を追求する「政治人」の活動であって、国家のそれではない。[48] 政治が展開される場所は権力を巡る「市場」であるので、政治学の対象は権力である、と主張した。[49] このように、キャトリンは、社会現象の内、権力を媒介にして作り出される人間の活動、つまり権力現象を経験的かつ実証的に研究することによって、政治学を科学化することが可能である、と主張したのである。メリアムよりも、キャトリンの方が、「政治科学」を「権力の科学」として確立しようとした点では、時期的にも先んじていたばかりでなく、その内容にもより鮮明なものがあったと言えよう。いずれにせよ、ラスウェルは、その恩師のメリアムとキャトリンの考え方を継承して、「権力の科学」としての「政治科学」をさらに発展させて行くのである。彼は、キャトリンの「政治人」の概念を基礎にフロイトの精神分析学を用いて、一九三〇年刊行の『精神病理学と政治学』の中で、次の2の「政治的エリート論」で取り上げる「政治的人間」論を展開して行くが、その主張については、次の2で見ることにして、ここでは、彼の「権力の科学」論を先に見ておきたい。

上で紹介したように、メリアムは、権力把持者による象徴操作と組織化過程を中心に展開される権力過程を政治として捉えていたが、ラスウェルは、恩師の主張の内、「権力把持者」を「エリート」に置き換え、さらにこの「権力把持者」の象徴操作と組織化過程の側面を、「エリート」の支配技術として捉え直した。すなわち、彼は、権力過程を「エリート」側からの権力操縦として捉え直して、そしてその側面に焦点を当てて政治現象を解明しようとしたのである。その試みは、一九三六年に刊行された『政治―誰が、何を、何時、如何にして獲得するのか』[50]においで結実化している。では、その内容を概観しておこう。同書の中で展開されている彼の主張は、次の通りである。〔すでに第二章2のところで、ラスウェルの権力論は取り上げられているので、以下は前の部分と重複するところがある。その点について前もってお断りしておきたい。〕

「政治の研究とは影響力の内容とその主体に関する研究である。」影響力の主体とは、社会的尊敬、収入、安全等の獲得可能な価値を最大限に獲得する少数者のエリートであり、その他は大衆である。[51] エリートは、社会的変化に応じてそれに求められ特色は異なるが、技能（skill）、階級、人格、態度に応じて分類可能である。エリートは、社会的尊敬、収入、安全等の希少価値を最大限に獲得して維持するために、その環境を操作する手段として、象徴、暴力、財貨、制度的慣行［または制度改革］（practice）を利用する。権力を掌握している体制エリートは、通常、その環境操作の手段として、社会の財貨、暴力、制度を支配する上で有利な立場にあるので、それらを用いるが、体制エリートに反対してそれにとって代わろうとする対抗エリート（counter-elite）は、価値配分から排除され、価値剥奪されている大衆層の不満を利用して彼らを体制に反対する方向に誘導し、彼らの支持を獲得して、権力を獲得しようとするので、まず権力エリートの支配の正統性を失わせ、次に大衆の支持を獲得するために、環境操作の手段の内、主に象徴に頼る他ない。従って、革命家は象徴操作の技能に秀でた人でなくてはならない。これは、技能の観点から見たエリートの分類である。その他に、階級、人格型、態度の観点からエリートの分類も可能である。西欧社会では、暴力、組織、取引、象徴操作が巧みなエリートが権力を掌握し、支配しているのが通例である。(52)

以上紹介したラスウェルの『政治』において展開されている「権力の科学」の内容は、マキャヴェリの『君主論』を彷彿させるものがある。現代の政治現象を一切の価値判断を排除して、あるがままの状態で経験的に考察して行くならば、当然、「政治の世界」において作用する最も重要な政治理念ないし政治理想は考慮されることがないのであるから、見えてくるのは、権力エリートが人間なら誰もが欲しがる様々な価値の中で最も獲得したいと望む価値をいろいろな手段を用いて獲得し、保持し続けている状態であろうということは容易に推察される。ラスウェルは、この状態を次に述べる「政治的エリート論」の立場から分析し、理論化したと見られよう。資本主義社会において、原則的に、価値の生産と分配は市場原理に委ねられているが、資本主義経済の法則が純粋に貫徹されるなら、分配においては、「政治の世界」の原則たる公正に反する事態が生ずるので、政府が分配における公正を確保するためにそれに介入することになる。その結果、政治問題は、その大部分、権力を用いての価値配分の問題として現われて来ることになるのは必然である。メリアムは、政治過程における権力エリートによる象徴操作と組織化過程と言う「支配の手段」の側面、つまり「如何に」（how）の側面を明らかにしたが、政治過程における目的の契機、つまり「何を」（what）に当たる「価値配分」の問題について明らかにしていない。その弟子のラスウェルは、この問題を「権力の科学」の中に取り込んだのは大きな功績と言えよう。但し、「政治科学」の確立を目指して、価値自由であろうと努めたために、政治的権力闘争における本来の目的の契機たる政治理念は一切捨象して、それればかりではなく、むしろ政治理念を大衆動員の手段、つまりイデオロギーとして捉え直して、権力闘争の目的をあくまでも経験的に捉えられる物質的なものに限定している点で、この時期の彼の主張は現実主義的なシニシズムの色合いが濃いように見受けられる。いずれにせよ、現実主義的な観点から、政治を希少価値の配分を巡るエリートと大衆の間の権力闘争として捉える考え方は、第二次大戦後におけるアメリカ政治学の政治の定義に大きな影響を与えることになる。

戦後、ラスウェルの「権力アプローチ」を批判的に継承して、現代政治学の一般的体系理論の「政治体系」論を展開したデーヴィット・イーストンは、『政治』に展開されているラスウェルの権力論の政治学における意義を、次のように述べている。まず、第一に、ラスウェルは、政治学を権力過程そのものの研究ではなく、「社会の価値パターンの形状と構成における変化の研究」として捉えた。なぜなら、人間は、ホッブズが指摘しているように、生きている間、その欲求の対象たる価値の獲得・維持のために権力闘争を展開するので、それが人間の政治生活を根本的に規定しているからである。従って、政治学は社会における価値配分において最も多くの価値を獲得・維持する影響力を持つエリートを研究しなければならない、と主張している。このように、彼が、政治研究における指導概念として権力と価値を取り上げ、そして権力と価値との関係を中心に政治現象を捉えようとした点は評価できる。しかし、彼は、社会において価値配分を巡って権力闘争が展開される政治生活を全体として捉えるのではなく、「権力を保持している少数者の役割の解明」、つまり、「支配集団の特徴、彼らの技能、階級と出自、主観的態度、人格的な特徴、さらに支配集団が権力の座に到達し、それを維持するために用いる手段」の解明に集中している点に限界がある。こうした限界は、彼が「大衆社会における権力の少数者への集中傾向を巡る問題」に関心を持ち、かつこうした「寡頭制的傾向が支配集団を超えて権力の分散を永遠に防止するであろうと仮定」した点に起因しているものと考えられる。第二に、ラスウェルが権力が政治研究の核であると言う確信を広めた結果、政治学において「権力アプローチ」を「街頭の腕白小僧から優等生に変えた」功績は評価されるが、しかし、権力は、政治生活において重要な変数の一つではあるが、それと同時に考慮されるべきところの、政治生活の決定的に重要な側面、つまり政治生活を全体として存続させるための政策決定過程を無視している。第三に、ラスウェルは、権力を広義に解釈し、さらに権力一般を政治の核心的現象であると主張しているが、それは政治を広義に解釈するものである。政治学にとって問題とされべきは、権力の政治的側面であり、権力一般ではなく、政治権力である。[53]次に、ラスウェルの『政治』の批判としては、その副題「誰が、何を、何時、如何にして、獲得するのか」の中で、彼が、「誰が」、「何を」、「如何にして」は同書の中で取り上げられているが、「何時」が取り上げられていないと言う批判もある。[54]こうした批判があるにせよ、ラスウェルは、『政治』の公刊後、「権力アプローチ」の代表者とみなされるようになるのである。

上述したように、「権力の科学」論は「政治的エリート」論と一体的関係にある。従って、それを見て置かない限り、「権力の科学」としての「政治科学」の意義について論じることが出来ないので、「権力の科学」論は、ひとまず終えて、次に「政治的エリート論」を見た後、それを含めて、全体としての「権力の科学」としての「政治科学」の意義や、それとアメリカ民主主義との関係について論究することにしたい。

2　政治的エリート論

エリート（elite）という言葉はフランス語であり、日本語では「選良」と訳されている。エリートという用語が社会科学において広く用いられるようになったのは、パレートの一九一六年刊行の『一般社会学綱要』によってである。彼は、人間活動のあらゆる分野において、それぞれ卓越した能力を示す人間が存在する点に注目し、そうした種類の人間をエリートと定義した。例えば、料理は誰でも作ることが出来るが、普通の人が作った料理と、料理の名人といわれる人が作った料理とは自ずからその味を含めてあらゆる点で異なり、名人の作った料理はそれを味わった人は誰でも、それを賞賛する。このことは、人間活動のあらゆる分野にも当てはまると言えよう。パレートは、このエリート概念を「政治の世界」にも適用して統治の名人とも言える「統治エリート」を社会のその他の人々、すなわち非エリート層と区別した。そして、彼は、統治エリート、すなわち、権力エリートを次の二種類に分類した。彼がいわゆる「残基」（residue）と言っている所の、本質的に保守的な感情が優勢な、現存の体制の支配権を掌握している権力エリートと、それに対抗して彼らの支配権を奪い取ろうとする革新エリートである。前者のエリートは彼ら自身の権力のみならず、現存の制度的装置の維持に専念する。他方対抗エリートないしは革新エリートは、社会を新しく作り直すために、権力獲得闘争を展開する。そして、彼らがついに権力掌握に成功すると、その後、行政を引き続き担当しなくてはならなくなり、必然的に彼ら自身も彼らが作り出した社会的構成体を保守しようとする。こうして、革新エリートも体制エリートに変身し、エリートの周流ないしは循環が終焉し、新たな周流が始まるという。[55]実は、パレートは、彼より一〇年前に、モスカ（Gaetano Mosca, 1858-1941）が『政治学原理』（一八九六年）（英訳では、『支配する階級』（The Ruling Class, tr. by H. D. Kahn, 1939）という題名になっている）の中で展開した、支配する政治階級に関する主張を受け継ぎ、それを社会学的に論拠づけて「エリート周流の法則」として主張したのであった。イタリアにおいて自由主義の代表的政治学者であったモスカは、その「政治階級」という概念をマルクスの「階級闘争としての政治観」に対する批判として展開した。マルクスは、歴史を、生産手段を所有する階級とそうではない階級との階級闘争として捉え、生産手段を所有する階級を支配階級として規定し、さらに支配階級は国家を彼らの無所有階級に対する支配・抑圧の手段として利用している、と主張した。モスカは、マルクスのいう支配階級は経済的支配階級を意味している点で、その認識は一面的であると批判し、専制政治や民主政治を問わず、あらゆる社会には常に権力を掌握している少数の支配階級と多数の被治者が存在する。そして、この政治社会は神話（政治的フォーミュラ）によって組織され、支配階級の権力は普遍的な道徳的原則、神話によって正当化されている、と主張した。[56] ミヘルスは、このパレートやモスカの政治的エリート論と、資本主義経済システムの発展と共に、すべての人間関係における合理化傾向と、その一環としてのすべての組織における官僚制化の進行と言うマックス・ウェーバーの「組織の官僚制化論」[57] を継承して、大衆的民主主義政党においても官僚制化と共に、さらに寡頭化が進行して少数の幹部に党内権力が集中する、と分析した。[58] もともと一定の資格を持つ者が統治を担当すべきであると言う考え方は、プラトンの「哲人王」論において政治理論として完成された形で展開されている。そしてその後、現実主義的政治分析を行なう政治学者は殆ど政治的エリート論を主張している。また、「政治は、一人、少数者、多数者の名において行なわれようと、常に少数者による政治である。[59]」と言うブライスの指摘にも見られるように、民主政治においても統治を担当するのは少数の「統治の名人」と言われるエリートであることは、紛れも無い事実でもある。大衆民主主義の病理現象、すなわち大衆が民主政治の前提である「合理的人間像」にふさわしくない行動を取り続けた場合、習慣や慣習、そして非合理的な衝動に動かされ、あるいは群集心理的に行動し、その結果、一方におけるデマゴーギの台頭、他方におけるボス政治やマシン政治が一般化する。そして、政党やマス・メディアが巨大資本に買収されて、「世論による政治」は名ばかりで、実際は少数の巨大資本家による無責任な支配が継続し、政治腐敗と社会的不正義が蔓延するような事態になる。そうした事態に批判的な者は、そうした事態を生み出した原因が民主政治を運用する人民が政治的に成熟した市民になっていない点にあると考えるようになる。その結果、彼らは当然、民主政治に疑念を持ち、それに反対するようになる。その際、必ず、彼らは政治の究極的目的である正義と社会的公正を実現するために、これらの理念を正しく体得し、それを実現する卓越した能力を持ったエリートに政治改革の期待を寄せるようになる。この傾向は、政治思想的にはプラトンの「哲人王」論の復活や、その変種として現れるようになる。例えば、レーニンの「前衛政党論」や、ユートピア科学小説家のH・G・ウェルズの「新しいサムライ」や、シドニー・ウェッブ夫妻の望んでいた高度の専門能力を持った行政官は、その変種と見られよう。こうした新プラトン的な哲人王論や政治的エリート論は、すでにリップマンの『世論』（一九二二年）と『幻の公衆』（一九二五年）にも見られたように、一九二〇年代のアメリカにも受容されて、大衆民主主義の懐疑論者やその批判者に多大な影響を与えていた。

次に取り上げるのは、メリアムの高弟のラスウェルが展開した「政治的人間」論である。それは、フロイトの精神病理学の分析方法を用いて、権力追求型の政治家の性格形成過程を解明して、その特徴を抽出したものであるが、上述したヨーロッパの政治的エリート論の影響も受けており、さらにメリアム流の「政治科学」によって脚色されていて、アメリカ型「政治的エリート論」と見ても良かろう。もっとも、ラスウェルの「政治的エリート論」は「権力の科学」としての「政治科学」確立の成果の一つである「ラスウェル政治学」の一部分であり、その上、時代の変化に伴って「ラスウェル政治学」の構成部分の内で強調点が変化するが、それと共に変化して、第二次大戦後に修正が施されるのである。すなわち、ラスウェルは、メリアムの「権力の科学」論を継承・発展させるに当たって、初めには権力の主体としての政治的エリートに焦点を当てて政治の科学的分析を展開し、次にそれを土台にして同時代の世界の政治的変動についての全体的な解釈論の構想を打ち出して行った。しかし、ナチ・ドイツの対外的侵略の開始と共に、彼は、全体主義体制からのアメリカの自由民主主義政治体制を擁護する「民主政の科学」を提唱するようになる。それと共に、政治的エリート論においても理論的な修正が施されていく。このように、ラスウェルの「政治的エリート論」は、ナチ・ドイツとの戦争に突入する前後を境に微妙に変化するので、一応、前期と後期に分けて考察した方が適切であろう。また、彼の政治的エリート論は彼独自の「権力の科学」論における核となっている部分であり、それは他の部分と不可分の関係にあるので、以下、彼の政治的エリート論を見るに当たって、それに焦点を当てて論を進めるが、他の部分も触れることにしたい。その前に、彼の経歴を簡単に紹介しておきたい。

彼は一九〇二年イリノイ州で生まれた。父は長老派教会の牧師で、母は高校の教師であった。彼の生まれたドンネルソンは寒村であったため、両親は地方の名士として尊敬される地位にあった。両親は全米のレベルから見ると、中産階級に属していたと見られる。恵まれた家庭環境と優れた教師に出会ったこともあって、彼は、極めて早熟で、一九一八年に一六歳でシカゴ大学に入学した。専攻は経済学であった。学部時代に、マルクス、エンゲルス、レーニン、カウツキー、そして修正主義者のベルンシュタインを含めて、マルクス主義について学び、その強い影響を受けた。彼は、その後、終生、マルクス主義と対決し、それを批判し、それに代わる彼独特の「歴史哲学論」である「技能政治」(Skill Politics) 論の構築を試みることになる。そして、それこそが、見方によると、彼の政治理論の最も重要な部分とも見られる。他方、メリアムと出会い、彼の指導の下で、政治学への心理学の導入によって、「政治科学」を確立して行く仕事に携わる。一九二二年に学部を卒業後、シカゴ大学政治学部の助手として研究者生活の第一歩を踏み出した。一九二六年、二四歳で博士号を取得し、翌年の一九二七年に博士論文を単行本として出版した。著書の題名は『世界大戦における宣伝技術』(Propaganda Technique in the World War) であった。メリアムの指導を受けて、当時未開拓の戦時宣伝技術の実証的分析を試みたものである。博士論文執筆中、彼は一九二三年から二四年にかけて一五ヶ月に渡って、ヨーロッパに留学し、ジュネーブ、ロンドン、パリ、ベルリンなどの大学で学び、その間、オーストリア・マルクス主義の代表的な理論家のオットー・バウアーや、ギルド社会主義者のウェッブ夫妻に会い、またロンドン大学ではケインズやウォーラスのセミナにも参加した。そして一九二五年夏にも博士論文執筆のため、再度ヨーロッパに出かけている。一九二七年、弱冠二五歳でシカゴ大学政治学部助教授に昇進し、メリアムによって与えられた政治学への心理学の導入による「政治科学」確立の仕事に全力を尽くし、彼独自の理論を、『精神病理学と政治学』（一九三〇年）、『世界政治と個人の不安』（一九三五年）、そしてすでに紹介した『政治―誰が何を、何時、如何にして獲得するのか』（一九三六年）という「輝かしい三部作」において展開して行く[60]。この三冊が一体となって彼の「権力の科学」論を構成し、そしてそこに彼の前期の政治理論が展開されている。一九三八年、シカゴ大学を辞めてワシントンに移り、一九三九年、議会図書館の戦時コミュニケーション研究部の部長に就任した。第二次大戦中は、戦時情報局や軍の心理戦争部、国務省などの多くの機関で活躍した。大戦終了後、一九四六年にイェール大学ロー・スクールの教授に就任し、一九七〇年退職まで同大学においてアメリカの政治的エリート養成に尽力する。一九五六年にアメリカ政治学会会長に就任し、さらに一九七〇年にはアメリカ国際法協会会長に就任している。一九四八年に『政治行動の分析』[61]と『権力とパーソナリティ』[62]の二冊を、一九五一年に編著『政策科学』[63]を、一九五二年にカプランとの共著『権力と社会―政治研究の枠組み』[64]、そしてその後、世界の政治的エリートの国際比較研究、政治の言語分析、国際関係および国際法に関する著作等、その他多くの著作を公刊している。『政治行動の分析』は一九三二年から一九四八年までの間に各学術専門誌に発表した一七本の論文を纏めた論文集であるが、この一冊に彼の政治理論のすべてが集約されているとも見られる。そして『権力とパーソナリティー』（邦訳名は『権力と人間』となっている）は、『精神病理学と政治学』で展開した「政治的人間」の概念をさらに発展させているが、民主主義の価値と民主政治のために活躍する政治家の養成を主張する「民主政の科学」論を展開しているために、彼の初期の政治的エリート論が修正されている。とはいえ、彼の政治的エリート論を知る最良の著作と見られよう。以上、彼の経歴とその著作活動を紹介してきたが、彼の著作を直接紐解いたことのある者は誰でも驚かされることは、彼がいかに一九二〇年と三〇年代初期までの、マルクス主義を含めて、ヨーロッパの最新の社会科学や人文科学の成果を十二分に吸収して、咀嚼して、彼独自の理論を構築し、発展させていたかという点である。ともあれ、彼の経歴を見たので、次に彼の政治的エリート論を見て行くことにしたい。

上述したように、ラスウェルは、キャトリンの「政治科学」の影響を受けて、政治は権力獲得を巡る「市場」とみなしていて、多くの人間の中で、人間がその獲得を目指して追求するあらゆる価値の中で、他のいかなる価値よりも、ただひたすら権力と言う価値のみを追求する人間、すなわち「政治人」の概念を継承して、この概念をフロイトの精神分析学を用いて発展させて行ったのが、彼の「政治的人間」の概念である。そしてそれを初めて主張したのは一九三〇年刊行の『精神病理学と政治』においてであった。彼によると、各国の近代政治史を見ても分るように、偉大なる政治家を抜きにしてそれぞれの国の政治史を語る事は出来ない。ところが、これまでの政治学は政治制度の理論的説明や正当化に終始して、その制度をその機能の側面から考察していないし、ましてやその制度を実際に動かしている政治家や、さらにこの政治家のパーソナリティ構造まで掘り下げて考察したことがない。従って、政治家をそのパーソナリティ構造まで掘り下げて研究し、その研究の上に立って政治家の行動や彼らの行動によって機能することになる政治制度の実際の動きを解明するなら、政治の世界の実態はよりよく解明されることになろう、と考えられた(65)。このように、政治家のパーソナリティ構造の研究が政治学にとっていかに重要であるのかという点を明らかにした後、マックス・ウェーバーの『職業としての政治』の中において展開された政治家の分類論やシュプランガーの「政治人」(homo politicus)の概念、ユングの精神分析学に基づく政治的人間の分類等を考察した後、「政治的人間」をそのパーソナリティが形成される過程、つまりその人格の「発達史」をライフ・ヒストリーの考察を通じて明らかにすることが可能であると言う自説を展開し、p}d}r＝Pという「政治的人間」の一般的公式を示した。彼によると、この公式は、「十二分に（パーソナリティの）発達を遂げた政治的人間の成長した事実」を表わしたものであると言う。では、具体的にこの公式は何を表わしているのか、彼の説明を聞いてみよう。「pはprivate motive（私的動機）を表わし、dは公的対象へのdisplacement（転位）を表わし、rは公的利益の観点からするrationalization（合理化）、Pは政治的人間を表わし、}は変形されると言うことをそれぞれ表わす。[66]」、という。ラスウェルは、人間、すなわち彼の言葉によると、自我と言うことになるが、他人から大事にされ、さらに尊敬されたり、尊重されることを「価値付与」（indulgence）と定義し、他人から低く評価されたり、無視、ないしは極端な場合には攻撃され、否定されることを「価値剥奪」（deprivation）と定義している。人間は、幼年期に自我に対する低い評価を受けた場合、すなわち価値剥奪された場合、それに対する補完的反応として、相対的に権力を強調してそれを追求しようとする動機が生まれる。通常、この私的動機を、大体の人間も共有する。しかし、普通の人間と違って、この私的動機を自分の属する政治社会の公的目的に転位し、そしてこの転位を合理化する技能を身に付けて、それを用いて成功した場合、「政治的人間」が誕生する。そして、この「政治的人間」は、それが遂行する、または遂行することを望んでいる専門化された役割（function）、ないしはその役割の合成された性質に応じて、以下のように分類される。すなわち、政治的な煽動家、行政家、理論家、そしてこれらの各種の混合形態に分けることが出来る。彼によると、各々の政治的タイプは、その（パーソナリティの）発達史の違いによって生まれたものである、と解釈される。[67]ところで、ここで彼が「政治的人間」の典型として上げた煽動家、行政家、理論家は、レーニンやムッソリーニ等の政治家としての特徴を捉え抽象化したものと言えなくもない。なぜなら、彼がその理論を構築していた一九二〇年代において、ロシアにおいては社会主義革命の成功と、そして新しい社会主義政治体制が形成中であったし、またイタリアにおいてもファッシズム体制が確立しており、彼は、ヨーロッパにおけるこうした政治体制の革命的転換という政治的事件の強烈なインパクト下にあり、従って、政治家と言えば、レーニンやムッソリーニがイメージされるのは容易に想像され得るからである。彼によると、政治的煽動家は、公衆の情緒的反応に高い価値を置く性格型である。[68] 精神分析学的に見るなら、強い自己陶酔型の人（narcissist）である。[69] 煽動家は、自分と意見の違う人間は悪魔と手を結んでいる者だと推理し、また自分に反対する者は間違った信念を持っているか、あるいは臆病者であると推理する。彼らは著しく論争好きで、自制心に欠けている。[70] 次に、政治的行政家は、性格型としては、煽動家とは、その感情をより深遠でかつ抽象的でない対象に転位する点で異なる。[71] また行政家は、集団として見た場合、継続的な活動においてなされる努力の調整に価値を置く点で煽動家と異なる。行政家の間には、そのパーソナリティーの発達過程における条件の違いによって色々なタイプに分けられるが、その発達の危機を無難に過ごすことの出来た行政家は、彼らの組織それ自体の課題に非人間的な関心を示し、そして強調し過ぎることはないにしても、職務遂行や親しい仲間同士の間では断固として自己を主張する。彼らが抽象的な事柄に対して関心を示さないのは、彼らが情緒的問題についての処理の手段として抽象的な事柄を決して必要としなかった事実に起因する。[72] 最後に、理論家は、「政治的確信の定式者」とも言い換えられているが、その特色については明確に規定されていない。政治的な偏見、選好、信条は、しばしば高度に合理的な形態で定式化されるが、しかしそれらは極めて非合理的な方法によって育まれてきたものである。パーソナリティの発達史に照らして見ると、それらは、その各々が生まれた局面において持っていたものとは全く異なる意味を帯びる。[73] ラスウェルは、この異なる意味を帯びる色々な事例について、単純な体制順応主義者のみならず、強迫観念に支配される体制順応主義者や、社会主義者、愛国主義者、平和主義者、悲観論者などを挙げて説明している。例えば、人間の経済的な兄弟愛を煽動する著名な社会主義者についての説明では、社会主義者になったのは、彼の重要な私的動機が彼の兄弟に対する激しい憎悪であったのであるが、この憎悪の大部分を自分の兄弟から資本主義的専制へと変換させて、友愛的な平等という社会的理想を唱える形で過剰反応を起こしたからである、と述べている。(74)

一八年後の『権力とパーソナリティ』では、「政治的タイプ」は、次のように定義されている。「政治的タイプを特徴づけるものは、激しい、満たされない尊敬への渇望である。これらの渇望は、第一次サークルにおいて強調され、しかもそれが満たされない場合に、公の目標（権力過程に関連ある人間と活動）に転位される。その転位は、公共の利益の名において合理化される。そこで、動機の発展という観点から、政治的タイプを要約するなら、次のようになる。「私的動機を、公的目的に転位し、公共の名において合理化する。(75)」そして、「政治的タイプの概念は各々の状況の権力追求機会が他の諸々の価値追求機会に優先して選択されるような特殊な発展経歴を辿る成長型である。(76)」このように、「政治的人間」の定義に関する限り、前期と後期においても、その主張はあまり変わっていない。但し、性格型に基づく「政治的タイプ」の分類が若干異なる。『精神病理学と政治学』においては、「政治的タイプ」を政治的な煽動家、行政家、理論家の三種類に分類していた。しかし、ここでは、彼は、「政治的タイプ」については、初め、強迫的性格（compulsive character）と劇化的性格（dramatizing character）の二つのタイプを挙げている。前者の特徴は「人間関係を処理する仕方が極めて窮屈で、何かに憑れているようなタイプ」であり、後者の特徴は「他人に即座の情緒的反応を要求することである。」この性格は、「自己顕示欲、浮気性、挑発性、義憤性などの気味があるのであるが、とにかく、色々な工作をしては他人を〝アッと言わせる〟ことに専ら関心のあるタイプ」である。煽動家は劇化的性格のタイプであり、行政家は強迫的性格のタイプである。政治的指導者は劇化的性格に近いが、割にその特徴の乏しい性格型である。(77)ラスウェルは、その他に、もう一つの「冷徹型性格」（detached character）を挙げている。冷徹型性格は、表面的には強迫的性格に似ているが、あらゆる情念を持っていないように見えるタイプで、「有能な判事や仲裁人、調停者、外交上の折衝役、科学者」などがこのタイプから輩出されていると言う。このタイプの一例として、フランス革命時代のフーシエを挙げ、「生々しい感動が欠けているために、冷然たる無慈悲な破壊的行為に導かれ易い」特徴を示す点が指摘されている。(78)

ラスウェルが以上のように「政治的人間」をそのパーソナリティの発達史過程についての精神分析学的な研究から捉え直そうとしたのは、次のような独特な政治観を持っていたからである。彼によると、「政治は、紛争（conflict）の領域であり、そして、相対立する当事者のあらゆる虚栄心や恨み、またナルシシズムや攻撃性を表面化させる。政治は非合理的なものの葛藤の舞台であると言うことは、ごく普通のことになりつつある。より正確に言うならば、政治とは社会の非合理的な基底が表面化される過程である。道徳秩序が自然発生的に円滑に機能している間は、支配的な価値の正当化について疑う者はいない。しかし、道徳秩序が尊重されなくなり、問題視されるようになると、起こり得る紛争を防御する反射的な解決策を求める真摯でかつ一般的な努力が行われる。政治は、社会が合理的であろうと努めている集合的生活のほんの一局面に過ぎないが故に、非合理的であるように見える。政治そのものが存在すると言うこと自体が、非合理的で、条理に合わないあらゆる制裁を伴った道徳秩序がもはや挑戦されることなくして受け入れられなくなったことを示している。政治の（様相の）相違は道徳的危機の結果であり、そしてそれは新しい道徳的コンセンサスが生まれるなら、終わる。政治は挑戦されていないコンセンサスと次のコンセンサスとの間の推移である。それは紛争において始まり、最後に、解決で終わる。しかし、その解決は「合理的な最良」の解決ではなく、情緒的に満足されるものである。政治の合理的で弁証法的な諸局面は情緒的コンセンサスを獲得し直す過程に付随するものである。(79)」言い換えるなら、政治の動態は社会における諸々の個人の精神的内面における緊張から発生したものである。そして、政治的危機の場合、特定の原始的な動機が多くの人々の間に同時的に再活性化されて、煽動家の作り出した象徴によって一定の方向に収斂されて、私的動機が集合的利益の観点から容易に合理化されることになり、政治的行為は共同的行為として現われるのである。さらに、政治はその活力を私的動機の公的対象への転位から得て、政治的危機の進化と共に、「政治的人間」の活躍が活発化するのである。[80] このラスウェルの政治観から、次の二つのことが帰結されることになる。すなわち、戦争や革命のような政治的危機においては、人間は合理的に考えて行動せず、精神分析学的に見て退行的行動をとる傾向が強く、その結果、原始的なサディズムと情欲が覚醒される。[81] つまり、大衆の下意識部分が表面化されることになり、政治的煽動家による大衆掌握と、既存秩序に対する挑戦が始まる。「政治的人間」は他の価値よりも権力を追求し、その獲得と維持のために、破壊的行為をも辞さないし、また現状に不満な大衆を利用して、権力を獲得した後は、大衆をサディスチックに支配し、あるいは大衆のサディズムを外に向けるために戦争を起こすことも躊躇しない。従って、民主主義的な秩序と平和のために、社会の非合理的な基底が表出しないように「予防」することが何よりも緊急な課題として提起されるのである。精神分析学的に言うならば、「政治の問題は紛争を解決することよりも、それを防ぐことである。つまり社会において頻発する緊張の源泉を消滅させるために社会的エネルギーを傾注することであって、社会的抗議に対する安全弁の役割を果たすことではない。[82]」それ故に、「予防の政治学」（the Politics of prevention）が必要である。[83] これが一つの帰結である。この方向は、後に左右の全体主義独裁に反対してアメリカ民主政を擁護する「民主政の科学」の形態を取ることになる。もう一つの帰結は、「技能政治」論ないし「技能革命」論への展開である。政治的エリートの人格発達過程に焦点を当てて精神分析学の方法によってその性格形成の特徴を抽出して作り出した「政治的人間」の概念や「政治的タイプ」の概念は、厳密に言えば、政治的エリート論ではない。なぜなら、通常、政治的エリート論者によって主張されている「政治的エリート」とは、時代と場所によってその求められる資格は異なるにせよ、とにかく政治や統治に関係する何らかの資格を備えている人間群を指していたからである。ところが、ラスウェルの「政治的人間」は、見方を変えると、普通の人間と違って、幼年期においてその自我が受けた低い評価に対する補完的反応行為として、その私的動機を公的目的に転位して、他のいかなる価値よりも、権力を追求するようになった「性格異常者」と受け取られるからである。つまり、それはネガティヴな存在として解釈されているのである。この「性格異常者」が政治の世界でリーダーとして活躍することが出来るのは、その「激しい、満たされない尊敬への渇望」や「権力への渇望」を癒すために、「少なくとも最小限度の実効性を持った適当な技能を獲得し、練習することを欠くべからざる要件とする。」その技能に関して、ラスウェルは、「その第一の資質は、チャールズ・E・メリアムのいわゆる〝集団結合の才能〟、つまり、有利な勢力均衡を獲得する方法の選択能力である」[84]と『権力とパーソナリティー』では指摘している。言うまでもなく、大衆民主主義の時代において、私的動機を公的目的に転位し、それを合理化する「技能」は、演説や文筆の才能や、理論化能力、大衆を感化させ、説得する能力、等であるが、こうした〝集団結合の才能〟は、時代と場所の違いによってその内容は異なるにせよ、「政治の世界」において最も重要な技能である。そして、こうした技能を修得するためには時間も必要であるが、費用も掛かるので、ある程度の資産を持たない者にはその習得の可能性はない。となると、政治的エリートの精神分析学的特徴を明らかにすることだけでは、政治的エリートを正しく捉えたことにはならない。政治的エリートとなり得るためのその他の社会経済的諸条件を解明することによって始めて、「政治の世界」の中にある「政治的人間」が解明されることになるであろうことは言うまでもない。従って、ラスウェルは、「政治的人間」がどのような条件の下で、どのような技能を社会によって求められているのか、そしてどのような社会層がそうした技能の修得に関心を持っているのか、そしてその私的動機の公的目的への転位の原因となっている自我の評価が行われる価値体系はどのようなものなのか、などを社会の歴史的展開の中で研究する方向へ、その学問を進めて行くことになる。その研究成果は、一九三五年、一冊に纏められて、『世界政治と個人の不安』(World Politics and Personal Insecurity)[85]として公表された。それは、一九三二年からの二年間のシカゴ大学での講義や、クインシ・ライト編『世論と世界政治』(一九三三年)に寄稿した論文や、一九三三年のアメリカ歴史学会で発表した経済的好況や不況の人間に与える心理的効果に関する分析から構成されたもので、恩師のメリアムの『政治権力』の基本的主張を踏まえて、彼独自の理論体系を打ち出したものである。言うまでもなく、ラスウェルの政治理論において「政治的エリート」の精神分析学的研究と「技能政治論」は一体的関係にある。従って、「技能政治論」を欠く「政治的エリート」論は、ラスウェルの「政治的エリート」論としては一面的であるという誹りを免れ得ないであろう。そこで、彼の「政治的人間」論についてはすでに紹介したので、次に『世界政治と個人の不安』の内容を概観し、あわせて彼の「技能政治論」を見ることにしよう。

彼は、同書の冒頭、すなわち「第一章　世界の価値ピラミッドについての配図的分析」の初めに、次のように述べている。「政治分析は社会の価値パターンの形状と構成における変動の研究である。代表的価値は、安全、収入、尊敬である。どの時代においても、すべてのコミュニティーにおいて少数のメンバーがこの各々の価値についてその最大のものを保持するが故に、この各々の価値の配分パターンの一覧図はピラミッドに似ている。この価値の大部分を獲得する少数者がエリートであり、その他の残余の者は一般庶民（rank and file）である。エリートは象徴を操作し、供給を制御し、暴力を用いることによってその支配権（ascendancy）を維持する。もっと形式張らない言い方をするなら、政治は、誰が何を、何時、如何にして、獲得するか、の研究である。[86]」この文章において、彼は、第一に、エリートは、特定の社会において支配的価値を最も多く獲得した少数者であること、第二に、象徴を操作し、財の供給をコントロールし、そして暴力を使用することで、その支配権を保持している、と主張している。このラスウェルのエリートの定義は、第一に、エリートを特定の社会における代表的な価値の配分との関連において捉えている点、第二に、エリートの支配権の獲得・維持・配分の方法の中で、象徴操作を挙げている点に特徴が見られる。それは、彼が恩師のメリアムの『政治権力』の基本的主張を継承しながら、それに伝統的エリート論を批判的に摂取して、彼独自のエリート論を構築して行ったことを示すものであると言えよう。この文章の内容は、実は、すでに紹介した彼の著作『政治』の内容の要約である。というのは、『世界政治と個人の不安』は、ラスウェルの「権力の科学」としての「政治科学」の内容がすべて盛り込められており、『政治』にはその中のエリートの支配権の獲得・維持・配分を巡る権力闘争としての政治の側面がより詳細に論究されているからである。彼がまだ三二歳で著したこの『世界政治と個人の不安』は三〇〇頁近い大著であり、その中に彼の気宇壮大な政治理論体系が展開されていて、それに接するものは、率直に言って、驚嘆を禁じ得ないであろう。なぜなら、若くして彼は、後述する通り、第一に、主観的にはマルクスとエンゲルスに匹敵する政治理論体系を構築しようとする問題意識を持っていたこと、第二に、その方法論の構築においては、二十世紀の戦争と革命の時代の政治動向を解明しようとする意図が込められていたことが看取されるからである。恐らく、二十世紀のアメリカの政治学者の中で、社会科学、人文科学の分野で、同時代のヨーロッパの最新の学問的成果を吸収して、マルクス主義と四つに取り組み、それを批判的に乗り越えて新しい壮大な「歴史哲学」になぞらえる政治理論を組み立て、それを用いて二十世紀の世界政治の動向を分析した人は、ラスウェルをおいて、管見の限りでは、いないのではないかと思う。いや、後世の人は、彼を二十世紀の最高の政治学者と評価するかも知れない。同書は、第一部方法、第二部象徴、第三部条件、第四部コントロール、の四部から構成されており、「第一部方法」の中に同書全体の主張が要約されている。従って、以下、それを簡単に紹介して、同書に展開されているラスウェルの主張の概要を見ることにしたい。

ラスウェルは、一九世紀から二〇世紀の世界政治の動向を次のように捉えている。すなわち、一八世紀のイギリスに出現した資本主義経済が世界に拡大するに伴い、「全体としての人類の価値パターンの形状と構成」において変動が生じ、その結果、個人の生活状況が不安定となり、この個人から成る国民国家も不安定化し、さらに、国家間の紛争解決の手段としての暴力が承認されている世界政治も戦争の危険を孕むほど不安定化している。この状況を個人のレベルに即して眺めてみるならば、個人は、その生活状況の不安定化によって、内面的に不安（insecurity）に駆られるようになり、その解消を求めて行動に走る傾向を示し、こうした個人から成る国家の政治も不安定化し、世界政治も不安定の方向へと進むことになった。(87)こうした世界政治の動向は、一九世紀の後半になってようやく捉えられるようになったのである。それは以下の理由による。そもそも、一九世紀のイギリスでは、資本主義経済体制の安定的成長に伴い、「取引の取り決めを守る暴力によって支えられた同意が存在するところ」に「競争的市場」が成立した。ところが、当時の支配的な夜警国家論に象徴されるように、「取引の取り決めを守る暴力」が現実に存在しているにもかかわらず、それが存在せず、「競争的市場」のみが存在しているかのような錯覚が生まれた。(88)その結果、社会科学者も、「競争的市場」における企業家と同様な観点から世界や社会現象を捉えるようになり、社会理論は「政治哲学」と「政治経済学」に分裂し、さらに「政治経済学」も「競争的市場」において生起する形式的関係のみを取り上げて研究する「経済学」へと特化して行った。こうして社会現象を総体的に認識する道が塞がれてしまった。「政治哲学」と「経済学」への分裂によって失われた社会現象の総体的認識を復活させたのは他ならぬマルクスとエンゲルであった。両人の行なった社会科学の革新は「競争的市場」の「政治化」であった。もっとも、マルクスが国家の死滅を予言した時、健全な政治分析から逸脱したことは言うまでもないことではあるが。ともあれ、マルクスは、「競争的市場」が社会の価値ピラミッドに対して持つ帰結を詳細に研究し、この観点から、金銭的計算法、所有権と契約の法律、議会主義的統治パターン、宗教の教理とその実際、そして科学と哲学の広く行き渡っている前提と方法を評価しているのである。(89)

ラスウェルは、以上のように、マルクスとエンゲルスが現代社会理論に導入した全体的な認識について、それを高く評価し、多くの点でそれに匹敵する次のような現代社会認識の方法論を展開するのである。その際、彼は、ルカーチの『歴史と階級意識』（一九二三年）の中でマルクスの方法論を特徴づけた「総体性」の概念を継承して、(90)社会現象の総体的認識方法を編み出そうとした。彼は、こうした自分の方法を「政治分析の配図的方法（configurative method）」と呼んでおり、それは次のような内容から構成されている。すなわち、この方法は、まず政治的変動の認識に際しては発展と均衡の概念を用い、次に同時代の政治的現実の認識に際しては観想的（contemplative）態度と操作的（manipulative）態度を取ると言うものである。彼がこうした方法を取ったのは、次のような現代の世界政治の動向についての彼独自の認識があったからである。彼は、政治的変動を「社会の価値パターンの形状と構成」の変化として捉え、それは、まず初めに、この変動によって不安に陥った大衆の行動を方向付け、かつその不安を解消させるような新しい象徴が創出されて、次に、この新しい象徴を創出した新エリートが不安に陥った大衆を掌握して、旧エリートに挑戦し、支配権を巡る権力闘争が発生するという形で展開されるとして捉えていた。つまり、彼は、マルクスと違って、政治的変動を階級闘争の観点からではなく、「エリート・象徴の変化」の観点から捉える方法を取ったのである。それ故に、彼の「配図的方法」においては、政治的変動の認識方法の内、第一の方法の「発展的分析」は、「エリート・象徴の変化」を、政治的出来事の発生点からそれが発展して向かう所との関係において解釈するというアプローチである。この方法をフランス革命からロシア革命までの政治的出来事の解釈に適用すると、それは、「プロレタリア社会主義」の名において、プロレタリアが貴族とブルジョアジに取って代って台頭した、と解釈される。次の「均衡的分析」は、政治的変動を説明する変数の次元における量的変化の推移を考察して、エリートの構成における変化に焦点を当てて、政治的変動を解釈するアプローチである。彼によると、この「発展・均衡」の分析から「法則」ないしは「原則」の定式化が可能な場合もあると言う。次に、政治的変動の認識における「観想的態度」は、彼によると、とりわけ変化の「法則」の一般化に適していると言う。それに対して、「操作的態度」は、政治分析を操作的に行ない、管理の「原則」を具体的に挙げることによって、新しい可能性が観察者に開かれる、という。[91] 以上の配図的分析方法は、社会現象の総体的認識を行なうために、ラスウェルがマルクスの方法を継承しながら、それを自己流にプラグマティズムのチャンネルに流し込んで、彼独自のものに作り直したものであった。もっとも、「発展・均衡」分析に関して言えば、まず「発展」分析方法は、政治的変動の長期的分析方法として考えられているが、それは、マルクス主義の方法と違って、分析の焦点は「生産力と生産関係」の変化ではなく、「エリート・象徴の変化」であり、次の「均衡」分析は、マックス・ウェーバーから学び、政治的変動の短期分析方法である。「観想的態度」は、一応、「価値中立」的に対象の法則性を探求する態度であり、最後の「操作的態度」は、対象の中に、ヘルマン・ヘラーの言う所の「未来形成的な傾向」を探り、この観点から政治的変動の動向を操作的に研究する態度である。「観想的態度」がマルクスの言う「理論」に当たり、「操作的態度」が「実践」に当たる、と解釈される。つまり、両方の態度を取って対象にアプローチすることによって、「理論と実践の統一」が実現されるものと考えられたのである。[92]

さて、こうしたラスウェルの「政治分析の配図的方法」は、第二次大戦後のアメリカで隆盛を極めた行動論政治学の方法論と比較して見ると、むしろルカーチやヘラーの目指した「総体性」認識に近いものと言えよう。[93] さらに、マルクスやルカーチ、ヘラーには無い新しい政治認識の視覚を考案した点は彼の功績と言えよう。それは、彼が「内包的」(intensive) 技法と名づけているものである。彼は、この新しい技法を編み出した点を自負して、次のように述べている。「マルクスとエンゲルスは、学問的研究の通常のソースである、著作、新旧の定期刊行物、手書き原稿などの第一次資料や、一般的観察によって、社会的発展の道筋を跡付けた。当時は、こうした方法が、所与の諸々の出来事の配図的関係の標本を作り出す主要な「外延的」手段であった。マルクス、エンゲルス以降、個人のパーソナリティ研究の「内包的」技法が開発されたのである。すなわち、個人のパーソナリティの発展をその発生的な順序において解明し、そしてその個人の経歴を同時期の他の人間の経歴と関係づける特殊な方法によって、個人が研究されるようになったのである。」そして、この「内包的」なパーソナリティ研究は、政治的変動の

〝物質的な〟(material)諸要素と相互連関している象徴的な諸要素に照明を当てたのである。実際の所、最も有力な内包的方法としての精神分析は、歴史的発展の象徴的側面を解明する点において大いに貢献しており、それは、必然的に、マルクス・エンゲルの弁証法の独創的な成果をさらに精緻化させるものである。(94)」以上、ラスウェルの方法論の概要を見てきたが、繰り返しになるが、それは、マンハイムの知識社会学を用いて、マルクスの方法論を批判的に摂取し、それをアメリカのプラグマティズムのチャネルに流し込んで彼独自のものに作り上げたものであった。一九二〇年代までのヨーロッパの社会科学の最良の方法論の成果とアメリカのプラグマティズムとを彼なりに合成した彼の方法論は、今日、忘れられているが、受け継がれるべきものではないかと考えられる。ともあれ、ラスウェルは、こうした彼独自の方法論を開発して、世界政治の動向にアプローチして行ったが、その認識の成果はいかなるものであったか、次に見てみよう。

彼は、一九世紀において政治的変動のテンポが早まった原因を資本主義経済システムの確立とその拡大の中に見る。つまり、「分業の変化によって惹起された生活状況」の変化が社会における価値の量と配分の変更をもたらし、それによって個人の生活状況は不安定化し、精神的にも内面の不安が増大し、蓄積される、と見ている。こうして蓄積された不安は「闘争、交渉、調停、説得、ボイコット、補償、宣伝行為、等」の公然たる行動となって表面化する。その際、その行動は特定の象徴と結びつく。その結合過程は次のようになる。まず初めに、同じ不安を持つ者同士が互いにその不安を確認し合い、同類意識を発展させて、「同一化」(identification)の象徴を捜し求める。階級や民族などはこうした同一化の象徴の典型と言える。不安に陥っている大衆は、こうした象徴を見出した場合、一つの集団意識を持つようになる。次に、その不安を解消させるために、「安全」「平等」「福祉」等の要求が目標として掲げられる。そして、そうした要求は同一化の象徴の名の下で戦われ、集団意識はさらにより一層高められて行く。最後に、共通の象徴の名の下での要求に注入されるエネルギーの量の大きさは、その要求が実現されるか、あるいは失敗するかの期待にかかっている。ところで、このような「同一化、要求、及び期待の象徴」がある社会で採用される速さは、部分的には不安のレベルに依存する。不安の原因、その発散の方向は、社会毎にその定式化は異なる。ある社会において不安の定式化を行なう主体が複数存在する場合、当然、複数の象徴の間の競合が生まれることになる。次に、不安の程度も分業の変化が惹起する生活状況の変化によって直接的に影響される。例えば、ある地方のある工場に新しい機械が導入されると、それは、その工場の競争的地位を高めて行く。そして競争に負けた工場の労働者は失業する。最後に、不安はある社会における問題解決の手段としての暴力の使用の方法の変更によっても直接的に影響される。[95] こうした不安は、「同一化、要求、および期待の象徴」を通じて大衆運動の形態を取って政治的出来事に影響を与える。従って、政治的変動の研究者は、公然たる大衆の行動の背後に、どのような不安が存在するのか、そして分業の変化や、暴力が使用される程度、個人の他人との第一次的な関わり合い（contact）と第二次的な関わり合いにおける変化によって、個人の生活状況がどのように変化して行くのか、を考察しなくてはならない。[96] 要言するなら、精神分析学を用いて人間行動の無意識的構成要素に注目するなら、有効な象徴を操作することによって大衆の不安をコントロールする可能性についての新しい認識が開かれるのである。

さて、大衆の行動は、一体、どのような方向へ向かうのであろうか。数千人の生活状況は、概ね、分業の変化によって同じ程度に影響を受ける。しかし、その結果生まれる不安を解消する方向は多岐に亘る。ある社会においてある集団がその不安の定式化に際して、それを「神のたたり」にすることに成功した場合、宗教的儀式が活性化する場合もある。また、大衆運動の新しい目標がアナーキズム、社会主義、何々主義と言う形を取り、不安の解消についての処方の仕方も異なってくる。今日、分業のさらなる進展によって、象徴を作り出し、それを用いて宣伝によって大衆を管理することが現代の主要な文化的特徴の一つとなっている。その結果、「国内の騒動から自らを守るために、パン、サーカス、そして戦争に頼っていた昨日の支配者は、有効な象徴を流通させることによって大衆の不安をそらさせ、発散させ、曖昧にさせ、消失させることに熟達した新しい支配者に取って代えられるようになった。」二〇世紀が「大衆の反乱」の時代とか、あるいは「世界戦争と革命の時代」と言われているのは、まさしく資本主義経済システムの拡大と、それと連関して、大衆民主主義が進展して、大衆の情動が政治的出来事を動かしていることを何よりも証明するものである。つまり、「戦争と革命は集団不安が発散される大通りであり、そして大衆の緊張をほぐす諸々の手段を巡る競争である。(97)」

以上が、ラスウェルの「政治分析の配図的方法」の中の、現代の政治的変動に対する「均衡」分析の概要である。この「均衡」分析に基づく現代の政治動向に関する認識を土台にして、彼は、さらに次のような「発展」分析を行なっている。つまり、政治的変動は、どこからどこへ向かっているのか、についての自説を展開している。彼によると、上述したように、イギリスにおける資本主義経済システムの確立とその世界への拡大、そして技術革新による分業のさらなる高度化が進行し、それに伴って「全体としての人類の価値の形状と構成」において変動が生じた。革命とは、エリート、すなわち支配する少数者の構成、その補充の方法、そして大衆を管理する象徴、つまりエリートが用いる用語、イデオロギーの変化として解釈される。そして、世界革命は、エリートの補充の新しい原則と、人類の政治生活における新しい支配的イデオロギーとを導入した変動である、と見られる。疑いもなく、フランス革命とロシア革命は、支配者と支配的象徴の世界史においての主要な革新であった。フランス革命においては、新しいエリートのブルジョアジーが台頭し、彼らは新しい象徴の「自由、平等、博愛」を支配的イデオロギーに変え、支配権を掌握し、貴族階級に取って代わり、近代国家への政治的変動が起こった。また、資本主義経済システムの世界への拡大によって、すでにブルジョアジーの象徴は世界の「支配的」象徴に変わっていた。マルクスは、ブルジョアジーが唱えている「自由、平等、博愛」という象徴は、ブルジョアジーがその象徴の名の下で彼ら自身の階級的利益の実現を目指していて、実際は、全人類の「自由、平等、博愛」を表わしているものではないと、そのイデオロギー性を暴露した。そして、彼は、全人類であるプロレタリアの「自由、平等、博愛」は「プロレタリアの社会主義」においてのみ実現されるのである、と主張した。こうして、一九一七年、プロレタリアを代表すると称する、少数の宣伝の専門家を中心とする知識人から成るボリシェヴィキ政党がロシアで政権掌握に成功した。それがロシア革命である。当然、ロシア革命以降の政治的変動は、新しいエリートとそれが用いる象徴の布置との関連において捉えられなくてはならない。上述したことからも明らかなように、エリートの構成における大きな変動は、支配的な分業関係における大きな変化の作用として解釈される。それ故に、生産過程が著しく変更されるなら、エリートの変更の蓋然性も高まることは論を待つまでも無い[98]。実際、二〇世紀に入って、独占資本主義の確立と共に社会・政治制度の再編が必然化し、それに伴って「エリート・象徴の変化」の蓋然性が高まった。ある所で起こった「エリート・象徴の変化」は同じ条件を持つ他の所に波及する傾向がある。一九一七年以降、ロシアでは、社会主義の名の下で国有化が行われ、社会主義と平等主義が進められて行ったが、こうした政治的変動は、当然、その周辺国へと拡大して行った。その際、その拡大はその掲げる象徴の影響と言う形で進んで行ったが、しかし、周辺国は、新しい象徴を最初に使用するエリートの範囲を制限して、その影響力の拡大を阻止しようとした。しかし、ロシア革命以降、世界の政治運動は、至る所で、ロシアのエリートが用いた用語、その支配方法を模倣した。例えば、イタリア・ファシズムとドイツのナチズムは、ある点では、平等主義的で社会主義的である。そして、一党が合法性を独占し、社会機能は広範囲に渡って政府の統制下に置かれ、立法部は執行部の助言機関に格下げされ、その構成においても職能代表が地域代表にとって代えられた。こうして、ロシアの新しい象徴とその支配の方法がイタリアやドイツへと拡大して行ったが、一方、その拡大は、次の二つの方法によって制限される動きが現われた。一つは、地理的限定である。それは、ロシア革命のリーダーは全人類であるプロレタリアの名の下でその要求が普遍的なものであると正当化しているが、ロシア革命はロシアだけに起こっているその局地的性格を強調して、その主張の正当性の普遍性を否定するやり方である。こうして、プロレタリアの革命は「ロシア」革命にその性格が変えられて、ロシアの地域内に封じ込められることが可能となった。もう一つの方法は機能的限定である。それは、普遍的象徴を用いることで利益を得ているエリートの社会的特徴を強調することによって、世界革命の普遍性を否定するやり方である。この方法を用いることによって、すべての人間の権利の実現を目指す革命は「ブルジョア」革命となり、次の「プロレタリア」の抗議象徴が成功する道を用意したのである。[99] 以上が、「発展」分析に基づく政治的変動についてのラスウェルの見解である。そして、この観点から、ラスウェルは、ロシア革命を次のように解釈している。すなわち、ロシア革命は、マルクスやレーニンが次の時代の支配階級であると持ち上げている「工場労働者」や「貧農」の支配権の掌握を画するのではなく、「肉体労働者の不満を不当に利用する術を心得た知識人と半知識人の台頭を画する」ものと解釈される。ソ連では、支配する少数者は、「官僚制」に対して繰り返し抗議し、告発を繰り返しているが、それは、広範囲の下層の肉体労働者が階級意識に目覚め始めている初期の前兆とも見られる。しかし、肉体労働者が知識人に取って代わる可能性は少ない。そして、肉体労働者と知識人の間の闘争は延期されよう。その代わりに技能（skill）闘争が激化するのは必至である、と。

ラスウェルは、以上のような「発展」分析から、現代の世界政治の動向について次のような診断を行なった。現代は、世界史において、「不幸にも分裂し、絶望の政治に怒り、それに突き動かされた下層中産階級の積極的分子がロシア、イタリア、ドイツ、そして至る所で、彼らの苦境に反抗して立ちあがり、自己主張を行ないつつある時代である。[100]」、と。つまり、現代は資本主義から社会主義への変革の過度期にあり、社会主義社会は「自然必然的に」到来し、社会主義社会の支配階級は全人類そのものであるプロレタリアである、と主張したマルクスの現状分析と未来への予測に関して、ラスウェルは、「エリート・象徴の変化」に焦点を当てて、精神分析学に基づく「内包的方法」を採用して、上の資本家階級と下の肉体労働者階級の狭間に置かれている「危機にある中産階級」[101]、とりわけその中の知識人と半知識人こそ、次の時代のエリートになり得る状態にある、と主張したのであった。このラスウェルの主張は、政治学の科学としての妥当性の根拠を「社会的に自由に浮遊するインテリゲンチャ」に求めたマンハイムの「歴史哲学」版と見られないだろうか?ラスウェルへのマンハイムの影響は、その他にも、後述するように、民主主義と科学の結合や、計画思想の導入等にも見られるのである。ともあれ、この主張は、「技能革命論」や「技能政治論」の形で展開されるのである。

さて、ラスウェルは、『世界政治と個人の不安』の「第一部方法」の中で、以上のような彼独自の「政治分析の配図的方法」と、それに基づく世界の政治的変動に関する認識の概要を述べた後、「第二部象徴」では、同一化の象徴としての国民と階級が肉体労働者階級や危機の中にある中産階級、国家を持たない諸民族をそれぞれ捉え、それによって台頭した共産主義や国家社会主義に関して、暴力の期待の観点からは権力の均衡を、安全の要求の観点からは世界の危機を、平等への要求の観点からは独立運動を、覇権の要求の観点からは帝国主義運動を各々考察している。そして、次の「第三部諸条件」では、財貨とサービスという経済的条件について、移民、旅行、および政治態度という、個人の他人との第一次的関わり合いの役割について、市場の世界化、政治の国際化の進行に伴う人間の活動と組織における新しいチャネルと注目領域という、個人の他人との第二次的関わり合いの役割について、各々考察している。彼は、次に、以上の考察の成果をアメリカの分析に適用して、アメリカの政治動向を概観している。その中で、何故に、ファシズムと言う大衆の暴力的抗議運動がアメリカで発生していないのか、その理由として次の三点を上げている。すなわち、第一に、組織された労働者が弱体であること、第二に、「危機にある中産階級」を統合する共通の象徴が存在しないこと、第三に、アメリカは国内の困難な諸問題の解決の方向をラテン・アメリカと太平洋への膨張の方向へと摩り替えることに成功していること、を挙げている。そして、中間所得層集団の間に効果的な階級意識の育成を可能にする優れたリーダーシップが成熟するかどうかは、将来の問題である、と主張しながら、[102]ラスウェルは、ここでも、同時代のヨーロッパを席巻しているファシズムのアメリカにおける台頭をあらかじめ診断出来る「予防の政治学」の必要性を力説している。[103]

最後の「第五部コントロール」では、次のような主張が展開されている。世界統一の問題は、世界に共通する一つの神話を見つけ出すことによって、解決することになる筈であるが、しかし、現在のところ、それは不可能である。つまり、世界の統一は遠く、不確かである。仮に、現在、世界の統一が予想される過程によって達成されたとしても、世界は不安定になるであろう。なぜなら、資本主義社会は中世以降の社会を特徴づけた「幻想の外在化」(the externalization of fantasy)への傾向を論証しているかも知れないからである。[104]われわれの文明における不安の主要な根源的な源泉はこの「幻想の具体化」と関連する過程において生まれている。それは、また、象徴の世界を複雑にし、さらに益々物質的な相違を大きくしている。フランス革命がエリートの構成の面では、貴族にとって代わるブルジョアジーの台頭と規定するなら、ロシア革命は、プロレタリアの名の下で遂行される第二のブルジョア革命と規定しても良い。なぜなら、資本家の支配は金権政治(plutocracy)となり、上の資本家と下の組織された肉体労働者に挟撃されている中産階級、すなわち小ブルジョアジーの金権政治と貴族政治に反対する革命であるからである。中産階級は、生活するために技能を修得しなくてはならない。ところが、技能の修得に支払われた犠牲と報酬との間には、資本主義社会においては、不均衡が生まれる。それ故に、彼らは金権政治に反対するのであるが、しかし彼らの間には分裂があり、その結果、技能集団間の対立と闘争が発生する。[105]ロシアで権力を掌握し保持している新しいエリートの社会的起源は、非金権的で、非貴族的である。フランス革命以降の世界革命は、ブルジョアジーを世界中の他の社会階層との矛盾を激化させ、そしてさらに、ブルジョアジーの間では、中間所得集団と金権支配集団との矛盾を激化させている。しかし、半社会主義化された諸国を長期的に展望するなら、階級闘争から技能闘争への発展の弁証法への移行が恐らく実現することであろう[106]。

少々長くなったが、以上が『世界政治と個人の不安』において、ラスウェルが「エリート・象徴の変化」に焦点を当てて、フランス革命以降の世界政治の動向を分析したものの概要である。それは、彼の政治的エリート論が、政治家と言う「政治的エリート」を輩出させる下意識レベルのメカニズムの研究から始まって、次に政治的エリートを輩出させる社会階層的条件に関する研究へと進むにつれて、マルクスの社会主義社会到来必然論に対抗して、それを批判し、そのパラダイムを逆用して、「技能革命論」「技能政治論」を展開する方向へと進んでいることを示している。実際、彼は、一九三七年に「技能政治と技能革命」という論文を公表して、その中で、世界史は技能者の共和国の実現と保持の方向へ向かっての闘争であると解釈している。すなわち、大衆民主主義の時代においては、大衆を管理する技能の専門家である宣伝家と組識家が支配権を掌握している。そして、現在、世界政治が不安定化し、戦争の危険性が高まるに従って、国内政治における暴力の専門家の比重が高まってきた。「技能集団間の闘争の未来、そして技能者の共和国を確立するための闘争の将来は、その多くが、不安に起因する危機の強度がどの程度にまで高まるかにかかっていることは明らかである。長期戦のストレスの下で、また戦争が近づきつつあると言う切迫感がもたらすストレスの下で、暴力の専門家が支配するようになるかもしれない。もしそういう事態になったら、私的ビジネスの残留物が清算され、兵営国家（garrison state）が強化されることになるであろう[107]。」このように、ラスウェルは、すでに一九三七年の時点で「兵営国家」の到来を「技能革命論」の観点から主張し始めたのである。

一九三九年九月、ナチ・ドイツとソ連は、両方からポーランド侵攻を開始し、第二次大戦が勃発した。アメリカは、ついにナチ・ドイツとの戦争に突入し、一九四一年一二月に日本とも戦争状態に入った。戦争は暴力の専門家が支配するのに最適条件であるために、技能者集団間の闘争においても、支配権は宣伝家と組識家から暴力の専門家の軍人や警察官へと移行し始めた。上記したように、ラスウェルは、一九三七年にすでにこの傾向を「兵営国家」と言う概念をもって定式化していた。そして、第二次大戦が勃発した後の一九四一年に「兵営国家と暴力の専門家」という論文を発表して、その中でナチ党の全体主義的独裁やソ連の全体主義的独裁を「兵営国家」として規定し、その特徴を詳述している。[108]ラスウェルは、交戦国相互間に平時以上に相互影響と相互浸透の関係が進行する点を指摘し、アメリカにおいても、戦争が長期化すれば、「兵営国家」への傾向が強まる可能性があることを危惧して、「民主政の科学、あるいは社会科学の枠内にある政治的精神医学の科学」、つまり「兵営国家」の出現を予防する「民主政を守るための科学」の確立の必要性を主張するようになって行った。[109]こうして、「技能革命論」の果てに「兵営国家」の悪夢を覗き見たラスウェルは、その政治分析の方法においても「観想的」分析よりも、「操作的」分析に強調点を移すようになった。つまり、「民主政の科学」としての「政治科学」の精緻化に向かうことになる。彼は、論文「兵営国家と暴力の専門家」を刊行した同じ年の一九四一年に『世論を通じての民主政』を公刊して、その中で、次のように主張した。選択される政策や、選ばれるリーダー、そして世論の根底にある信条次第では、民主政は生き残れることが可能である。民主政の存続に関わる諸問題を診断し、公衆を教育することを喜んで行ない、かつそうすることが出来る社会科学者が必要不可欠である。なぜなら、「必要なデータが専門家によって提供されないなら、社会は聡明に行動することが出来ないからである。[110]」このように、この時点から、彼は、政治学、すなわち科学と民主主義の結合を主張し、実践するようになった。それと共に、政治的エリート研究と併行して、キャトリンから学んだ初期に戻って、「政治的人間」同士が織り成す政治力学の科学的研究へと、その研究の力点をシフトさせて、「民主政の科学」としての「権力の科学」たる「政治科学」を一九四二年から主張するようになる。上述したように、ラスウェルは、「革命と戦争」の時代と規定される二〇世紀の政治動向を、政治体制がその実現を目指す政治的理想ないしは政治理念から「価値中立」的に、つまり経験主義的、実証的に考察し、精神分析学に基づく政治的エリート論、その一環として「技能革命論」「技能政治論」を展開した。その帰結として、イタリアのファシズム体制にも、ドイツのナチ体制にも、ソ連の共産主義体制にも、そしてアメリカの自由民主主義体制にも、共通に見られる政治現象の法則化に努めたのであった。ところが、人間を虫けらのように取り扱い、そして「政治犯罪人」やユダヤ人の大量虐殺を平気に行なうナチ・ドイツの帝国主義的野心が表面化して、戦争になるや、ラスウェルは、アメリカの自由民主主義体制をナチ・ドイツの侵略から守る必要性を痛感するに至った。そこで、彼は、政治学をナチ・ドイツの侵略からアメリカの自由民主主義を守る学問に変え、学問の分野でナチと戦う姿勢を示すようになった。戦争の間、彼は、上述したように、シカゴ大学を辞して、ワシントン議会図書館の戦時コミュニケーション研究部長、国務省の顧問として対独戦を勝利に導くために尽力した。それと共に、彼は、アメリカの政治体制がその実現を目指している政治理念を前面に掲げて、その理念実現のための学問、すなわち、「民主政の科学」を主張して行ったのである。その際、彼は、政治学が使えるべき政治目標を次のように主張した。「民主主義的価値とは人間の尊厳に関わることであることを、われわれは確認したい。従って、社会がこの価値を実践に移した時に、民主主義的になる。そして、その時になって、その社会は、人間が相互に尊敬し合う共和国に成る。(11)」この姿勢は、第二次大戦終了後も続く。すなわち、第二次大戦が右の全体主義独裁体制のファシズムに対するデモクラシーの勝利に終ったが、終戦と踵を接する形で、左の全体主義独裁体制のソ連との冷戦が勃発し、一九四〇年代末から五〇年代にかけて、米ソの世界の覇権を巡る戦いが熾烈を極めることになる。一九四六年、大学に戻り、イェール大学法学大学院教授に就任し、再び活発な研究活動を展開した。そして、上述したように、一九四八年に『権力と人間』を公刊した。同書は、一九三〇年の『精神病理学と政治学』と、それ以降、彼が展開した政治理論を簡潔に集大成したものと見られる。しかし、その力点は、政治的エリート論から「民主政の政治学」へと移っており、彼の学問の流れに中で、「政治的人間」の精神分析学的研究と「技能政治論」をその第一期のものと見るなら、次に「民主政の政治学」をその第二期のものと見るなら、第三期の「政策科学」への移行の始点も見られるのである。[112] 彼は、同書の内容を次のように簡潔に要約している。「われわれは、デモクラシーの諸価値を実現するための一層完全な手段の編成という社会政治的目的を持っている。従って、権力と人格の相互作用の基本的分析に到達すれば、さらに一歩を進めて、人間の尊厳という究極目的のためにその知識をいかに役立てるかを考察する。その点を境に、観想的アプローチから操作的アプローチに転じる。そして、権力や尊敬のような価値にすべての人が参与し、他の諸々の価値も一層豊かで、すべての人に解放されている社会、すなわち民主的社会のために、権力を役立てる手段を工夫しようとこころみる。[113]」同書には、「民主政の科学」としての「権力の科学」論が展開されているが、それは次の3のところで取り上げるので、ここでは触れないことにする。この文に垣間見られるように、彼が「民主政の科学」を唱えるにつれて、政治的エリート論を実質的に放棄してしまう。この事を明確に示したのが同書である。以下、その点を紹介しておこう。

ラスウェルは、「政治的人間」を、その幼年期に満たされない尊敬への渇望を癒すためにひたすら権力を追求し、それを基底価値として他の価値を追求する「権力に飢えた人間」と規定した。[114] こうした人間が「政治的エリート」として一国のリーダーとなることは民主政治の理念に反する。そこで、彼は、一九三〇年では「予防の政治学」を提唱したが、その延長線上にある「民主政の科学」を『権力と人間』では、次のように主張している。「人間の大敵は人間そのもの、もっと正確にいうなら、人間の破壊性である。人間の破壊性には二種類ある—破壊的衝動と破壊的活動。活動が破壊的となるのは、それが破壊的衝動を表現または激発する場合である。[115]」「政治的人間」がこの破壊的衝動の持ち主であることが証明されているとするなら、政治的エリートである「政治的人間」の破壊性の問題は、人類全体の視野から見れば、病気と健康の問題に密接に対応していると見られる。[116] そうであるなら、民主政治を維持・発展させるために、民主的性格を持ったリーダーを育成しなくてはならない。[117] ブライスが言うように、「政治は常に少数の指導者による政治である」という命題が真であるなら、民主主義的価値の「人間の尊厳性」という基本的価値を実現する指導者を育成しないなら、民主主義は存続し得ないであろう。つまり、「民主的人格ならびに政体の発展を阻む一切の活動の不断の改造」に努める「社会的精神医学」、すなわち「デモクラシーの政策科学」を発展させなくてはならない[118]。そもそも、「政策科学というものはデモクラシーの価値の防衛と伸張のために、われわれの限られた知的資源をいかに利用するかの戦略を発展させるという意味に解される。つまり、「政策」という術語を用いたのは、いかなる社会的目標に奉仕するために科学的エネルギーの一定の配分（自己配分を含む）が行われるべきか、その社会的目標を解明する必要性を示すためである[119]。」こうした「政策科学」は次のことを教えている。すなわち、「デモクラシーにふさわしい人格構成をもつ指導者が共同社会によって支持されない限り、民主共和国の維持に欠くことのできぬ均衡を存続し得ないことは明らかである。従って、この民主的指導の問題は、結局、社会全般を取り扱う仕事に帰着する。われわれのデモクラシー概念からすれば、指導者は、少数の社会層から吸収されるものではなく、むしろ、あまねく共同社会全体から吸収されねばならない。「エリート」という術語は、記述的政治学では、指導者が輩出される社会構成を指すものとして用いられる。……民主的指導者は、広範な基盤から選出され、常に全共同社会の積極的な支持の如何に委ねるのである。また、少数の例外を除き、すべての成人は、自分がそれを望み、そのために一般市民の同意を得るのに成功する限り、決定作成過程に参与する資格がある。このような諸条件が支配している限り、一つの支配カストに権力が独占されることはまず無い。つまり、共同社会全体が、支配者と統治者を輩出するいわば一つの苗床なのである。すなわち、デモクラシーのエリート（「支配階級」）は、社会全体である[120]。」ラスウェルは、このように主張することによって、つまり、「民主政の科学」を民主政治を擁護・発展させる「政策科学」に発展させることによって、民主主義論の建前論の国民は支配者であるという言説をそのまま額面通りに主張し、かつその帰結として、国民こそエリートである、と主張するに及んで、政治的エリート論を放棄した、と見られる。そもそも、政治的エリート論は、民主主義とは相容れない性格を持った政治理論である。彼は、一九二〇年代にモスカやパレートの政治的エリート論の影響を色濃く受けて、「政治的エリート論」の彼独自の変種としての「政治的人間」論を展開して行ったが、一九四〇年代の初めに、全体主義に対して民主主義を守る戦いを決意して以降は、アメリカの自由民主主義体制を守る戦いにおいて民主主義的価値を信じ、民主主義を守るための政治学の必要性を痛感するにつれて、必然的に政治的エリート論から離れて行ったのである。クリックは、「一九五二年になると、ラスウェルは実際に非民主主義的とみなされているエリートという概念に抗議した。」と、彼がモスカとパレートのエリート概念から絶縁した点を指摘している。(121)

3 アメリカ民主政擁護論としての「政策科学」の成立

権力概念をキー概念とする「政治科学」の樹立が試みられると共に、マックス・ウェーバーやR・ミヘルス等の政治社会学が二〇年代末から三〇年代にかけてアメリカに受容されて行った。もっとも、マックス・ウェーバーについて言えば、その学問の全般にわたる受容は、パーソンズを例外として、ナチ政権に追われたユダヤ系社会科学者や、自由主義的、または社会民主主義的な政治学者のアメリカ亡命によって始まり、第二次大戦後にその本格的な受容が行われ、マックス・ウェーバーの学問はプラグマティズムによって脚色されて、アメリカ社会科学の血肉となる。権力概念をキー概念に用いて政治現象の解明を試みる「権力アプローチ」を確立したのは、言うまでもなく、マックス・ウェーバーであった。彼は、現代民主政国家では、政治制度は、国民主権ないし人民主権という国家権力の主体が国民または人民であるという国法学的主張、つまり国民が支配者であるという民主主義的な原理に基づいて作られているが、実際のところ、現代民主政国家を象徴している装飾的制度を透視して見ると、その裏にある実態は「権力国家」そのものであるという事実を冷徹にも暴き出して、権力国家に関する社会学的研究としての「国家社会学」を構想していた。しかし、彼は、その実現を果たすこと無く、一九二〇年急逝した。彼は、第一次大戦の戦後処理策としてのウィルソン大統領の理想主義が裏切られて、ドイツ国の地上からの抹殺を企てる国際体制の確立を目指すものとしか解釈されようもないヴェルサイユ条約に反対し、研ぎ澄まされた政治的リアリズムの観点から、ドイツ国を強力な権力国家として再建させることこそナショナリストとしての自己の債務と考えて、一九一九年、ミュンヘン大学の学生に向かって、その真情を吐露した講演を行なったが、それは『職業としての政治』という小冊子の形を取って公刊された。実は、彼の「権力アプローチ」はこの小冊子に集約されていると見ても良いのである。[122] 上述したように、ラスウェルは一九三〇年の『精神病理学と政治学』において『職業としての政治』を使っており、メリアムも、彼の伝記を書いたカールによると、ウェーバーとミヘルスを読み、それを周辺の同僚や弟子達に回し読みさせていたという。[123] ライサーソンによると、メリアムはその晩年にしばしばウェーバーの『職業としての政治』や『経済と社会』について言及していたという。[124] ミヘルスについて言うならば、メリアムは、実際、『有徳な市民の育成―市民教育方法の比較研究』（一九三一年）の編集に際しては、ミヘルスにイタリアの部分の担当を打診したり、さらに一九三一年に彼をシカゴ大学に招聘したりしており、[125] マックス・ウェーバー亡き後の「権力アプローチ」の継承者のミヘルスのアメリカへの影響は、その主著『政党社会学』の英訳版（一九一五年）を通じてはもとより、メリアムを中心とするシカゴ大学政治学部の人々と彼との直接的な交流を通じても行なわれたことは止目しても良かろう。[126]

「権力アプローチ」と一体的な関係にある政治的エリート論を展開する者の中に、例えば、ミヘルスのように、人間の共同生活が営まれるあらゆる社会組織において支配する者は常に少数の権力エリートであるという社会学的認識から、人間の社会組織のある所においてどこでもエリートが支配するのは必然的現象であるというような規範的な主張へと、その議論を進めて行った場合、つまり「エリート支配」を事実問題から規範問題へと転換させて、それを論拠にファシズム体制を正当化するようになった場合、政治的エリート論は科学の名を借りたファシズム弁護論ともなり得る訳で、それ故に、それは民主主義者から批判されるのは至極当然のことのように思われる。[127] 一九二九年の世界大恐慌によって、アメリカでは、企業の倒産、それに伴う大量失業が発生し、二〇年代の相対的安定期の繁栄は終焉し、危機の時代へと突入して行った。危機の深化の程度においてアメリカをはるかに凌ぐワイマール・ドイツでは、一九三〇年九月の選挙でナチ党が一躍議席を十倍増させて、ドイツ政治を左右する政治勢力として政治舞台の上に躍り出た。そして、ドイツでもイタリアに続いてファシズムの危険性が現実のものとなった。こうしたヨーロッパにおけるファシズムの台頭に直面して、「権力、権力、そして権力」をひたすら追求するファシズムは「少数者支配の鉄則」を主張するパレートやミヘルスの政治的エリート論によって正当化されていることが想起されるや、「権力の科学」としての「政治科学」に批判的な人々の中に、政治的エリート論や「権力アプローチ」、そして「政治科学」との間に、その方法論の根底にある哲学、例えば、価値相対主義等の点で共通点のあることを指摘し、「政治科学」はファシズムに繋がっていると主張する者が現われた。その代表者がエリオット（William Y. Elliott）である。彼は、メリアムの『政治学の新局面』（一九二五年）が刊行されるや、「政治科学」、すなわち政治学における「科学主義」はファシズムと哲学的に同根であるという批判を一連の論文において展開して行った。彼は、第一次大戦後、オックスフォード大学でリンゼイの下で学位を取った後、アメリカに渡り、ハーバード大学で政治学を担当していた助教授である。彼は、戦後大きな力を持ち始めた、共産主義やサンディカリズム等の左の急進主義、そして右のファシズムから、立憲主義的自由民主主義体制を守ることこそが自由民主主義国家の最大の課題であると考えていた。そして、この課題を実現するために、何よりもまず、自由民主主義国家は、当時、国家に課されている主要な課題である社会問題を解決する必要があり、そのために、国民の民主的な支持を得た強力な国家を確立すべきであると考えていた。彼は、こうした考え方をイギリスの理想主義国家論を批判的に継承・発展させようとするホップハウスやリンゼイから受け継いでいた。一九二〇年代初めに西ヨーロッパでは、こうしたエリオットの考え方は、当然、左右の急進主義者の攻撃の的になっていたことは、言うまでもない。当時、左右の急進主義者達は、立憲主義的自由民主主義体制の批判に際して、この体制の根幹に当たる政治制度たる議会主義的統治システムを攻撃する戦法を取っていた。それによると、議員は寡頭化した政党の党議拘束を受けて、実質的に党幹部のロボットと化しており、その上、政党や世論に影響力を持つ新聞等のマス・メディアは金権資本家に買収されていているために、ブルジョア政党は金権資本の代弁者に過ぎず、議会は国民代表機関であるというのは、名のみでその実態は「金権政治」の機関に過ぎない。それ故に、こうした腐敗堕落した議会を真の国民代表機関にするために、地域代表制を廃止して、それに代わって「職能代表制」を導入すべきである、と右の急進主義者が主張した。それに対しては、左のボリシェヴィキは、彼らが真の直接民主制の実現形態であると喧伝している「ソヴィエト」の導入を主張した。こうした反議会主義論は二〇年代初期に強力に展開されており、それを理論的に見事に代弁したのがカール・シュミットであった。彼は、一九二三年に『現代議会主義の精神史的状況』を公刊して、その中で、次のような反議会主義論を展開した。自由主義・議会主義と民主主義は原理的に異なるものである。前者の精神的基礎である「討論」と「公開性」は、「大衆民主主義の進展」によって「時代遅れ」のものとなった。民主主義は「民族的同質性」を本質的前提とし、「治者と被治者の同一性」を原理とする。そしてこうした「民主主義的同一性を真剣に問題とするならば、何らかの形で直接に表明された反抗すべからざる人民の意志のみが唯一の基準となるなら、これに対して、危急存亡の時、他のいかなる憲法上の制約も許されない。」この人民の意志は「独裁的およびシーザー主義的方法」や「人民の喝采」で直接的に表現される。従って、独裁は民主主義に対する決定的な対立物ではない。つまり、ボリシェヴィズムとファシズムは、反議会主義的であっても、反民主主義的ではない。両者の動力は「神話の理論」であるが、イタリアのファシズムは「階級闘争の神話」に対して「民族の神話」の勝利を証明した。[128] このカール・シュミットの反議会主義論に象徴されるように、当時の左右の反議会主義者達は、民主主義と自由主義・議会主義を区別し、そして両者を切り離して、民主主義概念を自分達に取って都合の良いように改竄して、自分達こそ「民主主義」の味方であると主張した。そして、彼らは、それを拠り所にして、立憲主義的自由民主主義体制や、それを支えている政治理念を否定したが、他方、自然科学の威信を借りて、自分達の主張こそは科学の裏付けがあるのだと僭称したのであった。こうした反議会主義論に助けられて、一九二六年に、イタリアにおいて、ムッソリーニはファシズム体制の確立に成功したのであった。

エリオットは、イタリアにおけるファシズム体制の確立を目の当たりにして、直ちに、論文「ムッソリーニ・プラグマティズムの予言者」を発表して、次のように主張した。すなわち、アメリカのみならず、イギリスやヨーロッパ大陸の公の出版物には民主主義的自由主義の時代は終わったという流行の予言が充満している。この事は「世界のために民主主義を安全なものにする」「第一次大戦」という、「つい最近の十字軍に踵を接するような形で発生した奇妙なほど不幸な現象」である、と反議会主義を批判し、次いでメリアムやキャトリンの政治学における「科学主義」、そしてそれを哲学的に支えているプラグマティズムと、イタリアのファシズムとの間に不愉快な関連があると主張した。[129] そして、彼は、その後、同趣旨の一連の論文を発表し、それを纏めて一書にして、一九二八年、『政治学におけるプラグマティズムの反乱―サンディカリズム、ファシズム、立憲主義国家』[130] の題を付けて公刊した。彼は、同書の中で、自然科学の隆盛と共に、それをモデルにして、一切の価値を排除してあるがままの現実について経験主義的、実証主義的に認識して行こうとするアメリカのプラグマティズムを「理性に対する反乱」として捉え、さらにラスキの多元的国家論に見られる主権否定論や、サンディカリズム、共産主義や、ファシズムを立憲主義的民主主義国家とそれを支えている合理主義的政治理論に対する反乱である、と捉えた。そして政治学における「科学主義」を取り上げて次のように批判した。「物理学が自然の力をコントロールするために成し遂げた輝かしい成果を羨望するあまり、政治の研究者は同じテクニックを応用して社会的な力をある程度コントロールすることが可能となるであろうという希望を持って、物理的測定の純粋に数量的方法を模倣しようとした。社会的事実を認識しようとする彼らは、客観的には、非有機的事象の領域における科学の使徒、つまり科学者を名乗る権利が自分達にあるのだ、と主張している。そして、「ミヘルス、パレート、M・ウェーバーと（その弟の）A・ウェーバーの場合に見られるように、彼らは彼らが科学的であるという自負を立証する方法において行き着く所まで行き着いてしまっているのだ。しかし、彼らの多くは、彼らが取り扱う社会現象の領域が恰もその中に理性と規範的な人間の意志が存在しないかのように取り扱おうと努めている。[132]」こうした「科学主義」に囚われている「政治科学」者達に欠けているのは、悲しいことに、批判に耐え得る方法論における方向感覚であり、その結果としての「科学的」という用語に値する成果における方向感覚である。「少なくとも、具体的なものと直接的なものを力説する、プラグマティズムは、一方において、ビジネスを大いに奨励し、一般理論は有意性がないという想定を擁し、政治に対する唯一のアプローチとして純粋な科学的な記述を弁護した。それは、要するに、心理学の言葉で言えば、行動論的で、そして哲学の言葉で言えば、実証主義的である。そしてこれがアメリカの政治科学の主要な動向である。[133]」ところで、ヨーロッパにおいて見られるように、自由主義、議会主義、そして代議政治の民主的機構そのものに対する反対は高まっているが、その背後には「プラグマティズムの福音」が存在する。政治の研究において権力と事実的なるものを著しく強調することによって、「法に対する尊崇心は失われ、そして諸利益集団間の封建主義的な反目の時代が訪れて、その結果、退行的な諸力の反復がフール回転する」事態が出現するであろう。プラグマティズムと共通の態度は、それが宗教的・道徳的原理を放棄し、実際的な便宜性を強調するが故に、「フ

ァッシスト的理想」の弁護論に帰着し、そして最後にただ「自殺する」可能性が残されるのみとなろう。(134)

このように、アメリカにおける「政治科学」確立の試みがその方法論の根底にある哲学においてヨーロッパにおける反自由民主主義の哲学と共通するものを持っていると批判したエリオットは、その後、物理学をモデルにして「政治科学」の確立を模索したマンローの著作が公刊されるや、論文「政治の科学の可能性―ウィリアム・B・マンローとジョージー・E・G・キャトリンの示唆する方法について特別の注意を払って」を発表して、これまでの「政治科学」に対する批判を繰り返し主張した後、次のように批判した。「政治学におけるいわゆる〈科学的〉研究に見られる変わった哲学にいつも驚かされる。すなわち、それらの研究には批判を伴わずに価値に引きずり込まれ、さらに悪いことには、対象が価値を含んでいること、そしてそれが純粋な事実ではないことを意識していないという点である。多くの政治科学者達は、法則を発見しようとする欲求に駆られて、政治現象をその文化的文脈から引き離そうとする傾向を強めている。そして、彼らは、政治学は政府の政策と理想的な目的についてのその伝統的な関心を捨て去るべきであると主張している。哲学者が真空の中で抽象することが出来ないのと同様に、政治学者がこうした価値についての一切の考量をしないでいられる訳がないのである。科学的テクニックの応用が特に適している分野の行政学でさえ、政策から全く切り離されられないのである(135)」、と。

こうしたエリオットの批判に対して、キャトリンは、新しい政治科学が必然的に反民主主義的であるというよりは、むしろ、それは、実際において、本質的に政治的自由を支持しており、科学的、客観的アプローチは伝統的に権威主義的政府の背後にある、あらゆる絶対主義的な道徳理論の正当性を問題にしているのである、と反論した。そして、科学は必然的に政治的・社会的自由と結びついているという確信を強調した。さらに、「ムッソリーニについての顕著な点は、……彼のプラトン主義――道徳的規制、異端審問、神話、職能的階層性に基づいて組織された社会主義とすべて――である」と非難し、プラグマティズムないしは客観主義がファシズムに繋がっているのではなく、政治的・社会的な権威主義を不可避的に支えているのは、エリオットのような哲学者の絶対主義的ないしは非経験主義的なアプローチである、と反論した[136]。また、「政治科学」の主唱者のメリアムも、初めから、アメリカの自由民主主義体制の存続のために、政治学の科学化を主張し、かつそれを実践したので、エリオットの批判には耳を貸そうとはしなかった。上述したように、ウィルソン大統領が行政学の確立に際して、決定された政策の執行をより効率的、かつより経済的に行なえる組織の管理・運営方法なら、権威主義的なプロイセンの官僚制からも学ぶべきであると主張したように、メリアムらは、政治的現実を科学的に認識する方法なら、ファシズムの政治学からでも学ぶ点があれば、学ぶことはアメリカの民主政を損なうものにはならないと考えた。つまり、ウィルソンもそうであったように、「政治科学」が奉仕すべき価値はアメリカの民主政であり、従ってそれを守り、さらに発展させることが「政治科学」の使命であるという政治的信条を持っており、アメリカの民主政を内外の危機から守り、それをさらに発展させる科学的知識なら、プロイセン官僚制からも、またファシズムの政治学から学んでも、一向構わないというプラグマティックな考え方を持っていた[137]。もとより、「政治科学」確立を目指す人々は当時、まだ少数派であったが、政治学者の多くがアメリカの建国理念を絶対的なものとして信じ、それに対して疑いを抱く者はいなかったので、エリオットの学識については敬意を払う人もあったが、彼の結論を支持する者はあまり多くなかった。なぜなら、エリオットが、ボリシェヴィキの共産主義を批判し、さらにファシズムに対して強く反対するラスキを、彼が二〇世紀に入って社会の構造的変容と共にその姿を見せ始めたその新しい多元的構成について経験主義的に考察した点を捉えて、その方法が経験主義的であるというただそれだけの理由をもって、ファシズムに繋がっていると断定したことは一面的な解釈であると同時に、行き過ぎであると感じられていたからである。言うまでもなく、エリオットの批判は、「政治科学」のあり方の否定的な側面についての危惧を指摘した点では、伝統的政治学者の一部から支持する者もいたが、しかし、建国の理念が絶対視され、さらに自然科学の飛躍的発展に裏付けされた技術革新が盛んな、それ故に手段の合理性を追求する知的風土のアメリカでは、社会科学、とりわけ政治学における科学的方法の導入への熱意はあまりにも強く、かつその方法の利用に対するオプティミズムがあまりにも強いために、より規範的で、哲学的な政治学への復帰を訴える彼の主張が受け入れる余地は少なかったのである。[138]

以上のように、エリオットの「政治科学」に対する批判が切っ掛けになって、二〇年代末から三〇年代初めにかけて、伝統的政治学者と「政治科学」の主唱者との間に論争が戦わされたが、エリオット等の批判によって、「政治科学」の発展が阻止されるようなことはなかった。しかし、一九三三年、ナチ党の政権掌握以降、「価値中立」を標榜する「政治科学」のあり方に対して疑問を投げかけられる雰囲気が作られて行った。というのは、ナチ全体主義独裁体制の確立、そしてナチ・ドイツの帝国主義的対外進出の意図が明確になると共に、アメリカにおいてナチ・ドイツに対する警戒心が高まって行ったからである。そして、その警戒心を一層高めたのは、ドイツからの亡命者の証言であった。世界で最も進歩的で民主的な憲法を持ったワイマール共和国が何故に崩壊したのか。その理由を皆が知りたがった。亡命してきたユダヤ系社会科学者や人文科学者、そして自由主義的ないし民主主義的な政治家達は、議会制民主主義体制の政治理念や政治哲学に懐疑的であった価値相対主義が、議会制民主主義体制そのものの破壊を目指すナチ党の活動ばかりでなく、その政権獲得を許し、そして、結局、全体主義に対する抵抗を弱めたのだ、と主張した。そして、事実、ワイマール共和国の議会制民主主義体制の崩壊に理論的に一役買ったのは相対主義的民主主義論であった。ナチ党の政権掌握は、世界平和と伝統的民主主義理論の妥当性に対する挑戦であった。こうした事を伝える亡命ドイツ人の証言は、アメリカにおいて、価値相対主義を批判する伝統的政治学者達を勇気づけることになった。二〇年代において自然科学をモデルにして急速に発達し始めた社会科学の中心地のシカゴ大学において、こうした傾向を批判する新アリストテレス主義を主張する哲学者グループが価値相対主義を批判し始め、一九三四年春、大学内で哲学的合理主義を代表するアドラーと経験主義・実証主義を代表するカールソンとの間に大論争が展開された[139]。それは、アメリカにおける社会科学の科学的自然主義の本拠地シカゴ大学において、他ならぬ科学的自然主義そのものに対する伝統的な哲学的合理主義の反撃がいかに強まっていたかを象徴するものであった。その後、神を否定し、その帰結として、国家の道徳的目的に疑問を投げかける価値相対主義は反合理主義的で、道徳的懐疑主義であると批判し、また二〇年代から強まった経験主義的・実証主義的な知的傾向が全体主義の台頭に貢献したと主張して、プラグマティズムと全体主義の間の距離はそんなに遠くないという声がカトリック教会からも上がった。危機意識を持ったノートル・ダム大学の新アリストテレス主義の立場に立つカトリック系政治学者達は、一九三九年に雑誌『政治学評論』(Review of Politics)を発刊して、価値相対主義とそれと関連する科学的政治学の傾向を批判し、伝統的政治理論を守ろうとする姿勢を鮮明にした[140]。言うまでもなく、一九三九年という年は、ナチ・ドイツのポーランド侵略が開始された年である。つまり第二次大戦の勃発した年である。学界を含めてアメリカの世論は反ナチ・ドイツで統一された。当然、「政治科学」の主唱者も、伝統的政治学者も、一丸となって、ナチ・ドイツと戦う姿勢を示した。

そもそも、アメリカの政治学、というよりむしろ、社会科学一般は、日本の第二次大戦後のある時期、つまり冷戦崩壊期までのそれと全くその態様が異なっていた。というのは、戦後の日本の社会科学は主として欧米の理論の紹介と、次に、基本的には、戦前の反省から、現行の資本主義体制や、政府の諸活動に対しては距離を置き、それらが抱えている諸問題を歴史的・思想史的パースペクトの中で批判的に考察することに専念し、日本国が直面している重要な諸問題を解決するために、それについての科学的研究・調査を行ない、その成果に基づく政策提言を行なうというような事はあまり行なってはいなかったからである。それに対して、アメリカの社会科学は、所与のアメリカの政治社会体制を絶対的なものとして前提し、その体制に学問を通じて奉仕することが当然であると考えられていた。従って、戦後の日本における社会科学のあり方から、アメリカのそれを見ると、誤った価値判断を下す可能性があるので、あらかじめその点を強調しておきたい。

アメリカの政治学者の中で、三〇年代において、「政治科学」確立を目指す者は、メリアムを中心とするシカゴ大学政治学部の人々や、それに賛同する人々であるが、まだ少数派であった。その圧倒的多数は伝統的政治学者であった。両者を含めてすべてのアメリカ政治学者は、政治学のあり方は次の二通りがあると考えて、それぞれの考え方に従って、政治学の研究・教育、そして実践に携わっていた。第一に、その圧倒的多数は、政治学の課題は、アメリカの憲法に基づいて作り出されている立憲主義的自由民主主義制度とその基本原理について研究し、その研究成果を教授すると同時に、それを公民教育に生かすために、実践活動を行なうことである、と考えていた。第二に、政治学者は、公共政策の専門家として、連邦、州、基礎自治体等の各級政府の諮問に応じると同時に、場合によっては、政府の運営に専門家として参画すべきである、と考えられていた。ところで、政治学の態様と政治体制との関係の観点から、アメリカ政治学のあり方を見るなら、その目指す政治的理念や目標は異なるにせよ、第二帝制時代のドイツ国家学が官僚統治の補助学であり、そしてドイツ国家学の焼き直しであった戦前の大日本帝国時代の政治学も官僚統治の補助学として機能していたが、他ならぬアメリカの政治学も、アメリカの民主政治における選挙された政治家の統治を支援する補助学である点では変わらない性格を持っていたと見られよう。つまり、ドイツ帝国や戦前の日本では、政治学の学術タームが主に国法学の概念であったのに反して、アメリカの民主政においては、学術タームがロックの政治理論を根幹とする近代政治思想や、自然法政治学のものである点だけが異なり、両者は、「統治の補助学」としてのその性格においては殆ど変わりがないと言っても過言ではないのである。

第二次大戦後、一九五〇年代に入って、「政治科学」が「行動論政治学」の名称の下で政治学界における支配的潮流に成って行くが、それは、シカゴ学派の政治学者が学界の指導的立場に立つことになったこと、そして、大学の大衆化と共に、急速に政治学部が陸続と設置されて、政治学の「制度化」現象が始まり、新設学部の教員の多くは時代の趨勢に沿って「行動論政治学」を受容して行ったことに起因していると見られる。こうして「行動論政治学」が政治学界において支配的になって行っても、政治学のあり方の基本的考え方は不変であり、この点は、アメリカ政治学の基本的特徴と言えよう。このように、アメリカ政治学は所与の政治社会体制に有用な学問であることを実証する点にその存在理由を見出していたので、学問が有用である点を実証する科学的方法論、つまり「手段の合理性」を追求したことは論を待つまでもない。しかし、その結果、上述したように、哲学的合理主義の立場に立つエリオット等によって、「政治科学」は、所与の政治的現実を経験主義的・実証主義的に解明することに専念していると批判された。そして、また、その現実が解明されることによって、民主政の理念と現実の間の乖離が指摘され、民主政に対する信頼感を低下させたとも批判された。確かに、メリアム等は、政治学の科学化を目指して、人間の政治行動の分析において心理学や統計学を積極的に導入して、選挙における有権者の投票行動、とりわけ棄権についての実証的研究を行なったが、その結果、有権者は民主政が前提としている「合理的人間像」に合致しない行動をとっていることが明らかになり、「政治科学」は、エリオット等の指摘の通り、大衆民主主義の否定的側面を暴き出すことに一役買っていたことは事実であった。すでに本章の第二節で指摘したように、人間の政治行動を心理学や精神分析学を用いて分析した結果、ウォーラスやリップマンに見られるように、その研究を深めて行けば行くほど、現実の市民は民主政の建前通りの「合理的人間像」とは異なって、非合理的行動をとることが明らかになって行った。つまり、「科学的」政治学は、その確立を目指す人々の主観的意図にかかわらず、結果的には、現行の民主政に対する不信感を生み出して行くことに貢献していたのである。すなわち、それによって、一、民主政の主体としての市民はいつも合理的に行動する、二、市民の、市民による民衆政治（Popular Government）は可能である、という民主政の二つの原理が否定されることになり、民主政に対する信頼感が損なわれ、ひいては破壊される危険性が予想された(141)。アメリカの政治社会体制が安定していた時代においては、大衆民主主義の否定面の指摘はそれほど問題ではなかったが、大恐慌の到来後、体制の危機が表面化し、さらにアメリカの政治社会体制の基本原理を否定する全体主義の台頭と、とりわけその中で最も攻撃的なナチ・ドイツとの戦争の危険性が高まると共に、政治学、とりわけその中でも「政治科学」は「手段の合理性」ばかりを追求するわけには行かなくなってきた。こうして、政治学は体制の有用な学問であるために、どうあるべきかに関して反省を迫られることになった。政治学者達は、何よりもまず、彼らが学問を通して奉仕を誓っているアメリカ民主政の原理を再確認し、それを全体主義との対比において高らかに謳い上げて行くことになる。そのことについては、後にメリアムを例に挙げて紹介する。次に、彼らは、政治学がいかに有用であるのかを示すために、民主政と科学の自覚的な結合を主張し、そして、彼らの一部の者は、暴き出された大衆民主主義の否定面については、民主政の理念との関連においてその是非を論ずるのではなく、その否定面が現実の民主政の運用と調和するかのように、民主政の再定義を行なって、アメリカの民主政を擁護する新しい民主政の解釈論を展開するのである。では、次に、まず、民主政と科学の結合の様相を先に見て、その次に民主政の再解釈論について見て行くことにしたい。

民主政が危機にあった場合、政治学は、民主政のための有用な学問であろうとするなら、それは体制の直面する危機をまず診断し、次にそれを克服する処方箋、つまり計画を打ち出さなくてはならないであろう。民主政と科学の結合、そして計画概念の導入を主張したのは、マンハイムである。第一部で述べたことがあるが、マンハイムは、政治学の科学としての可能性について、知識社会学の立場から論究した『イデオロギーとユートピア』(一九二九年)を刊行して世界的に有名になったが、ユダヤ人の故に、ナチ党の政権掌握と共に、一九三三年四月、イギリスに亡命し、ロンドン大学経済政治学院で社会学と哲学の講師に就任し、イギリスにおいて新しい活動の舞台を見出した。彼は、ワイマール共和国時代の経験を反省して、ナチ・ドイツから自由民主主義体制を守るためにどうすべきであったかについて論究した一連の著作（ドイツ語版『再建期における人間と社会』（一九三五年）、『計画社会と人間パーソナリティーの問題』（一九三八年）、『大衆教育と集団分析』（一九三九年）、英語版『再建期における人間と社会』（一九四〇年））を発表して、その中で、ナチ全体主義を生み出した現代の大衆社会の病理現象を分析し、自由民主主義体制を守るための「民主的計画」の必要性を主張するようになった。すなわち、彼は、自由放任的民主主義体制における社会計画の欠如が体制の「鬼子」としての全体主義を生み出すことになったという基本的認識から、それと対抗し、またそれを未然に防止するために、社会計画の理論の必要性を主張し、かつそれを追求したのであった。彼は、計画が目指す方向は社会の次元のみならず、人間やパーソナリティーの次元にまで及ぼす必要があると主張した。こうした彼の社会計画論は、現代社会についての診断学的考察から導き出された一種の「政策科学」であり、大衆社会の病理現象の克服を目指す新たな道徳哲学の様相を示していた(142)。彼が計画の必要性を認識するようになったのは、一九二九年の大恐慌の経験とソ連の計画経済の成功例であった。ソ連が一九二八年に経済五ヶ年計画を実施し、大恐慌の影響を受けることがなかったことから、ナチ全体主義は、それを真似て計画経済を導入して、大恐慌の副作用を克服して行った。こうした現実を見て、マンハイムは左右の全体主義に対抗して、自由民主主義体制を守るために、経済分野のみならず、社会の次元やパーソナリティーの次元においても計画を導入すべきである、と主張したのであった。このマンハイムの考え方がアメリカにも受容されて、民主政と科学の結合が実現されて行くのである(143)。

では、「政治科学」の場合、民主政と科学の結合はどのように展開して行ったのだろうか。第一節のところですでに指摘したように、メリアムは、世紀の転換期においてアメリカが直面した課題、すなわち、独占資本主義段階への突入に伴う社会・政治制度の再編という課題について、制度を支えている人間の政治行動を自然科学をモデルにして経験主義的・実証主義的に考察して、その結果得た「科学的」知識を利用して、解決を図るべきであると考えていた。言うまでもなく、彼にとって、アメリカ民主政とそれを正当化している政治原理は自明の所与の前提であり、改めてそれについて声を上げて主張する必要はなかったと言えよう。それ故に、彼は、アメリカ政府が直面する課題の解決を手助けするために、「政治科学」確立の必要性を主張し、それを自ら実践したのであった。それればかりではない。「政治科学」が期待した通りに発達したなら、その学問的成果を政府の政策決定に資するように利用させ、ひいては求められれば、自ら現実政治へ参画することは至極当然のことと考えていた。従って、メリアムの場合においては、科学としての政治学はアメリカの民主政治のために有用であるべきであると考えている点で、無自覚的であるが、民主政と科学の結合はすでに果たされていたと言えよう。上述したように、彼は、『棄権』に結実した有権者の投票行動の実態調査を通じて、さらにウォーラスやリップマンの研究から、市民は必ずしも民主政が前提としているような合理的な行動を取るとは限らず、場合によっては非合理的行動をとる可能性もある点を認識した後は、普通の市民が民主政の理念に沿うような行動を取らない傾向があった場合、公民としての自覚を取り戻せるようにするために公民教育が必要であると主張し、また自らそれを実践している。さらに、彼は、科学的知識を活用してアメリカが抱えている諸問題を解決するために、政治学者は政府に協力すべきであると考えていた。従って、二〇年代の末に、彼は、「政治科学」確立の必要性の主張と並んで、自ら政府の政策決定への参画の可能性について真剣に考慮していた。折り良く、フーバー大統領は、一九二九年、ロックフェラー財団の支援の下に、社会科学研究評議会の協力を得て、環境、自然資源、失業、工業化、教育、老齢、医療、犯罪に至るアメリカ社会全般に亘る調査を実施する「社会トレンドに関する大統領調査委員会」を設置し、その調査結果に基づいて改革に乗り出す姿勢を示した。社会科学研究評議会議長であったメリアムは、同委員会の副委員長に任命され、一九三三年に、一五〇〇頁を超える報告書を公刊した。しかし、同報告書公刊前に、大統領選挙でフーバーが敗北したために、この報告書は政府の政策決定に影響を及ぼすに至らなかった。しかし、次のローズベルト大統領の下で、従来の自由放任的自由主義政策から離れて、強力な国家権力による社会問題の解決を目指すニューディール政策が採用されるようになった。それと共に、ヨーロッパにおける左右の全体主義国家が計画を導入して、課題解決に乗り出していることにも影響されて、アメリカでも、計画の必要性が認識され、国家資源計画局（一九三三年―一九四三年）が設置され、それは現実の政策決定に影響を及ぼすことになった。メリアムは、この計画局の副委員長に任命された。と同時に、また社会政策研究委員会（一九三一年―一九三五年）、公務員人事委員会（一九三五年）、行政管理委員会（一九三五年―一九三七年）にもそれぞれ参画を求められた。(144) こうして、メリアムは、国家資源計画局の副委員長として、ワシントンに移り、大不況に象徴されるアメリカの社会経済的危機の克服と迫り来る戦争を阻止するために、政府の一員として戦うことになった。彼は、ナチ・ドイツの侵略が始まった一九三九年に『新しい民主政と新しい専制政』を公刊して、その中で、アメリカ民主政に対する彼自身の五つの信条、すなわち、一、人間の本質的な尊厳、二、人間の完成へと向かおうとする絶えることのない動因に関する確信、三、国家の利益は大衆の利益であると言う前提、四、基本的な諸問題に関する最終的な決定は人民決定が望ましいこと、五、合意に基づき、かつ平和的な社会変革に関する確信、を公然と歌い上げて、それを賞賛した。(145) そして、彼は、こうした特徴を持つアメリカと対比して、イタリア・ファシズムとナチズム体制は「新しい専制政」であると規定した。その理由として、この両体制の特徴が民衆の政治能力に対する不信感と物理的強制力に対する信仰を基礎にした「指導者」への追随性と「強制的同質化」にある点を挙げ、この体制を現代型独裁体制と規定した。さらに、思想的背景が異なるにせよ、ソ連の体制も現象面では共通性が見られるので、それも「現代型独裁体制」であると規定した。(146) こうした民主政の基本的原理を否定する「新しい専制政」の挑戦に対して、民主政を守り、さらに発展させるために、「科学に基づいて運営される強力な権力の構築(147)」が必要である点を次のように主張した。現在の民主主義社会は、技術の複雑化や急激な社会変動のために、諸勢力の衝突は不可避であり、それ故に「無秩序を予防するための組織を作り、社会勢力のより良い秩序を作るための計画を作成すること」によって、「一般的な福祉の観点に立った規制のシステム」を再構築すべきである。その際、社会各分野の相互依存関係が拡大している現代社会では、計画は、従来から盛んにその必要性が指摘されている経済分野だけでなく、農業、福祉、教育等の社会の全分野にも及ぶ必要がある。そうした計画は、私的集団や地方自治体など様々なレベルにおいて作成され得るが、これらの各級レベルの計画相互の連携をはかり、能率を高めるために、最終的には国家の統括的計画による統合が必要である。[148] このように、メリアムは、国民の民主的な合意を得た強力な権力が科学的知識に基づく計画によって、民主政が抱えている諸問題を解決して、民主政の体制としての優位性を実証すべきであると主張したのであった。さらに、ナチ・ドイツとの戦争に突入した一九四一年に「民主政のアジェンダーについて」、「民主政とは何か」を発表して、「民主政は、人間の頭で考案された最良の政府形態である」と宣言した。彼は、民主政の正当化と言う哲学的問題については検討しなかったけれども、民主政が倫理的にいかに良き政体であるかについて、「われわれは理性によって知り得るし、またそのことを観察と実験によっても知り得る」と主張した。[149]

ラスウェルは、「人間の尊厳が実現される理想の体制としての民主政、その再生のために科学に基づく強力な権力を作り上げる」べきである、と言う恩師のメリアムの問題意識を受け継ぎ、それを具体的に定式化して行ったのが、[150] 上述した「民主政の科学」の主張であったことは、再論するまでもなかろう。第二節ですでに述べたように、ラスウェルは、ナチ・ドイツとの戦争の危険性が強まった頃から、ナチ全体主義が破壊しようとする「人間の尊厳性」の擁護こそ民主政の特徴であり、「政治科学」の目指すべき目標は、民主政の擁護であるとして、政治学は「民主政の科学」であるべきである、と主張した。そして、彼は、メリアムと同じく、戦中の一九四一に刊行した『世論を通じての民主政』の中で、民主政は多数者支配を通じての正義の政治（government）であり、今こそ民主政、すなわち「人間の尊厳性と相互尊重の共和国」を肯定することは時宜に適っている、とアメリカ民主政擁護を宣言した。[151]それと共に、彼は、上述したように、その方法論において、その力点を現状分析を行なう「観想的アプローチ」から「操作的アプローチ」へとその力点をシフトさせ、戦後になっては、政治エリート論も放棄し、さらにアメリカ民主政擁護の「政治科学」の諸概念をより精緻化する作業に取り組み、「民主政の科学」を「民主政の政策科学」へと発展させて行ったのである。以上、二〇年代後半から三〇年代にかけての「政治科学」確立の試みに対して、その方法論の基礎にある哲学がファシズムを生み出した知的傾向と共通性を持っており、それには反民主的な傾向が見られると言うエリオット等の批判に対して、「政治科学」を代表するメリアムやラスウェルのレスポンスを見たので、次に、民主政の再解釈について見て行くことにしたい。

政治学が科学化を目指して、経験主義的・実証主義的に人間の政治行動について研究して行けば行くほど、アメリカ民主政の運用において、民主政の前提である「合理的人間像」に対する疑念と、その帰結として「合理的人間像」に基づいて作り出された民主政治の可能性についての疑念が提起され、かつ強められて行った。伝統的政治学者の間で、「政治科学」の試みについては批判的であっても、それによって明らかになり始めた人間の政治行動における非合理性的傾向の指摘については、真剣に受け止めて、従来の民主主義論がすべての人間が国の統治に積極的に参加すべきであると言うローマン主義的考え方に基づいていたのではないか、反省する必要があると考える者も現れた。一九三四年のアメリカ政治学会会長であったシェパードは、一九三五年の論文「過度期にある民主政」において、次のように主張した。すなわち、「無知で、無学で、かつ反社会的分子」から選挙権を剥奪し、そして政府は「知性と品性の高い上流階級」によってコントロールされるべきである。それ故に、普通選挙制度の「ドグマ」の破棄を含めて、アメリカ政治の根本的な再編が必要である、と主張した。[152]シェパードの後にアメリカ政治学会会長に就任したウィロービーは、すでにその二年前に、政治学者が直面している最も重要な研究課題は、「民衆政府、すなわち合衆国におけるその哲学とその実際の作動に関する再検討」であることを示唆していた。[153]このように、国内においては大不況の勃発後における経済的危機の深化、対外的にはナチ党の政権掌握があった一九三三年前後して、アメリカの政治学界において民主政の理念と現実の乖離現象についてどう対応すべきかを巡って議論が分かれており、左右の急進主義者達は、その現象をアメリカ民主政の欺瞞であると言う批判を高めて行った。こうした左右の急進主義から現行のアメリカの政治社会体制を守るために、あるがままのアメリカの政治状態を民主主義に適っていることを論証する必要が生まれた。つまり、あるがままのアメリカの政治的現実が民主主義そのものなのだと言う新しい民主主義解釈が必要になってきたのである。二〇年代の末に、コルネル大学のコーウィンは、エリオットと共に、「政治科学」の客観主義的・反民主主義的傾向を批判していたが、その際、民主政の再解釈の方向を示唆する議論を展開していた。彼は、一応、人間の政治行動に関する現実主義的な見解を認めながらも、民衆政府はなお道徳的に望ましいものであり、かつ実際においても実現可能であると、次のように主張した。多くのアメリカ人は投票行動において望ましくない傾向を示しているが、しかし別のやり方で政治参加しているのである。すなわち、彼らが不適格者であるからではなく、彼らが基本的にアメリカの体制に満足しているからである。それ故に、彼らの行動様式はその基本の所で合理的である。[154] このように、コーウィンは、有権者が棄権するのは、現状に満足しているからであり、従って、その行動は基本的に合理的である、と主張して、有権者の一部が棄権しても、民主政は健全に機能しているのだという見解を示した。このコーウィンの考え方を一歩進めたのが、ハーバード大学のヘリングであった。彼は、一九四一年に、アメリカ政府と政治に関する包括的研究書『民主政の政治』を公刊し、その中で、「民主政の政治には、多くの弱点や不決断や非合理的な事象が見られるが、しかし、それらは、現実主義的に見るなら、人間の本性に基づいている。」「なぜなら、民主政は、それと対立する統治形態が持っていない復元力を持っているからである」、と主張した。[155] そして、彼は、政党、党大会、官僚制、政治マシン、そしてその他の多くの政治機関や、それらのあらゆる側面は基本的に合理的であり、良い成果をもたらしている、と解釈した。シャットシュナイダーは同書の書評で、「われわれの制度が危機に瀕していると言う展望に直面して、われわれは、（同書を通じて）アメリカ民主政の政治を新しい眼で見るようになった」と、主張し、アメリカの民主政に自信を持つべきである、と示唆した。[156]また、アムハースト大学のオデガードは、メリアムの『民主政とは何か？』の書評の中で、「民主政はその目的とその使命に対する信念を復活させ、再生させ、新たに勝ち取らねばならない。なぜなら、そのような信念を欠くと、われわれは、不可避的な敗北に直面するからである。」と、主張し、政治学者は現実のアメリカの民主政に対する批判を控え、むしろそれに対する信念を新たにすべきである、と呼びかけた。[157]こうした政治学者達の所与のアメリカ民主政に対する信念を新にして、それを理解するように努め、そして、もしそれに欠陥があるなら、その機能の改善に努めるべきであると言う考え方が大勢を占めるようになり、一九四〇年一二月に開催されたアメリカ政治学会のラウンドテーブルの一つは次のような決議を満場一致で承認した。すなわち、学会は、民主政の諸原則を支持し、すべての政治学者に対して民主政の道徳的理想を自覚して広めるよう要求する。「われわれは、民主政を理解させ、その制度に対する確信を生み出させると言う継続的な課題に再び専念するものである。[158]」と。こうした政治学者達のアメリカ民主政擁護の主張を背景にして、全体主義独裁体制の出現と、そしてその挑戦を受けて、他ならぬ現実のアメリカ民主政こそが民主政の実現形態であるということが明らかになったので、民主政の理念や建前からではなく、むしろアメリカ民主政のあるがままの現状から民主政概念を抽出しようとする方向が現れていた。この方向で、アメリカの現実に民主政概念が調和するように、新しい民主政の解釈を打ち出したのは、ハーバード大学においてエリオットの友人であるカール・フリードリヒであった。彼は、ハイデルベルク大学出身で、ナチ党の政権掌握前にアメリカに渡り、ハーバード大学で政治学教授として活躍していた。そして、アメリカ市民権を取り、アメリカ合衆国市民となった彼は、すでに第二章1のDのところで紹介したように、一九三七年に、『立憲主義政府と政治』を刊行して、立憲主義的自由民主主義体制が最良の政体であると主張した。そして、民主政はその市民が基本的価値について共通の合意を持つか、それを共有する可能性がある時のみ可能である、と民主政の成立条件と共同体の文化の関係について指摘した。[159] さらに、この考え方を土台にして、彼は、一九四二年に『コモン・マンに対する新しい信念』を発表して、人民または民衆を「コモン・マン」（普通の人）と言い換えて、「コモン・マン」に対する信頼を高らかに謳い上げたのである。彼によると、普通の人は誰でも過ちを犯す。しかし、エリートを含めて人間は誰でも過ちを犯す。民主政において、「コモン・マン」の集合体としての判断が求められるが、その個人としてではない。外交政策を別にするなら、政治的文脈の中で解決されねばならない種類の問題は共通の問題である。つまり、政治的判断は非常に多くの人々に関わる共通の問題に対する判断である。これら多くの人々は、集合体としては有効な判断を形成することが出来る。なぜなら、こうした判断の大半はある共同体において支配的な価値・利害・信条に基づいて決まるからである。それ故に、民主政は集合体としての「コモン・マン」の判断に依存するが故に、個々の個人がその政治行動において過ちを犯す場合があっても、その点を取り上げて、民主政の理念と現実が大きくかけ離れていると批判するのは当たっていない、と主張した。[160]

こうして、所与のアメリカにおける政治的現実の特徴を抽出して、新しい民主政についての解釈が打ち出され、それが一般的な民主政論として受け入れられて行くことになる。こうした新しい民主政解釈のもう一の形態がJ・A・シュンペーターの民主主義論である。彼は、民主政についての次のような全く新しい解釈を展開する。従来の「民主主義的装置の第一義的な目的は、選挙民に政治問題の決定権を帰属せしめることにあり、これに対して代表を選ぶのはむしろ第二義的なこととされた。」しかし、ウォーラスやリップマンによって指摘されているように、市民は「合理的人間像」によって前提とされているような行動を取らないので、それに対処するために、こうした古典的民主主義論における二つの要素の順位を逆転させて、「決定を行なうべき人々の選挙を第一義的なものにし、選挙民による問題の決定を第二義的たらしめるようにしよう。」換言するなら、「民主主義的方法とは、政治的決定に到達するために、個々人が人民の投票を獲得するための競争的闘争を行なうことにより決定力を得る様な制度的装置である。」[161]このように、シュンペーターは、民主政は選挙を通じての政治的エリート間における「政治的主導権獲得のための競争的闘争」であると言う新しい解釈を提示したのである。

第二次大戦中は、右の全体主義に対して、戦後は左の全体主義に対して、アメリカは自国を守るために、全体主義独裁体制に対して、自国の政治体制の長所を自覚し、それを改めて再認識し、民主政の政治原理や政治理想を再点検し、それを所与のアメリカの政治的現実に適合するように再定式化して、それを普遍的原理として高く掲げて、それによって、アメリカのイデオロギー的武装を整えて行った。こうして、二〇年代から四〇年代にかけて、アメリカにおいて「政治科学」確立の試みと、それに対する伝統的政治学者側からの批判、そして民主政下での「政治科学」は「民主政擁護の科学」として、民主政と科学の結合が実現し、「政治科学」は、民主政擁護ないしは弁護の学問に転化して行った。このことは、政治学の学問的性格からして必然のことと言えよう。しかし、二〇年代後半から確立されて行ったアメリカの「政治科学」は所与のアメリカの民主政を擁護する学問と言う性格を強く帯びるようになり、その結果、アメリカの体制に批判的な考え方をする人々にとっては、「政治科学」はアメリカのイデオロギーに映り、その行き過ぎた科学主義の側面だけでなく、その態様自体が批判の対象となって行く。[162]

以上、三〇年代から四〇年代にかけてのアメリカにおける「政治科学」の展開と、それが内外における危機の深化の中で、とりわけ全体主義との対決の過程で、「民主政擁護の科学」へと変容して行った点について考察してきたが、その過程で、「権力の科学」としての「政治科学」においてそのキー概念として位置づけられていた権力概念の定義において微妙な変化が起こった。この点については、第二章2のところで考察している。従って、「屋上屋を重ねる」ことを避ける意味で、ここではその要点のみを紹介して、本章を終えることにしたい。

さて、アメリカにおいて確立された「政治科学」は権力概念をキー概念にして政治現象にアプローチしようとした。その理由として、次のような時代背景があったことを忘れてはならない。すなわち、制度分析から過程分析への政治学における方法論の転換と共に、旧来の主権的国家概念を具体的な関係にまで分析して行くと、国家はその基本要素としての権力把持者と服従者、治者と被治者のペアーに分解され、結局、権力と言う基本概念が取り出されて来ることになる。それ故に、国家に代わって権力が政治学のキー概念になって来るのは必然的なことであったと言える。さらに、政治学の方法論の転換が他ならぬ近代国家の現代国家への転換に伴う「政治の世界」の範囲の拡大、つまり、いわゆる「政治化の時代」の到来と共に、人間の社会生活が国家権力の作用を直接的に被ることになり、その帰結として、国家権力の作用を受ける民衆側のそれに対する反作用を誘発して、政治現象は権力現象として現われ、それを経験主義的・実証主義的に考察して行こうとするなら、権力と言う現象に焦点を当てざるを得なくなって行ったからでもある。また、上述したように、世紀の転換期から三〇年代は資本主義体制の危機の時代であった。言うまでもなく、危機の時代においては、人間の共同生活の政治的形態も融解し、政治現象は支配と服従と言う人間に対する人間の赤裸々なコントロール現象、すなわち権力現象として現われるが故に、それを捉えようとすると、当然に権力に注目するようになり、「権力アプローチ」が台頭するのは当然の成り行きでもあったと言えよう。秋永教授は、こうした「権力アプローチ」を取るアメリカ政治学を体制の危機に対処せんとする「危機の政治学」であり、同時に体制の安定を目指す「安定の政治学」でもある、と規定している(163)。確かに、第二次大戦中のアメリカ政治学はそうした性格を持っていたと言えよう。しかし、ファシズムに勝利した第二次大戦後は、世界の超大国として、アメリカは、国内において、安定と空前の繁栄を享受した。フリードリヒが主張するように、危機の時代においては、政治的エリートの被治者の民衆に対する支配の権力的側面が顕著に目立つようになるが、安定と繁栄の時代においては、むしろ、政治的エリートと民衆の間のコミュニケーションの回路が順当に機能して、エリートはその回路を通じて、被治者の同意を調達して権威に基づいて支配することが可能となるので、権力的側面は後退して、それに反して権威の側面が表面化する。従って、「権力の科学」としての「政治科学」も、権力概念よりも権威概念にその力点をシフトさせるようになる。この傾向を、方法論の自覚が最も強いラスウェルが、戦後に刊行した、『権力と人間』、『権力と社会』の中で、この傾向を明確に示したのである。

ラスウェルは、人間の基本的人権を蹂躙するナチ全体主義体制との戦いの中で、人間の尊厳性を守り、その生存に深い配慮を示すアメリカ民主政を擁護しなくてはならないということを自覚するに伴い、彼が初期の政治エリート論で描いていたのとは違って、アメリカには権力のみならず、多様な価値が民衆の間に広く分有されている事実に気付かされた。そこで、彼は、その初期において、エリートはある社会において支配的価値を最も多く持つ者、すなわち支配階級の言い換えであったのに反して、後期の著作の『権力と人間』、『権力と社会』では、ある集団において権力を最も多く持つ者と定義して、前期と異なるエリート概念を示した。それとの関連において、「政治の世界」でも、人民が自由な選挙で定期的に「決定作成」を行う政治家を選び、かつ次の選挙までの間でも、人民には「決定作成への参与」の機会があり、前期の主張のように、権力が政治的エリートに集中しているのでなく、民衆の間にも広く分有しているとの見解を示した。それと共に、彼の権力概念も「決定作成への参与」とそれへの「影響力」に分解されることになった。

このようなラスウェルの「権力の科学」としての「政治科学」におけるキー概念の権力の「決定作成への参与」の側面の強調と、エリート概念の改変は、「政治の世界」は支配権を持つ政治的エリートの価値の獲得・維持・配分を巡る人間関係ではなく、各価値領域に各々権力状況が発生し、各々の領域において最も多くの権力を持つ者、すなわち、エリートが併存しており、政治は国家や政府のみの活動やそれを巡る権力関係ではなく、人間関係の至る所に発生し、存在している現象として解釈される。そして、狭義の政治は、政府の政策決定への参与を巡る人間の相互関係と言う風に捉え直されるので、「政治科学」は国家における政策決定過程の研究に帰着することになるのは時間の問題となる。

さらに、ラスウェルは、「決定作成過程が政策の定式化、表明のみならず、その実施(＝執行)を含む」と規定していた点についてはすでに述べたが、この規定によって、政策の定式化、表明の段階の、狭義の政治過程のみならず、従来において政治学の対象から除外されていた政策の実施過程、つまり行政をも、「政治科学」の対象に含めることが可能となり、政治と行政を広義の政治過程の中で分断させずに、連続した行動連関として捉える視野を切り開いた点は注目に値しよう。第二次大戦後、アメリカは、対外的には、世界の超大国として、ソ連とは冷戦を戦い、他方では「世界の警察官」として発展途上国のナショナリズムと向かい合い、全世界に軍事基地を配備して、絶えず国際政治の危機に直面していたために、秋永教授が言うように、対外政治を取り扱う国際政治学は、「危機の政治学」に相応しく、パワー・ポリティクス論、つまり権力をキー概念とする「権力政治論」として展開されて行ったのに反して、国内政治を対象とする「政治科学」は、権力が「決定作成への参与」として解釈されることによって、下からの政策決定過程、そして上からの政策執行過程の、双方向の権力循環過程までを視野に入れることが可能な「政策決定過程論」へと展開を遂げて行く基礎をラスウェルが築いたと見られるのである[164]。

おわりに

以上、一九三〇年代から四〇年代にかけてシカゴ大学のメリアムとその弟子のラスウェルによって企てられた「政治科学」確立の試みを、同時代の世界における政治的動向の中で考察して、今日のアメリカ政治学の基本的特徴が形成される背景を概観した。

ヘルマン・ヘラーは、一九二〇年代の後半から三〇年代初めにかけて、ワイマール・ドイツにあって、メリアムと同様に、「科学としての政治学」の樹立に努めていたが、その企図も果たせず、ヒトラーに追われて亡命地のスペインのマドリードで一九三三年一一月五日に四二歳の若さで客死した。その「科学としての政治学」の構築の試みのトルソーは、翌年、アメリカ人の弟子のニーマイヤーによって編集されて公刊された『国家学』の形で残された。その中で、彼は、ドイツでは自然科学が先進国のイギリスに比べても遜色ないくらい発達しているのに、何故に政治学だけが未発達な状態にあるのかの原因を探求している内に、政治学は民主主義の発達していないところでは十分に発達しないことに気づき、ローウィの指摘の通り、政治学と政治体制の間に深い関係があり、民主主義のないところに政治学が発達しないという主張を展開している。二〇世紀のアメリカにおける政治学の発展は、このヘラーの主張を裏付けるものと言えよう。第一次世界大戦後、世界で最も民主的であったアメリカには、政治学が発達できる環境的条件が整っていたことは言うまでもない。さらに、その発展を促進させた条件として、社会科学の世界において自然科学に親和的なプラグマティズム哲学が支配的であった点はさておき、ローウィの指摘する「第二共和国」の誕生がある。言うまでもなく、一九三〇年代初めに、行政国家へと脱皮するアメリカ国家は、計画経済をはかる左右の全体主義体制からの挑戦を受けて、その取り組むべき目標の選定とその実現に際して計画経済を導入して行ったばかりでなく、課題の解決策の設定およびその効果の測定を含めて、事態をコントロールし、その成行きを予測するための科学を必要としていた。その科学は、自然科学から社会・人文科学まで及んだが、国家にとって最も有用であったのは自然科学であったことは言うまでもない。しかし、社会科学も、国家の要請に答えようとして、対象についての法則性の定立とそれに依拠する予測可能性の増大という意味での科学の点では、自然科学が抜きん出ているので、それをモデルとしての科学化を競うことになった。このことに対する既成学界における抵抗は、ヨーロッパと比べた場合、アメリカにおいてはそう大きくはなかった。自然科学をモデルとしての「科学化」をはかる競争において一番遅れていたのは政治学であった。一九二五年、メリアムは、『政治学の新見解』を公刊して、心理学や社会学、統計学など、先に「科学化」に成功した他の社会科学の最新の成果を吸収して、政治学を科学化すべしと主張し、そして自らも率先して、政治学の科学化に乗り出し、その試みは、「権力の科学」としての「政治科学」の形で結実した。もっとも。この試みは、伝統的政治学者や、哲学的合理主義や、ナチ政権の迫害から逃れてアメリカに亡命してきた政治理論家によって批判された。

ヘラーも『国家学』の中で、政治学を自然科学をモデルとして科学化しようとする試みについて、以下の二点において問題がある、と批判した。すなわち、第一に、そうした政治学は「価値中立」を標榜しているが、政治学の対象である政治現象は価値に満ちた「生活形態」であるとし、その法則性を捉えようとする政治学者もその形成に参加しており、さらに、研究対象の選定においても、選定する者の価値観が無意識に入り込むので、そもそも政治学においては、「価値中立」は不可能である。第二に、そうした政治学は、政治現象の内、数量化可能な側面だけを切り取って、それを経験的・実証的に捉え、その法則性を解明しようとしているが、その試みは部分をもって全体を捉えようとする過ちを犯すものである。このように、ヘラーは、メリアムと同様に、「科学としての政治学」の確立の方向においては同じ道を歩んでいたが、しかし、自然科学をモデルとする試みについては批判して止まなかった。では、彼はいかなる試みを行なって行ったのであろうか。彼は、まず、政治学は人間の共存形態の在り方の観点から、現在の「多くの発展傾向の中で、……未来にまで妥当するものを措定し」、それにコミットすべきであると、以下のように主張した。すなわち、人間はユートピア的存在であるので、それを対象とする政治学は、「本質的に未来志向型」であらざるを得ない。「国家の現在像はまさに未来表象なしには形成され得ないもの」なのであるから、政治学者は、「現在の中に作用する特定の傾向に照らして、現在が彼にとって問いに値すると思われることによってのみ、彼は、初めて問題を提起し得るからである。彼は、特定の発展傾向を妥当なものとして措定することによってのみ、方向づけ、選択および解釈を可能にしてくれる嚮導理念を得るのである。[166]」このヘラーの主張をメリアムなどの「政治科学」の試みに当てはめて見ると、アメリカ政治学の基本的特徴がより鮮明に浮かび上がってくる。確かに、メリアムなどは「価値中立」を標榜していた。しかし、彼らは、実はアメリカの民主主義体制にコミットしていたのであった。もっとも、それを当人たちは自覚していなかったまでである。というのは、アメリカでは、建国の理念の自由民主主義は絶対的なものとして前提とされていて、それに疑念を抱く者は存在を許されない社会であったからである。ヘラーの場合、ワイマール共和国は、過渡期の国家として、その在り方を巡って国民の間に「神々の争い」があり、政治学はそれが「価値中立」を標榜すること自体が、党派的立場を示すものとしてイデオロギー批判を受けるというような政治的状況の中で、「科学としての政治学」の構築に苦悩していたのに反して、アメリカの場合、純粋に学問はそれがどれだけ有用であるのかという観点から営まれていたので、アメリカ政治学は、初めから、アメリカの自由民主主義体制に奉仕することを目的にその科学化が試みられていたのであった。従って、政治学の場合、「知識と権力との契約結婚」は「政治科学」の確立の過程において初めからビルトインされていたと言ってもよかろう。実際、ナチ・ドイツとの戦争に突入するや、「政治科学」確立に努めていた政治学者の間に、それまで無自覚であった価値観が蘇り、それに積極的にコミットして、政治学はアメリカ民主政擁護の科学へと発展して行った。ヘラーによると、政治家と政治学者は、同じ「未来表象」を持っていても、それぞれ求める目標価値が自ずから異なる。つまり、政治家は、権力意志によって動かされるので、「あらゆる認識と知識が時の政治的権力闘争において武器として直接に使用される場合に限って、それらの意義を認める。」それに反して、政治学者は、むしろその権力意志を抑えて、「当然、変化して止まない政治的権力状況の中で自己の相対的自立性を保持しなくてはならない精神的な意味形象」を内在的に捉えようとする「認識意志」に従うべきである、という。[166] このヘラーの主張を待つまでもなく、政治学者がその認識意志を時の権力の「権力意志」に従属させた場合、そうした政治学者によって生み出された作品と政党の宣伝パンフレットとの間に、何ら区別がつかないことになっていることは論を待つまでもなかろう。従って、政治学者は、人間の共存形態の在り方の観点から、現在の発展傾向の中で「未来形成的傾向」を選ぶ決断を行わざると得ないが、しかし、その後は、その「権力意志」は持ち続けるが、しかし、一旦、研究対象の認識に向かった場合、可能な限り、自己の権力意志を抑え、それに対して距離を置く「禁欲」の態度を持して、その認識意志に従って行動せざるを得ないだろう。ところが、アメリカの「政治科学」の場合、それは、時の権力に距離を置き、政治的に「禁欲」の態度をとるどころか、時の権力への奉仕という「権力意志に」動かされる度合が強く、それは大戦中ますます顕著になって行った。さらに、大戦後間もなく、冷戦の開始とともに、左からの全体主義の挑戦を受け、政府は、大戦中、政治学者が大戦遂行において有用であったことが証明されていたので、戦後、「政治科学」の発展を積極的に支援した。その結果、「政治科学」はアメリカ民主政擁護の政治学であるという性格をますます強めて行った。ソ連の崩壊後、マルクス主義の凋落とともに、現代政治学といえば、アメリカ政治学を指し、それは「世界の政治学」として無批判に受け止められている現状からして、それは、受容に際しては、ローウィの言う通り、「アメリカの政治現象の一部であり」、アメリカ民主政擁護の「政策科学」である点についての認識をしっかりと持ってそれに対すべきであろう、確かに、アメリカ政治学が「普遍的政治学」であることを主張する場合、アメリカの自由民主政には普遍的な民主主義原理が宿り、それには一理ある。しかし、それがアメリカの時の政府の政策遂行手段として利用されている側面も強いので、そのイデオロギー性が批判されるのは当然であると言えよう。

本章の〈はじめに〉のところですでに見てきたように、一九六〇年代末には、行動論政治学は時の政府に対しては有意性を持っていたが、広範な民衆には有意性を欠落させていることが批判され、アメリカ政治学会会長就任講演で、イーストンは、そのことを率直に認めた。そして、彼は、ヘラーと同じく、政治学の在り方について以下のように述べた。「過去の偉大なる政治理論家達は、自分自身の社会的現実に対する理解を豊かにし、より広い意味を付与するために、次のような方法が有益であることを知っていた。つまり、未来において可能な様々な政治的諸関係について、新しく、かつしばしば極端に異なる概念像を構成するという方法がそれである。われわれ自身にしても、現在ここでそのような広範な思弁的選択肢を形成することによって、初めて自らの政治体系の欠陥をよりよく理解し、焦眉の必要事になっている適切な変動の経路を探求し始めることができるのである。科学が現代世界に対する有意性を保とうとする限り、そのような作業を行なうことは、科学の課題と責任の一部と考えるべきである、と私は主張したい。[167]」つまり、「最も広い意味での政治的選択肢についての創造的思弁を政治学内で出来なければ、われわれは、現行の価値的枠組みの限界内に自らを封じ込めることにならざるを得ないわけである。そして、その枠組みが社会の諸問題に対する有意性を喪失し始めるにつれて、その体系維持的性質が、われわれを盲目にし、近い将来重大化するに決まっているような問題さえも、見えなくしてしまうのである。[168]」このようなヘラー的な視点に立ったイーストンは、アメリカ政治学の在り方について以下のような提言を行なった。まず、政治学者は弱者である広範な民衆の立場になって、創造的な「思弁的選択肢」を形成し、それを用いて政治現象にアプローチすること、次に、社会科学者は、一般に彼の国の国家目標や国家利益と自己を同一視する傾向がある。「国家目標と国家的展望への無意識的関与は、学問を不具にする恐れがある。政治学者は、現在でも、それから免れるための努力を払わねばならない状態にある。学問諸領域の集合としての科学が知識の広がりにおいて国際的であることを要求する権利を持っているのとまさに同じように、社会科学者自身も脱国家化する必要がある。[169]」つまり、政治学者は、国際化時代において、自国の国益に囚われるのではなくて、人類全体の共存の在り方の観点に立って、学問的営為を行うべきであること。この二点について、行動論政治学に代わる新しい政治学の指針を示した。もっとも、彼は、それまでの行動論政治学の学問的成果を全面的に否定せず、むしろ、それに依拠して、さらに「政治生活に関するこれらの諸発見が内包する意味を、明確な代替的な価値的枠組みの光に照らして省察しようとする用意のある大胆な思弁的理論構成」を今後行なうべきである、と主張した(170)。

一九六九年のアメリカ政治学会会長就任講演で、それまで行動論政治学の代表者と目されていたイーストンの以上のような発言は、アメリカのみならず、日本の政治学者の間でも、驚きと同時に奇異に受け取られ、人によっては、「変節」であると批判する者もいた。しかし、一九三〇年代から六〇年代にかけてのアメリカ政治学の流れの中で、イーストンの学問的営為を見る限り、「変節」どころか、彼の本領がようやく示されたものと見られないこともないのである。最後にその点に触れて本章を閉じたいと思う。

イーストンは、一九一七年、カナダのトロントで誕生し、修士課程までトロントで過ごした。そして、博士課程はアメリカに渡り、ハーバード大学を卒業している。三で述べたように、「科学的」政治学に対して批判的であったエリオットやカール・フリードリッヒが当時、ハーバード大学政治学部教授で在職中であり、イーストンはフリードリッヒ教授の指導の下で政治思想史の分野の論文で博士号を取得している。一九四七年、学位取得と共に、シカゴ大学に招聘され、メリアムの研究室を引き継ぎ、「政治科学」に取り組むことになったという。しかし、彼は、エリオットなどの政治理論家の「政治科学」批判を全面的には受け入れていなかった。とはいえ、「政治科学」にも全面的にコミットせず、その中間の道を歩んでいた。その苦闘の現れが、一九五三年公刊の『政治体系』であった。この著作が行動論政治学の出発点であると受け止められているが、よく読むと、イーストンの真意がどこにあったのかが良く理解できる。つまり、彼は、政治学界における伝統的政治学を代表する「政治理論」、主として政治思想史研究を中心とする「規範理論」と、自然科学をモデルにして「科学的」政治学を樹立しようとする行動論政治学との対立を弁証法的に止揚する方向を探し求めていたのである。そこで、彼は、政治生活を解明する経験的に検証可能な一般的な体系理論の構築を目指し、ハーバード大学時代の恩師であるフリードリヒ教授婦人がたまたま社会体系論で有名なタルコット・パーソンズ教授の秘書をしていたことで、パーソンズと知り合い、彼が、ウェーバーの『経済と社会』の英訳中であったので、社会体系論やウェーバーの理論と、MIT大学のウィーナー教授のサイバネティクス論を受容して、「政治体系」論を展開することになったという。従って、彼は、「政治体系」論を政治理論と称していて、「科学」と称したことはないのである。[17] それればかりではない。彼は、二〇一四年逝去するまで、アメリカには帰化せず、カナダ国籍のままであった。従って、他のアメリカの政治学者と異なり、アメリカ政府に対して距離を置くことができた点も与って、上述したような行動論政治学に対する批判的立場を持ち続けることが出来たのであろう、と思われる。

【注】

（1）David Easton, "The New Revolution in Political Science", in: American Political Science Review（以下、APSRと略記する）, vol. 43. no.4, December 1969. 山川雄巳訳『政治体系』（第二版）、ペリカン社、一九七六年、第二版へのエピローグ、第一章「政治学における新しい革命」、三三一頁―三三二頁。

（2）山川雄巳『増補　アメリカ政治学研究』、世界思想社、一九八二年、七六頁、八一頁、三三七頁。

（3）Terence Ball, American Political Science in Its Postwar Political Context, in: J.Farr and R. Seidelman, ed., Discipline and History in the United States（以下、DHと略記する）, 1933, pp. 219-220. 本田弘・藤原孝他訳『アメリカ政治学の展開―学説と歴史』、サンワ、一九九六年、二八〇頁―二八一頁。

（4）Thodore J. Lowie, The State in Political Science: How We Become What We Study, in:HD, p. 385. 前掲邦訳、四六五頁。

（5）Ibid., pp. 386-387. 前掲邦訳、四六九頁―四七〇頁。

（6）Ibid., pp. 390-393. 前掲邦訳、四七四頁―四七七頁。

（7）Charles E. Merriam, New Aspects of Politics, Third Edition, Enlarged, With a Foreword by Barry D. Karl, 1970. 中谷義和監訳『政治学の新局面』、三嶺書房、一九九六年。訳書は一九二五年版を底本にしている。一九七〇年度の増補版の原書には、邦訳書

に入っていない、一九二二年の“the Present State of the Study of Politics”と一九二六年の“Progress in Political Research”の、二つの論文が追加されている。引用に際しては、訳書を用いるが、訳書に入っていない二つの論文については、原書を用いた。

（8）G・E・G・カトリン著・竹原良文・柏 経学訳『体系政治学（上巻）―政治社会学の原理―』、法律文化社、一九七一年、八頁。

（9）Edward A. Purcell, The Crisis of Democratic Theory. Scientific Naturalism and the Problem of Value, 1973, p. 18. メリアム『政治学の新局面』に関するその他の評価については、同訳書の監訳者・解説（二一五頁―二一六頁）を参照。

（10）Ibid., pp. 5-6, pp. 9-8. B・クリック著・内山秀夫・他訳『現代政治学の系譜』、時潮社、一九七三年、八七頁―一一一頁。

（11）R. Hofstadter, The Age of Reform. From Bryan to F. D. R., 1955. 清水知久・他訳『改革の時代―農民神話からニューディール』、みすず書房、一九八八年、一五七頁―二四七頁。

（12）メリアムの伝記や業績については、次の文献がある。Barry E. Karl, Charles E. Merriam and the Study of Politics, 1970. Ditto. Merriam, in: International Encyclopedia of the Social Sciences, vol.10, 1968, pp. 254-259. なお邦語になっているものとして、本章注（7）の訳書の解説が詳しい。

（13）E. A. Purcell, op.cit., p. 6, p. 26.

（14）ハンス・ケルゼン著・上原行雄・他訳『デモクラシー論』（一九二〇年）、木鐸社、一九七七年、四二頁。

（15）Merriam, “The Present State of the Study of Politics”, in: ibid., p. 6.

（16）Ibid., p. 72.

（17）メリアム著・中谷義和訳『政治学の新局面』、五〇頁、五八頁、六九頁、九七頁。

（18）B. D.Karl, “Charles E. Merriam”, in: International Encyclopedia of the Social Science, p. 257.

（19）Charles E. Merriam and Harold F. Gosnell, Non-voting: Causes and Methods of Control, 1924.

（20）Charles E. Merriam, The Making of Citizens: A Comparative Study of Methods of Civic Training, 1931.

（21）ditto., Chicago: A More Intimate View of Urban Politics, 1929. 和田宗春訳『シカゴ―大都市政治の臨床的観察』、恒文社、一九八三年。

（22）ditto., Four American Party Leaders, 1926.

（23）ditto., “Progress in Political Research (1926)”.

(24) ditto., "Progress in Political Research (1926)", in: New Aspects of Politics, p. 341.
(25) Ibid., p. 237, p. 242.
(26) Charles E. Merriam, Political Power: Its Composition and Incidence, 1934. 斉藤 真・有賀 弘訳『政治権力―その構造と技術』、東京大学出版会、一九七三年、上、一頁。
(27) 同前訳書、三頁。
(28) 同前訳書、二二頁。
(29) 同前訳書、三〇頁。
(30) 同前訳書、五〇頁―五三頁。
(31) 同前訳書、一七六頁。
(32) 同前訳書、一五一頁―一五二頁。
(33) 同前訳書、一八八頁―一九〇頁。
(34) 同前訳書、下、三三〇頁―三三二頁。
(35) 同前訳書、下、三六〇頁―三六一頁。
(36) 同前訳書、下、三九〇頁。
(37) 同前訳書、下、四〇四頁。
(38) 同前訳書、下、四四八頁。
(39) 同前訳書、下、四六〇頁。
(40) Carl Friedrich, Constitutional Government and Politics, 1937, p. 583.
(41) B・クリック著・内山・他訳『現代政治学の系譜』、二四八頁―二四九頁。
(42) 同前訳書、三〇三頁。
(43) Carl Friedrich, An Introduction to Political Theory — Twelve Lectures at Harvard, 1967. 安 世舟・他訳『政治学入門』、学陽書房、一九七七年、一七七頁―一七八頁。
(44) W. Robson, Review of Political Power by Charles E. Merriam, in: The American Political Science Review (以下、APSRと略記する, 29 (1935), p. 299.

(45) A. Leiserson, Charles Merriam, Max Weber, and the Search for Synthesis in Political Science, in: APSR, vol. 69 (1975), p. 176.

(46) A. Somit, J. Tanenhaus, The Development of American Political Science, 1982, pp. 113-117. 例えば、マンロー (William Benett Munro) は一九二七年刊行の『見えざる政府』(Invisible Government) の中で、次のように述べている。政治の法則が存在する筈である。政治学は哲学と社会学との「方法論的結びつき」を断つなら、その法則は良く見えてくる筈である。従って、「科学者の方法論と客観性」を採用すべきである。(pp. 35-37.) 彼の念頭にあった科学者とは自然科学者であったことを、一九二八年のアメリカ政治学会会長就任講演「物理学と政治学―古い類推の再検討」(Physics and Politics — An Old Analogy Revised) の中で明らかにしているのである。「政治科学」は、自然権、被治者の同意、世論の支配、人間の平等、自由放任、等々についての「知的不誠実性」から自らを解放して、新しい物理学から借用して、類推によって、実際の実験操作に耐え得る概念を探し出して、その上に、再構築されるべきである、と主張しているからである。(A. Somit, J. Tanenhaus, op.cit., p. 114.)

(47) G. E. G. Catlin, The Science and Method of Politics, 1927, 1964, p. 215.

(48) Ibid., pp. 141-142.

(49) Ibid., pp. 244.

(50) H. D. Lasswell, Politics: Who Gets What, When, How, 1936. 久保田きぬ子訳『政治―動態分析』、岩波現代叢書、一九五九年。原書のリプリント版が一九五〇年にニューヨークのPeter Smith社から刊行されており、さらに翌年の一九五一年に刊行されたラスウェルの著作集 (The Political Writings of Harold D. Lasswell, The Free Press. 以下、PWと略記する。) にも、Psychopathology and Politics (1930), Democratic Character と共に収録されている。なお、邦訳書には不適切な訳語もあるので、引用に際しては邦訳書をそのまま使用していない。その点をお断りしておきたい。

(51) 同前訳書、一頁。

(52) 同前訳書、一八〇頁―一八二頁。

(53) D・イーストン著・山川雄巳訳『政治体系』、一二一頁―一二三頁、一二五頁―一二六頁、一二九頁、一五二頁。

(54) M・ワインスタイン著・吉村正監訳『行動科学派の政治理論』、東海大学出版会、一九七三年、一八八頁。

(55) V・パレート著・北川隆吉・他訳『社会学大綱』(一九一六年)、青木書店、一九八七年、九九頁以下、一六四頁―一六六頁、三〇九頁。

(56) G・モスカ著・志水速雄訳『支配する階級』、ダイヤモンド社、一九七三年、五七頁―五八頁、七七頁―七八頁、三四九頁―

三五二頁、四六〇頁―四六八頁。

（57）M・ウェーバー著・世良晃志郎訳『支配の社会学』I、一九六〇年、一〇六頁以下。

（58）R・ミヘルス著・森博・他訳『現代民主主義における政党の社会学』（一九一〇年）、木鐸社、一九七二年、初版序文、vi頁、一六二頁―一七七頁。

（59）H・ラスウェル著・久保田きぬこ訳『政治』、一七九頁。

（60）ラスウェルの経歴とその学問的業績の紹介・評価については、次の文献がある。D.Marvick, ed. Harold D. Lasswell on Political Sociology, 1977 の編者序文（Introduction: Context, Problems, and Methods, pp. 1-72）; G. Almond, "Harold D. Lasswell: A Biographical Memoir", in: ditto, A Discipline Divided, 1990. 飯田文雄「ハロルド・ラスウェルの政治理論」（1）（2）（3）（『国家学会雑誌』、一九九〇年、第一〇三巻第三・四号、同巻第十一・十二号、一九九二年、第一〇五号第七・八）。また、ラスウェルの弟子や関係者による記念論文集（Arnold A. Rogow, ed., Politics, Personality, and Social Science in the Twentieth Century. Essays in Honor of Harold D. Lasswell, 1969）には、ラスウェルについての思い出の他に、彼の学問全般にわたる研究および著作の目録がある。ラスウェルを取り扱った邦語文献は次の通りである。阿倍頼孝「H・D・ラスウェル」、白鳥令編『現代政治学の理論』上、早稲田大学出版部、一九八一年。藤原保信『二〇世紀の政治理論』、岩波書店、一九九一年。田口富久治・仲谷義和『現代の政治理論家たち―二一世紀への知的遺産』、法律文化社、一九九七年。なお、ラスウェルの初期の三部作を「輝かしい三部作」と言ったのは、ソミットとタネンハウスである（Somit and Tanenhaus, op.cit. pp. 127-128）。

（61）H. Lasswell, The Analysis of Political Behavior. An Empirical Approach, 1948. なお、同書には邦訳（加藤正泰訳『人間と政治』、岩崎書店、一九五五年）があるが、省略や誤訳が多く、学術研究書としての利用価値の点で問題が多い。

（62）H. Lasswell, Power and Personality, 1948. 永井陽之助訳『権力と人間』（改定新版）、一九六一年。

（63）H. Lasswell, ed. The Policy Sciences, 1951.

（64）H. Lasswell and A. Kaplan, Power and Society: A Framework for Political Inquiry, 1952.

（65）H. Lasswell, Psychopathology and Politics, in: The Political Writings of Harold D. Lasswell, 1951.

（66）Ibid., pp. 39-74.

（67）Ibid., pp. 75-76, pp. 261-262.

（68）Ibid., p. 78.

（69）Ibid., p. 125.
（70）Ibid., p. 78.
（71）Ibid., p. 151.
（72）Ibid., pp. 151-152, p. 263.
（73）Ibid., p. 153.
（74）Ibid., p. 157ff.
（75）ラスウェル『権力と人間』、四六頁―四七頁。
（76）同前訳書、二八頁。
（77）同前訳書、七七頁―七九頁。
（78）同前訳書、一〇八頁―一〇九頁。
（79）H. Lasswell, Psychopathology and Politics, pp. 184-185.
（80）Ibid., p. 173, p. 183, pp. 264-265.
（81）Ibid., pp. 264-265.
（82）Ibid., p. 197.
（83）Ibid., p. 198.
（84）ラスウェル『権力と人間』、四六頁―四七頁。
（85）H. Lasswell, World Politics and Individual Insecurity, 1934. 本書は、第二次大戦後、メリアムの『政治権力』、スミスの『良心を超えて』（T.V. Smith, Beyond Conscience, 1934）と合冊になって、『権力の研究』（A Study of Power）と題されて、一九五〇年にフリー・プレス社から刊行されている。ここでは、フリー・プレス版を利用する。
（86）Ibid., p. 3. ラスウェルは、この文の注にキャトリン『政治の科学と方法』、ラスキ『政治学』（Politics）（一九三一年）、マウラーの著作（E. A. Mowrer, Sinon or the Future of Politics, 1930）、メリアム『政治権力』の他に、モスカ『政治学原理』（一九二三年）、ミヘルス『政党社会学』（一九二七年）、カール・シュミット『政治的なものの概念』（一九三二年）を参照した点を挙げている。この注は、ラスウェルの知的背景を知る何よりの例証になる。
（87）Ibid., p. 3.

(88) H. Lasswell, World Politics and Individual Insecurity, p. 23.

(89) Ibid., p. 22.

(90) Ibid., p. 24.

(91) Ibid., p. 5.

(92) こうしたラスウェルの方法論的立場は、「民主政の科学」を主張するようになると共に、さらに明確化して行った。参照、H. Lasswell and A. Kaplan, Power and Society: A Framework for Political Inquiry, Introdiction, p. xi.

(93) H. Lasswell, World Politics and Individual Insecurity, p. 24, note1. ヘラー『国家学』、九七頁—一〇一頁、一六一頁—一六二頁。

(94) H. Lasswell, World Politics and Individual Insecurity, p. 24.

(95) Ibid., pp. 7-11.

(96) Ibid., p. 9.

(97) Ibid., p. 25.

(98) Ibid., p. 5.

(99) Ibid., p. 6.

(100) Ibid., p. 7.

(101) S・ノイマン著・岩永健吉郎・他訳『大衆国家と独裁』(一九四二年)、みすず書房、一九六〇年、第四章。

(102) H.Lasswell, World Politics and Individual Insecurity, pp. 231-233.

(103) Ibid., p. 26, p. 231.

(104) Ibid., p. 268.

(105) Ibid., p. 267.

(106) Ibid., p. 279. ラスウェル『政治』、一三一頁—一三五頁。

(107) H. Lasswell, Skill Politics and Skill Revolution, in: The Analysis of Political Behavior, p. 144.

(108) H. Lasswell, The Garrison State and Specialists on Violence, in: The Analysis of Political Behavior, pp. 146-157.

(109) Ibid., p. 157. なお、ラスウェルは第二次大戦後に「兵営国家」論を体系的に論究した著作『国家の安全と個人の自由』(National Security and Individual Freedom) を一九五〇年に刊行している。同書についての次のような詳細な紹介がある。永井陽之助、

「紹介：H・D・ラスウェル『国家の安全と個人の自由』」、『国家学会雑誌』第六六巻第五・六・七号、一九五二年。

（110）H.Lasswell, Democracy through Public Opinion, 1941, p. 61.

（111）H.Lasswell, The Developing Science of Democracy, in: The Analysis of Political Behaviour, p. 2.

（112）D. Marvick, op.cit., p. 3, p. 30.

（113）ラスウェル『権力と人間』、十一頁—十二頁。

（114）同前訳書、四七頁、六六頁—七〇頁。

（115）同前訳書、一三六頁。

（116）同前訳書、一三七頁—一三八頁。

（117）ラスウェルは、民主的性格について論究した論文を、本注（65）に挙げた一九五一年の著作集に収めている。Democratic Character, in: The Political Writings of Harold D. Lasswell, pp. 465-525. 彼は、同論文の中で、人間の性格と政体の関係について、プラトン、アリストテレスの古典的アプローチを検討した後、「予防政治学」、すなわち「社会精神医学」の学問的成果を活用して、重要な価値が広く市民の間に配分され、共有されている民主主義的社会において、人間の潜在可能性に対する信頼感を有し、かつ開かれた心を持った政治家をいかに育成するのかという彼独自の政策論を展開している。

（118）ラスウェル『権力と人間』、一四五頁、一七六頁—一八一頁。

（119）同前訳書、一四九頁。

（120）同前訳書、一三三頁—一三四頁。

（121）B・クリック『現代政治学の系譜』、三〇七頁。

（122）W・モムゼン『マックス・ヴェーバーとドイツ政治一八九〇—一九二〇』Ⅱ、五七二頁—五七五頁。

（123）Charles E. Merriam, New Aspects of Politics, Foreword by Barry D. Karl, p. 29.

（124）A. Leiserson, "Charles Merriam, Max Weber, and the Search for Synthesis in Political Science", in: APSA, vol. 69. (March 1975), p. 175. ライサーソンは、メリアムとウェーバーは権力概念を行為と関連付けて人間関係の中で捉えようとした点で共通点があると指摘しており、メリアムがウェーバーの分析の方がベントレーのそれよりも優れていると考えていたと言う指摘は興味深い(pp. 177-178.)。

（125）Barry D. Karl, Charles E. Merriam and the Study of Politics, p. 145, pp. 173-175. メリアムは、第一次大戦期までの間、ヨーロ

ッパの社会科学者で注目していたのは、グンプロヴィッツ、ラツェンホーファー、デュルケーム、ジンメルであったという。しかし、ラスウェルを通じて、二〇年代に、メリアムは、フロイト、パレート、ミヘルスを知ることになり、特に、ミヘルスとは、市民教育の国際比較研究では、執筆を依頼したり、シカゴ大学に夏季集中講義に招いたりする関係まで持つ間柄になっていた。

(126) G. Almond, A voice from the Chicago school, in: H. Daalder, ed., Comparative European Politics: The Story of a Profession, 1997, pp. 54-55.

(127) W. Rohrich, Robert Michels, 1972, pp. 173-175.

(128) カール・シュミット著・樋口陽一訳『現代議会主義の精神史的状況』（一九二三年）（カール・シュミット『危機の政治理論』、ダイヤモンド社、一九七三年、所収）、五一頁―八五頁。

(129) William Y. Elliott, Mussolini, "Prophet of the Pragmatic Era in Politics", in: Political Science Quarterly 41, 1926, p. 161, p. 184.

(130) William Y. Elliott, The Pragmatic Revolt in Politics. Syndicalism, Fascism, and the constitutional State, 1928.

(131) Ibid., p. 8.

(132) Ibid., p. 9.

(133) Ibid., p. 7.

(134) Ibid., p. 250.

(135) A. Somit and J. Tanenhaus, The Development of American Political Science, 1982, pp. 118-119.

(136) G. E. G. Catlin, "Review of The Pragmatic Revolt in Politics by William Y. Elliott", Political Science Quarterly 44, 1929, p. 262.

(137) Barry D.Karl, Charles E. Merriam and the Study of Politics, p. 178.

(138) E. A. Purcell, The Crisis of Democratic Theory, 1973, pp. 110-111.

(139) Ibid., pp. 3-5.

(140) Ibid., pp. 179-182.

(141) Ibid., pp. 11-12.

(142) Karl Mannheim, Mensch und Gesellshaft im Zeitalter des Umbaus, 1935, rev. ed.: Man and Society in a Age of Reconstruction, 1940, 福武直訳『変革期における人間と社会』、二巻、みすず書房、一九五三年。マンハイムの遺稿集『自由、権力、民主的計

画』（Freedom, Power, and Democratic Planning, 1950.）について、ラスウェルは、『民主的性格』（一九五一年）の中で、「あらゆる文明と文化を、普遍的で、同時に自由な社会における自由人という目標に向けて再形成すべきである」というマンハイムの考え方を支持すると宣言している（Lasswell, Democratic Character, in: The Political Writings of Harold D.Lasswell, p. 525.

（143）本注（142）に挙げたマンハイムの著作は、そのドイツ語版が出た翌年の一九三六年のアメリカ政治学会誌に紹介され、さらにその英語版が出た時も、次の書評が出ている。O. Jászi, "Review of Man and Society in a Age of Reconstruction by Karl Mannheim, 1940", in: APSR, vol. 35. No. 2, 1941, pp. 550-553.

（144）B・クリック『現代政治学の系譜』、二五一頁。

（145）Charles E. Merriam, The New Democracy and the New Despotism, 1939, pp. 11-12, p. 45, p. 46.

（146）メリアム『政治学の新局面』、訳者解説、二二四頁—二三〇頁。

（147）飯田文雄「ハロルド・ラスウェルの政治理論（1）」、国家学会雑誌、第一〇三巻、第三・四号、一七七頁。

（148）Charles E. Merriam, The New Democracy and the New Despotism, pp. 149-164.

（149）Charles E. Merriam, What is Democracy?, 1941, p. 91.

（150）飯田文雄、前掲論文、一七七頁—一七八頁。

（151）Harold D. Lasswell, Democracy through the Public Opinion, 1941, pp. 1-2.

（152）Walter J. Shepard, "Democracy in Transition", in: APSR, No l. 29. 1935, pp. 18-19, p. 20.

（153）William F. Willoughby, "A Program for Research in Political Science", in: APSR, vol. 27. 1933, p. 2.

（154）Edward S. Corwin, "The Democratic Dogma and the Future of Political Science", in: APSR, vol. 23, 1923, pp. 577-591.

（155）E. Pendleton Herring, The Politics of Democracy, 1940, pp. 25-26.

（156）E. Schattschneider, "Review of The Politics of Democracy by E. Pendleton Herring", in: APSR, vol. 34, 1940, p. 788.

（157）Peter H. Odegard, "Review of What is Democracy? by Charles Merriam", in: APSR, vol. 35. 1941, p. 1161.

（158）E. A. Purcell. op.cit., p. 190.

（159）Carl J. Friedrich, Constitutional Government and Politics, 1937. Rev.: Constitutional Government and Democracy, 1941.

（160）Carl J. Friedrich, The New Belief in the Common Mann, 1942, p. 30. Ditto., Demokratie als Herrschaft-und Lebensform, 1959, SS. 39-46. カール・フリードリヒ著・安 世舟・他訳『政治学入門』、一九三頁—一九五頁。

(161) J・A・シュンペーター著・中山伊知郎、東畑精一訳『資本主義・社会主義・民主主義』中巻、東洋経済新報社、一九六二年、五〇二頁―五〇三頁。
(162) クリックは、アメリカの「政治科学」をアメリカの政治思想の特殊な一つの表現形態であり、かつ現代アメリカの「政治的教義」である、と解釈している。B・クリック『現代政治学の系譜』、序文、ii―iv、四〇二頁。
(163) 秋永肇『現代政治学』Ⅰ、二〇二頁―二〇三頁。
(164) 畠道敏「アメリカ近代政治学の基礎概念」Ⅰ、Ⅱ、『国家学会雑誌』第七六巻第七・八号、一九六三年、同、第七七巻第七・八号、一九六四年。高畠教授は、この論文において、ラスウェルによって権力が「決定作成」として捉え直されたことが、その後のアメリカ政治学の展開において持つ意義についての詳細な検討を加えている（Ⅱ、四二七頁以下）。また日本のラスウェル研究では殆ど触れられていなかったラスウェルにおけるマルクスの影響も指摘しており、その分析の視点はチャレンジングなものがある（Ⅰ、三二五頁―三二六頁）。同論文は、Ⅱ以後の続きが、管見の限りでは、出ておらず、未完のままで、残念である。
(165) ヘラー『国家学』、九八頁―九九頁。
(166) 同前訳書、九三頁―九四頁。
(167) イーストン『政治体系』三四九頁。
(168) 同前訳書、三五〇頁。
(169) 同前訳書、三五七頁。
(170) 同前訳書、三四九頁。
(171) David Easton, in: M. Barr, M. Jewell, L. Siegellman, ed., Political Science in America.Oral Histories of a Discipline, 1991, pp. 195-212; John G.Gunnell, American Political Science, Liberalism and the Invention of Political Theory, in: J, Farr and R. Seidelmann, op.cit., 192-193. 前掲訳書、二五一頁―二五四頁。

あとがき

ペンシルヴァニア大学のスパイロウ教授の著作（Herbert J. Spiro, Politics as the Master Science: from Plato to Mao, 1970.）の序には、同書が「政治学入門への短い手引き（a short companion to an introduction to political science）」である、と記されている。本書の題が『政治学への第一歩―「権力としての政治」への接近―』となっているのは、「政治学の第一歩」ではなく、「政治学の第一歩」への手引きになれるように編んでいると言う意味で『政治学への第一歩』としている。つまり、本書はスパイロウ教授の著作の序で記しているように、「政治学入門への短い手引き」であることが意図されている。とはいえ、本書は同書とはその副題が異なるのは、次のような理由からである。本文で述べたように、人間は一人では生きて行けず、その名称は時代や場所によって異なるが、必ず「共同体」を作って生活する。そこでただ生きるのではなく、「良き生」が送られる共同体はどうあるべきなのか、その問いについての古代ギリシャのプラトンから二〇世紀の中国の毛沢東までの考え方を吟味しているのが、スパイロウ教授の著作である。同書の副題の from Plato to Mao はそういう意味を表している。従って、同書は、本書の第一章1で紹介したように、「理念としての政治」の側面を理論的に辿っているのがその特徴である。それに反して、本書は「権力としての政治」の側面、つまり、政治現象の大半を占める権力現象の解明への道筋を示しているのがその特徴である。

少し横道に逸れる恐れがないとは言えないが、スパイロウ教授は政治学（Politics）を“the Master Science”であると捉えている。この“the Master Science”と言う英語は日本語ではどのように訳すれば、その本来の意味が伝わって来るのであろうか。考えてみたいと思う。実は、一九八〇年代にアメリカ現代政治学の著作を相次いで翻訳して有名になっていた東京都内のK大学のUという政治学者は、あるアメリカの政治学者の本の中に出ているthe Master Scienceを「支配学」と訳しており、あまり問題にされなかった。と言うのは、政治学の主要な対象は権力や、権力関係の永続化された状態の「支配」であることから、Masterの日本語訳は「主人」、「支配者」、「名人」、「棟梁〔親方〕」……であるので、the Master Scienceは「主人」が召使を使うために必要な学問、または「支配者」が統治するために必要な学問と、推測されるからである。ちなみに、U教授はthe Master Scienceの邦訳語に「支配学」を当てている。ところが、これによって、彼がアメリカ現代政治学の研究が専門で、従って研究に関係する著作は沢山読んでいるようであるが、政治学の元祖に当たるプラトンとアリストテレスの著作は恐らく紐解いたことがないように推測されるのである。もっとも、the Master Scienceは大英和辞典にも収録されていないので、この英単語を読む人の学力が示される一例であるが、政治思想史の素養のない政治学入門者なら、邦訳語に「支配学」を当てても、その単語自体なら問題はないと言えよう。しかし、英米の政治学者の間では、the Master Scienceと言えば、それは「支配学」の意味ではないのである。と言うのは、アリストテレスの『政治学』を紐解くと、政治学は学問の中の「棟梁〔親方〕」の地位にある学問である、と述べているからである。アリストテレスが「政治学を諸学の棟梁の地位にある学問」であると述べているところを、英語では、the Master Scienceと言い著しているのである。従って、スパイロウ教授の上記の著作の正しい邦訳語は『「諸学の王」としての政治学』となろう。

アリストテレスが言うように、政治学が「諸学の王」であるということは、政治学を極めるためには、人間の総体を知らなければならないと言うことを意味し、従って人間について研究する隣接学問もよく勉強せよ、という意味である、と筆者は理解している。それ故に、本書を読了した後、本格的に政治学を勉強してみたいと考えている方がいるなら、まず、政治学の歴史が人類の歴史と同じぐらい長いわけだから、人類が共同生活を営んできた歴史についての著作、次に共同生活を導いた理念や思想についての著作、つまり政治史と政治思想史の著作を読むことをお勧めしたいと思う。政治思想史に関しては、プラトンの『国家』、アリストテレスの『政治学』と『ニコマコス倫理学』、マキャヴェリの『君主論』、ホッブズの『リヴァイアサン』、ロックの『政府二論』、ルソーの『社会契約論』、J・S・ミルの『自由論』、マルクスとエンゲルスの『共産党宣言』などは読んでおくべきだろう。また政治史に関しては、世界史や日本史は勿論、歴史を主題とした優れた小説は政治学の研究にとって大変有益である。と言うのは、ある政治的共同体が誕生し、成長・成熟、そして没落していく過程には共通する特徴が見出されるので、そこから「権力組織体」の国家の動きへの解明に役立つ知見を得ることが出来るからである。また、政治学は仮説の検証という実験ができないので、歴史における類似の例から推理する他ないからである。次に、政治は人間の営みであるので、その歴史も政治学の研究にとって有益であるが、さらに、共同体を創設し、あるいは維持・発展した優れたリーダーの人格形成やその人格についての知見を与えてくれる政治的リーダーの伝記などを読むことを勧めたい。それは、第一章1で紹介した政治の三つの側面の内の「技術としての政治」—岡教授の言葉では「人の運転術」であるが—について知るためには、中国の古典、とりわけ『韓非子』、『孫子』、『十八史略』や小説の『三国志』などが有益である。最後に、人間の総体について知るために、優れた文学作品も政治学にとって極めて重要であると考えられる。と言うのは、パスカールの言うように「人間は天使でも野獣でもない」が、状況次第では、カール・シュミットが言うように「天使になったり野獣人にもなったり」するわけだから、そのどちらかの部分、または両方の緊張関係の中に動く人間模様を活写した優れた文学作品は人間の本質にかかわる部分を掘り下げて興味深く教えてくれるからである。例えば、ゲーテ『ファウスト』を見てみよう。主人公の化学の老教授のファウストは、できれば若返り、恋をし、理想の国を作ってみたいと言う願望（＝欲望、人生の目標、理想、理念）を持っていた。それを知った悪魔のメフィストはファウストにその実現に手を貸すから、その代わりに魂を自分に譲渡せよと申し出て、ファウストがそれを承諾し、契約が成立する。悪魔に魂を売った主人公は、たちまち若返り、恋をし、理想の社会の実現に努めて滅びる内容である。マックス・ウェーバー『職業としての政治』の中で、政治家になりたい人は悪魔と契約を結ぶ必要があると書いている。それは、政治的目的を達成するためには、それに反対する人を無力化ないしは抹殺しなければ、目標は達成されないからである。つまり、政治家は、究極の場合、人を殺す悪魔にもなれる覚悟が必要であると言うことである。ゲーテ『ファウスト』は政治的理想の実現には「政治の世界」の暗黒面の冷血な悪魔的な「権力」作用が伴うと言うところを描き出しているのである。アメリカの著名なビジネス・スクールでは、超一流企業の経営者向けの講座では、この『ファウスト』が教科書として使われていることを伝え知って、なるほどと思ったことがある。

筆者もすでに八〇歳代後半にあり、いつ死んでも可笑しくない歳になっている。死後のことも気になり、最近、死後の世界を文学的に取り扱った、ダンテ『神曲』（一二〇八〜一二一年）を再読し、死後の世界から現世の「政治の世界」の一面が明らかにされているのに気付き感銘を受けた。西欧のキリスト教世界では、一四世紀までは死後の世界（冥界）は天国と地獄の二か所しかなかったが、ダンテは『神曲』の中に、天国と地獄の間にもう一つの「煉獄」と言う所を作り出している。人間は生きている間、『聖書』の教え通りに生を送った人―そういう人はごく稀であろう―は天国に招かれ、それとは逆に『聖書』の教えや共同体の伝統を守らず、動物ないしは野獣に近い生を送った人は、当然地獄に突き落とされる、と教えられていた。仏教でも同じ発想があり、冥界は天国ではなく極楽浄土と地獄の二つに分けられている。世の東西変わりのない勧善懲悪のために作り出された物語である。宗教は人間が共同体から離れては生きて行けない古代に誕生しており、それが現在まで続いているということは、人間は共同体から離れては生きて行けないと言うことの証でもあろう。ところで、一三世紀から一四世紀にかけて中世封建社会が崩壊し始め、共同体の規制も幾分緩み、個人が共同体の伝統を無条件に従うのではなく、ある程度自分の意思に基づいて行動できる「隙間」が開け始めていたイタリア、とりわけ商業資本主義が最も早く成熟していたフィレンツェ都市国家の変化し始めた有り様を、ダンテが『神曲』の中に反映しているのではないかと思われる。そして、中世ヨーロッパ社会を律するキリスト教の聖書をベースにしていながら、古代ギリシャとローマの神話の中の神々や、また古代ギリシャとローマの人間中心主義的な社会で活躍した人物の功罪が述べられており、従ってこのダンテの『神曲』にルネッサンスの起源が求められているのも理解され得よう。さて、ダンテは、この『神曲』の中で、幾分は自分の意思に基づいて行動することのできた人間を対象に取り上げて、彼らの死後に住む「煉獄」と言う新しい場所を作り出している。そこでは、共同体の伝統に無条件に従わず、自分なりの判断に基づいて自分の意思に従って行動したが故に過ちを犯した人々が、それを悔い、反省して、犯した罪を贖うために苦行を積み重ねている場所である。「煉獄」は地球の北半球のエルサレムの地下に展開される地獄の底を突き抜けた南半球の表面に聳えている島である。この煉獄島の頂点に通じる環状の道に現世で犯した罪の種類に応じて人々が分類されて配置され、各々が苦行を積み重ねて浄化されると、上へ登られる、頂上は地上の楽園となっている。ダンテは、自分の責任において自分の行動を決める、つまり共同体の伝統に縛られず自分の意思に基づいて行動する人間が中心となっている近代社会の原型を「煉獄」の中に住む人々の有り様を通じて暗示しているのではないかと思われる。それと関連して「煉獄」に住む亡霊の人間類型とは別種の次のような人間類型も描き出している。「くるめきまわり、駆け走る一流れの旗が見えた。その旗の後ろに、…多くの人の長い行列が続く。……これぞ神にも神の敵にも憎まれたろくでなしのやから…生きたことの無いこれら人間の屑は、その裸身を、むれつどう虻や蜂にいたく刺されていた。ために顔には血がしたたり、血が涙とまじるのを、ぞろぞろと足もとを這ういやらしい虫のむれが、とり集まとめてゆく。」（寿岳文章訳『神曲』［Ⅰ］地獄編、集英社文庫、二〇〇三年、四一頁―四二頁）このように、生きるのでもなく死ぬでもなく、ただのうのうと、日々を過ごし、一瞬一瞬変わる旗に盲目的に付き従っていた人々が地獄に入る門の前の川に、虻や蜂に苦しめられ、もはや先も見えぬ目から涙を流し、ただ他人を羨み続けて嘆いている人間類型である。つまり、前地獄には、前世では、人を惑わす旗振りに惑わされて、ただそれに従ってのうのうと過ごしてきたが、死後、地獄にも入れてもらえず、従ってあの時あれをやればよかったのに、あるいはあれをやる決断をして行動すべきであったのに、それらをやらなかったことを後悔して、溜息をつく人で溢れているという。ダンテは、この世には天国に行ける人と地獄に落とされる人の他に、煉獄行きの人間類型と前地獄の人間類型が存在することを教えてくる。この前地獄のただのうのうと暮らして他人を羨むばかり人間類型こそは、まさに今日、「大衆」と称されている「我々」の仲間である。悪魔と手を握った政治的エリートのメディアを通じての象徴操作に踊らされていて、自分の意思も持たず、世の中の大勢に流されている人々である。本書を紐解いた方で、自分がもしかしたら「前地獄行きの人」の部類に入っているのではないかと疑いを持つようになったなら、政治学への第一歩は確実に踏み出された、と筆者は確信して止まないのである。

最後に、本書の成り立ちについて記しておきたい。第二章と第三章は、独立論文としてすでに発表済みのものである。すなわち、「第二章　現代政治学における権力概念の変容と分裂」の底本は、『大東法学』第一一巻第二号（二〇〇二年三月発行）に所収されている同名の論文である。次の「第三章　「政策科学」としてのアメリカ現代政治学の成立――「権力アプローチ」から「民主政の政策科学」へ――」の底本は同じく『大東法学』第八巻第一号（一九九八年十月）に所収されている論文「「政策科学」としてのアメリカ政治学の形成――「権力アプローチ」から「民主政の政策科学」へ――」である。なお、この部分は、拙著『現代政治学の解明』（三嶺書房、一九九九年）

の第三部の「第三章 権力アプローチ」と同一である。〔とはいえ、本書の第二章で取り上げたラスウェルの権力論が再び第三章3でも取り上げられており、重複を避ける意味で省略した。そしてその要旨のみを載せた点についてお断りしておきたい。〕

ちなみに、『現代政治学の解明』が刊行されて間もなく版元が破産し、流通網から消えてしまった。同書はアメリカ現代政治学の全貌を紹介した約五八〇頁の大著なので、そのエッセンスをまとめた著作を出してほしいと言う要請があり、今回、上記二本の論文をベースにして、序、第一章、あとがきを書き下ろして一冊にしたのが本書である。つまり、本書が一体性のあるものであるように編むために「序、第一章、あとがき」を新たに書き下ろしたのである。そうした点では、本書は全く新しい著作であると言えよう。

末尾になったが、本書はワールドドア社の洪社長の出版事業への熱い熱情にほだされた成果である。出版事情が厳しい中で、本書を刊行された洪社長の決断に心から深謝する次第である。

二〇二二年三月

安　世舟

政治学への第一歩──「権力としての政治」への接近

2022年3月30日　初版第1刷発行

著　者　安　世舟
発行者　洪　性暢
発行所　株式会社 WORLD DOOR
〒160-0022 東京都新宿区新宿3－23－5 新東ビル7F
Tel. 03-6273-2874　Fax. 03-6273-2875
印刷・製本　中央精版印刷株式会社

ISBN978-4-910302-02-7